インドのグローバル化と空間的再編成

澤　宗則 著

古今書院

Spatial Reorganization of India involved in Globalization

SAWA Munenori

Kokon Shoin, Tokyo

目　次

第 1 章　序　論 ──────────────── 1
　第 1 節　問題の所在と研究の目的　1
　第 2 節　インドの地域変化に関する人文地理学の従来の研究　4
　第 3 節　グローバル化とアジアの開発途上国の地域変化に関する
　　　　　従来の研究　15
　第 4 節　インド系移民社会に関する従来の研究　21
　第 5 節　脱領域化および再領域化と空間スケール　27
　第 6 節　本書の構成　31

第 2 章　グローバル化とインドの空間の再編成 ──────── 37
　第 1 節　ナショナルスケールにおける空間の再編成　37
　　(1) インドの経済政策の展開　37
　　(2) 自動車産業の成長　38
　　(3) IT 産業の成長　40
　　(4) インド系移民社会の変容　42
　　(5) ナショナルスケールにおける脱領域化と再領域化　44
　第 2 節　リージョナルスケールにおける空間の再編成　45
　　(1) 自動車産業の立地　45
　　(2) IT 産業の立地　46
　　(3) 国内の地域格差の拡大　49
　　(4) リージョナルスケールにおける脱領域化と再領域化　50
　第 3 節　まとめ　51

第3章 大都市圏外農村における社会構造
－カルナータカ州GH村を事例に ── 53

第1節 はじめに 53
第2節 事例地域の概要 54
　(1) マイソール市とグローバル化 54
　(2) マンディア県の概要 54
　(3) 事例農村の住民構成 55
第3節 大都市圏外農村の経済活動と空間スケール 58
　(1) ジャーティと職業の関係 58
　(2) 農業経営 60
　(3) 人口移動圏と通勤・通学圏 67
　(4) 教育水準 68
第4節 おわりに 70

第4章 ベンガルール大都市圏内の近郊農村における社会構造の変化
－カルナータカ州G村を事例に ── 73

第1節 はじめに 73
第2節 事例地域の概要 74
　(1) ベンガルールの都市発展 74
　(2) 事例農村と周辺工業団地の立地 74
第3節 工業団地近接農村の住民属性 81
　(1) 新・旧住民の比較 81
　(2) 新住民（借家層） 83
　(3) 新住民（持ち家層） 86
　(4) 旧住民 87
第4節 グローバル化と事例農村－脱領域化と再領域化 90
　(1) 土地 90
　(2) 地域社会 91

（3）カースト制　95
　第5節　おわりに－事例農村からみたグローバル化の特徴　96

第5章　デリー首都圏内の近郊農村における社会構造の変化
　　　　　－UP州R村を事例に─────────── 101
　第1節　はじめに　101
　第2節　事例地域の概要　102
　　（1）ノイダ工業団地とグローバル化　102
　　（2）事例農村の概要　104
　第3節　事例農村の住民属性　106
　第4節　経済活動の大都市圏への包摂　114
　第5節　新住民の流入　118
　第6節　地域社会構造の変化　121
　第7節　おわりに－デリー大都市圏農村の脱領域化と再領域化　124

第6章　工業団地開発と近郊農村における社会構造の変化
　　　　　－MP州C村の10年間の追跡調査──────── 129
　第1節　はじめに　129
　第2節　事例地域の概要　133
　　（1）MP州インドール大都市圏とピータンプル工業成長センターの概要　133
　　（2）MP州の学校教育制度と教育格差　134
　　（3）C村の住民属性　141
　　（4）C村の新住民の属性　146
　第3節　就業構造と教育水準の変化と社会階層　150
　　（1）C村における農業の変化　150
　　（2）C村における教育機関の状況　153
　　（3）1996年における旧住民の教育水準　155
　　（4）1996年における旧住民の職業構成　157

(5) 1996年から2007年にかけての教育水準の変化　166
　(6) 1996年から2007年にかけての職業の変化　175
第4節　おわりに－C村の脱領域化と再領域化　197

第7章　グローバル化とインド系移民社会の空間の再編成
　　－グローバルシティ・東京を事例に　　　207

第1節　はじめに　207
第2節　インド系移民社会におけるナショナルスケールでの
　　　　空間の再編成　210
第3節　インド系移民社会におけるリージョナルスケールでの
　　　　空間の再編成　216
第4節　インド系移民社会におけるローカルスケールでの
　　　　空間の再編成　221
　(1) オールドカマー中心の神戸のインド人社会　221
　(2) ニューカマー中心の東京のインド人社会　225
　(3) インド系移民社会におけるローカルスケールでの脱領域化と再領域化　234
第5節　おわりに－インド系移民社会における脱領域化と再領域化　236

第8章　結　論　　　243

第1節　本書の意義　243
第2節　ナショナルスケールにおける空間の再編成　246
第3節　リージョナルスケールにおける空間の再編成　248
第4節　ローカルスケールにおける空間の再編成　249
　(1) 大都市郊外　249
　(2) 工業団地近郊農村　251
　(3) インド系移民社会　256
　(4) ローカルスケールにおける脱領域化と再領域化　258
第5節　おわりに－グローバル経済下のインドにおける空間の再編成　259

補　遺　工業団地開発と近郊農村における社会構造の変化
　　　　－MP州C村の各ジャーティにおける約10年間の社会経済的変化 ― 265
　（1）最上位カーストのブラーミン　265
　（2）ドミナントカーストのカティ　268
　（3）後進諸階級で大工カーストのパンチャル　275
　（4）後進諸階級で理髪業カーストのナーイー　277
　（5）指定カーストのチャマール　278
　（6）指定カーストのバグリ　282
　（7）指定カーストのバライ　287
　（8）指定トライブのビール　288
　（9）社会経済的変化とジャーティ　291

文　献　293
付　記　325
索　引　329

第1章

序　論

第1節　問題の所在と研究の目的

　経済のグローバル化は現代社会の生活の隅々にまで影響を与えており、経済のグローバル化の概念なしでは現代社会を語ることはもはや不可能となりつつある。経済のグローバル化が広くかつ深く進むなかで、開発途上国の大都市や農村、さらに先進国へと越境する移民たちの空間は、近年大きな再編成を余儀なくされていると考えることが出来る。これらの地域変化（空間的再編成）のプロセスをどのように捉えたらいいのだろうか。本書の問題意識は、グローバル化の進行に伴い、先進工業国と開発途上国の関係がより一層緊密になるなかで、開発途上国の地域変化をどのような枠組みで捉えたらよいのかという点にある。特に、本書では開発途上国の農村、および越境する移民達の集住地といういずれもローカルな空間が、経済のグローバル化とどのように関わりつつ変化しているかに着目したい。

　開発途上国における経済のグローバル化の特徴には、政府の工業化政策の下、先進工業国の資本が開発途上国の大都市や新興工業団地を工業製品の新たな生産拠点や大きな市場としている点と、先進工業国へと越境する移民の流れが大きくなり、先進国で成功した移民達が出身国に投資を行うなど、その属性が多様化し、開発途上国から先進工業国への単純労働者の移動という一方向だけの概念ではすでに捉えきれなくなった点があげられる。いずれも、人・モノ・情報と金融資本のみならず、生産資本の国境を越えた流動がきわめてまぐるしくなったことにより特徴付けられる。これらは、国家のみならず、都市・農村

など、あらゆる地域のあり方を大きく変化させ、空間に再編成をもたらす原動力となっているといえよう。

このような外国資本による工業化を経済政策の軸とした開発途上国において、国家スケールでの経済成長と大都市の経済成長や農村のあり方は、現在密接な関わりを持っているといえる。フレーベルら（Fröbel *et al.* 1977）を始めとした新国際分業論の議論では、多国籍企業による先進工業国での研究・管理部門への特化と脱工業化、開発途上国へのルーチンワークを中心とした生産工場の移動という空間的分業のあり方が大きなテーマとなった。しかし、多国籍企業の組織的階層性から中心・周辺という地域構造を読み解くこれらの試みは、構造を不変性へと固定した上で、グローバルレベルで想定された一大論理のもとに、各国・各社会が制約されるという立場であり（吉原 1994）、そこでは行為主体の働きかけ、ナショナル以下の空間スケールからのグローバルな空間への働きかけ、そして下位空間の独自性を無視しがちである。グローバルな変化は、確かに資本の論理による生産空間の地域的展開のみならず、ナショナルスケールでは国家政策と関わり、これらが地方政府の地域政策と関わりながら、リージョナルスケールや、さらに下位のローカルスケールでの地域変化に至るまで大きく関わっていると考えられる。しかし重要なことは、ローカルな空間は上位の空間スケールにより一方的に規定された従属的なものではなく、いわんや上位の空間スケールの変化により等質化されるものでは決してないという点である。この論点において、人文地理学が実証的に解明しなければならないことの一つは、経済のグローバル化が、空間の統合化のみならず、差異化（地域分化）をも推進する様式を明らかにすることであると筆者は考える（澤 1999a, 1999b）。つまり、下位スケールの空間は、空間の上位スケールへの統合がすすむほど、統合された空間のなかでの生き残りのため個々の条件にあわせた機能特化をせまられる（澤 1988）。そのため、ローカルスケールの農村の社会・経済システムを考察する際に、上位の空間スケールの社会・経済システムとの相互作用の考察が重要となる。その過程にはグローバル化のもとで認められる共通したものとローカル独自なものとの相互作用があると考えられる。

以上の問題意識のもと、本書はグローバル化経済の影響を最も受けている開

発途上国の一つであるインドを対象とする。インドは経済自由化が進められた1980年代以降、特に1991年の新経済政策（New Economic Policy）への転換以降、先進国からの資本導入、移民による母国での投資や起業により急激な経済成長を経験した。これは先進国を頂点としたグローバル化経済に、インドが組み込まれつつあると考えることができる。これらの現象は経済のグローバル化による空間の再編成と不可分な関係にあると考えられ、インドは経済のグローバル化と開発途上国の都市や農村の関係、さらに先進工業国における移民社会の分析に適しているといえる。

　本書では空間スケールの階層性に留意して、インドのナショナル、リージョナル、ローカルの3つのスケールにおける空間が、グローバル化した世界に組み込まれながら、再編成される過程を考察する。本書の目的の第一は、グローバル化のもとでの空間の再編成に関するアプローチに関して、後述するギデンズの近代性（modernity）に関する社会理論を援用した、脱領域化と再領域化の概念の有効性を検討することである。そしてその有効性を踏まえて、目的の第二は、グローバル化の進行とともに、脱領域化と再領域化が、グローバル、ナショナル、リージョナル、ローカルの各スケール間の相互関係において、より上位の空間の中に組み込まれながら進むことを、インド農村の変化やインド系移民の集住地の形成に関する事例研究を通じて明らかにすることである。本書における作業は、ともすればグローバル化の下で空間が均質化・同質化・標準化されるという議論に異を唱えるとともに、一時的でうつろいやすく偶発的なもの／永遠で不易なもの（Harvey 1989）や時空間の断絶／連続、さらに空間の画一性・普遍性／異質性・ローカル性に代表される「モダニティの両義性」[1]の下で、グローバル化を空間の視点（地理学の視点）からとらえなおす作業でもある。

　グローバル化とは、一般的には「国家を超える社会現象の拡大化」を意味し、「時間と空間の圧縮」（Harvey 1989）からもたらされる現象と考えられている。輸送機関の高速化とITによる通信技術の発達により、「時間と空間の圧縮」が加速度的に進む。これは様々な地域を同一化、標準化させる原動力となる。しかし同一化作用に対して差異化作用も同時に生じる。例えば、「時間と空間の

圧縮」により資本の空間移動が容易になるが、これは必ずしも空間の等質化をもたらすのではない。むしろ空間の差異に関して、資本はますます敏感になり、資本を引きつけるような「場所（place）」を生産しようとする働き（生活環境やインフラの整備、場所のイメージの改良など）が生じる。この結果、特別な質をもつ魅力ある「場所」の生産をめぐって、都市間や国家間などで空間的競争が生じる（Harvey 1989）。このように、グローバル化は同一化作用と差異化作用のせめぎ合いを不可避的に生じさせる。

　このようなせめぎ合いは、国民国家の揺らぎ（脱国家化）と、それに対抗する再国家化といったナショナルスケールだけではなく、下位のリージョナルやローカルな空間スケールにおいても生じると考えることができる。インドの地域変化に関して、従来の研究はどのような考察を行ってきたのだろうか。次節では、インドの人文地理学の研究の動向と日本の人文地理学におけるインド地域研究の動向について整理する。

第 2 節　インドの地域変化に関する人文地理学の従来の研究

　インドの人文地理学の研究動向についてまとめたスッバイヤー・南埜・澤（1999）、Subbiah（2008）、岡橋・南埜・澤・スッバイヤー（2012）によると、インドの人文地理学の学術雑誌に掲載されている論文を分野別に集計すると、農業地理学、都市地理学、地域地理学／地域計画が特に多く、地理学方法論、農村地理学、人口地理学がそれに続く。第 31 回国際地理学会（2008 年）において、Indian National Science Academy がインドの地理学の分野別研究動向を報告している（Nayak ed. 2008）。これに従いながら、インドにおける人文地理学の動向について概観したい。

　現在のインドの地域変化においては、（大）都市の急速な成長・拡大に大きな特徴があるといえる。このような状況の下で、都市地理学においては、Subbiah（2008）、岡橋・南埜・澤・スッバイヤー（2012）によると、都市化、都市の形態、都市の階層性、都市農村間人口移動、都市犯罪、都市計画、アー

バンフリンジ（urban fringe）のテーマが多く、近年では社会経済的構造、人口学的構造、生活の質（Quality of life）への関心が高まっている。前述したIndian National Science Academyによるインドの地理学の研究動向に関する報告（以下INSA報告）のなかで、インドの集落地理学の動向を考察したSingh（2008）によると、人文地理学者の自然的環境への関心が低下し、かわりに都市空間と都市機能との関連、空間的組織、都市の土地利用の多様性などへの関心が主流となってきた。そのなかでも、都市や中心地を成長核として捉え、その周辺地域の経済成長や、社会的イノベーションの拡散を都市／集落の階層性と関連させながら考察する研究が増加している（Singh and Singh 2007）。都市／集落の階層性に関しては特に関心が高く、例えば医療機関をはじめとするインフラストラクチャーの立地と農村開発との関連性を集落の階層性から分析が進められた（Ahmad and Shamin 2004）。一方、インドのグローバル化や経済自由化と都市の成長の関連については、Mishra and Sharma（2007）が、大都市においては成長を促進する効果があるが、小都市においては逆に衰退する要因となっていることを示した。また都市への急速な人口集中に、都市のインフラストラクチャーの整備が追いつかず、様々な社会問題を引き起こしているが、これについては地理学の研究はまだ不十分であることが指摘されている（Singh 2008）。

　このように急速に進むインドの都市化に関する研究動向に関しては、農村から都市への人口移動も重要なテーマの一つであり、Dutt and Noble（2008）が南アジア5国（インド、パキスタン、モルジブ、ブータン、ネパール）における都市農村間人口移動と都市の人口増加を関連付けながら考察を行った。農村から都市への人口移動は、大都市において顕著であるため、Misra ed.（2008a, 2008b）では、ムンバイ（旧ボンベイ）、デリー、コルカタ（旧カルカッタ）、チェンナイ、ベンガルール（旧バンガロール）、ハイデラバードなど、人口増加を経験したメガシティ（Mega city）が地域経済の成長を牽引している点を明らかにするとともに、地域成長と同時に多くの社会問題が顕在化したことを示している。そのため、ガバナンス（Governance）のありかたや、コミュニティのエンパワーメント（empowerment）の視点が人文地理学の研究において今後重要であると指摘するとともに、農村の貧困解消や自然環境保全を含む、都市と農

村の両方を統合した地域計画の必要性を指摘している。これに関して、スラムなどでの貧困問題に対処する NGO や NPO に関する研究が重要視されている。Eswaramma and Krishnaiah（2004）および Sahay（2006）はスラムにおける生活の質に関して統計分析し、貧困問題を解決する上で、教育水準の向上が不可欠であることを示した。

　また、都市農村間の人口移動に関する研究は、出生率、死亡率や人口の再生産に関する地域格差などの研究にならび、人口地理学の分野においても多くの関心を集めた（Banerjee and Das 2006）。都市農村間の人口移動の研究では、教育に関するインフラ整備の地域格差との関連性（Naseer et al. 2005）や貧困や持続可能性（sustainability）、さらには人口移動の結果もたらされた自然環境問題が重要なテーマとなりつつある（Jana and Nangia 2008）。しかしながら、INSA 報告のなかでインドの人口移動に関する地理学の分野を展望したKar（2008）は、センサスデータに依存し、データの単なる地図化にとどまった研究が多く、またグローバル化や高齢化と人口移動との関連性が重要な視点となるべきであるが、それに関した研究は少ないと指摘している。

　社会地理学の分野においては、「空間、社会と地理学」と題した書籍（Banerjee-Guha ed. 2004）が編まれ、グローバル化、ポストフォーディズム、ポストモダン、ジェンダー、言語／宗教対立、環境、社会福祉などに関する論文が収められた。いずれも人文地理学に社会理論を取り入れながら、社会と空間との関連を考察したものである。その中で、ムンバイを舞台にポストモダン都市の危機について考察した Banerjee-Guha（2004）は、都市経済がフレキシビリティ化されることにより、都市空間が再構築され、グローバル化した都市空間の矛盾が生じ、その結果、都市空間とそこで暮らす人々は都市計画と都市政策に組み込まれながらつながりを失い、分節化されてしまったことを示している。さらに、グローバル化が都市空間に対して社会的／文化的不平等をもたらしたため、弱者に対してセーフティネットを張り巡らす必要性が示された（Sharma, S.L. 2004）。また、都市の労働市場はグローバル化経済の中でコモディティチェーン（commodity chain）のグローバル化と密接な関係があることが示された（Raju 2006）。都市の労働市場がグローバル化した経済に組み込ま

れる中で、下位カーストの上方への社会移動は教育水準の上昇によってもたらされるため、グローバル化した社会の中での教育の重要性が示された（Jeffrey et al. 2006）。インドの急速な経済成長は、メガシティの急成長をもたらしたと一般的には考えられているが、Sita（2004）は、都市と農村との大きな経済格差を縮小しながらも、同時に都市内部では経済格差を拡大させながら進んだことを指摘している。またメガシティへ移動した農村出身者においては、個人レベルでは大きな経済的上昇は認められない（Mukherjee 2004）。一方農村においては、政治権力を持っているドミナントカースト（Dominant Caste）がそれ以外のカーストに対して支配力を行使しているのに対し、人口の流入が激しい都市内部においては、ヒンドゥー教徒以外の少数派や下位カーストにおいて、様々な衝突／対立が大きくなってきており、その結果、都市内部においてセグリゲーション（居住分離）が強化されていることが報告されている（Desai and De Aparajita 2004）。以上のように、経済のグローバル化とそれに伴う大都市への人口移動が加速化した結果、大都市内部の格差や異なる宗教やカーストの社会集団間の格差・対立、セグリゲーションが進み、そこで暮らす人々や地域の分節化が進んだことが報告されるのと同時に、これらに関する社会問題が地理学者に次第に認識され始めたと言える。

　多様なインド社会を理解する上で、カースト制は不可欠な要素である。インドの社会地理学では、その空間的分布の記述とその特徴の把握（Efremova 2004）と、社会的移動においてカーストが制約条件となる点や、地域社会、特に地域社会組織におけるカーストの役割（Sharma, K.D. 2007, Narayan 2007）に関して、多くの考察が行われてきた。インドでは、第6章で詳述するように初等教育の普及を促進する政策により、識字率が全般的に上昇しているが、カースト別に見ると、指定カースト（SC：Scheduled Caste）、指定トライブ（ST：Scheduled Tribe）や後進諸階級（OBC：Other Backward Class）などの下位カーストにおいては、若干改善されたものの、依然として上位カーストとの教育格差が大きい。その要因に関しては、教育の普及に関する政策が特にトライブの卓越した地域において十分な効果を生んでいないことが指摘された（Ansari and Rajendra 2006）。INSA報告のなかで社会地理学を展望したNayak

等、個人単位で調査が行われ、詳細な農村誌を作成した。この調査様式が、その後のインド農村調査の基礎となった。

第2期（1978～1982）「農業開発と地域変化プロジェクト」では、南インドのカルナータカ州において、緑の革命の進展地域、干ばつ常習地域、多雨山間地域の農村を事例に農業・農村開発と政府の開発政策を村落レベル・農民レベルで論じた。藤原編（1985）と藤原ら編（1987）はその成果である。

第3期（1987～1991）「干ばつ常習地域プロジェクト」では、低開発地域や低所得階層に焦点を当て、ラージャスターン州、マディヤ・プラデーシュ（MP）州、マハーラーシュトラ州の農村を対象に調査研究が行われた。このプロジェクトは、単にインド農村の伝統的側面に焦点を当てるのではなく、自然環境と社会・経済条件との関連性についても考察が行われた。この成果は、地誌研年報2号（1992）の特集「インド干ばつ常習地域の村落変化」にまとめられ、低開発地域としての灌漑地域での開発（藤原・シャルマ 1992）、灌漑と農業や村落社会との関連性（中里 1992, 南埜・藤原 1992, 米田ら 1992, 南埜ら 1992）、山間部の村落と開発との関連性（友澤ら 1992, 岡橋ら 1992）がテーマとなった。

第4期（1991～1993）「人的資質開発プロジェクト」では、農村地域の変化を農村社会開発と人的資質の面から考察が行われ、第1期と第2期で調査を行ったUP州、WB州とカルナータカ州の事例農村の一部も再び選択され、時系列的な変化の分析が可能となった。その成果は、地誌研年報3号（1993）と4号（1995）の特集「インドの社会経済開発における人的資質に関する地理学的研究」、および広島大学総合地誌研研究叢書34「現代インドの農村－その四半世紀の変貌」（1999）などにまとめられ、事例農村の自然環境（Otake 1995）、集落形態（Maemoku 1993, 前杢 1999）、農村計画（Nakayama 1993a, 森 1999）、土地所有（Nakayama 1993b, 中山 1999）、人口移動（Maeda 1993, Sawa 1995, 前田 1999）、就業構造（Okahashi 1995, 岡橋 1999a）、社会構造（澤 1999b）、農業（Satoh 1993, Araki 1993, 1995, 佐藤 1999, 荒木 1999a, 土居 1999）、灌漑（Minamino 1995, 南埜 1999b）、漁業（Mori 1995）、織布業（Murakami 1993, 村上 1999a, 1999b）、職人（木本 1999）、教育（Sakagawa 1993, 酒川

1999)、消費財の普及（荒木 1999b）がテーマとなった。

　第 4 期までの研究が、主に農村を対象とし、インド農村の実態やその変化が主たる研究テーマであったのに対し、第 5 期（1996 ～ 1998）「工業化の新展開プロジェクト」では、低開発地域として MP 州、発展地域としてデリー首都圏を選び、1990 年以降の新経済政策による工業化の進展と都市開発や近郊農村の変化との関連性に焦点が当てられた。前者においては、MP 州インドール周辺のピータンプル工業成長センター、後者は UP 州西端でデリーに隣接したノイダが研究対象とされ、その成果は、岡橋編（1997, 2003）と Okahashi ed.（2008）にまとめられた。いずれもインドの経済成長のもと、工業開発（岡橋編 1997, 1999b, 2003a, Okahashi 2008a）や工業立地がどのように進み、それがインドの国土構造にいかなる影響を与えたのかを考察した。具体的には、自動車産業の地域的展開（友澤 1997, 2003a, 2003b, 2003c, Tomozawa 2008a, 2008b, 2008c）、IT 産業の発展（北川 2003, Kuwatsuka and Kitagawa 2008）、工業団地の発展（岡橋・友澤 1997, 岡橋 2003a, Okahashi 2008a）と、それに伴うインフラの整備（南埜 1997b, 2003, Minamino 2008）、工業労働市場（岡橋 2003b, Okahashi 2008b）や住宅開発や都市化の進展（由井 1997, 1999b, Yui 2008）について考察が行われた。また、これらの新たに造成された工業団地に近接した農村が事例研究地域として選定され、工業化に伴う農村住民の農業経営や就業構造・社会構造の変化が考察された（荒木 1997, 2001, 澤・荒木 2003, 澤 1997, 1998, 1999a, 南埜 1997a, 1999, 南埜・澤・荒木 2003）。

　第 6 期（2001 ～ 2003）「都市・産業開発プロジェクト」では、インドの急激な経済成長を牽引していると考えられるデリー首都圏と IT 企業の急速な発展で世界的に知られるカルナータカ州のベンガルール（当時はバンガロール）都市圏を事例に、グローバル化に伴う大都市や産業の空間構造の変化についての考察が行われた。デリー首都圏では、その中でもデリーに隣接し、経済成長がインドの中でも特に顕著なグルガオン（ハリヤーナー州）が事例地域として選択された。インドの経済成長に直接関わる外国直接投資に関しては、そのデリー首都圏とベンガルール都市圏への地域的選好が示された（日野 2005）。インドの経済成長を牽引する 2 つの産業に関しては、グルガオンとベンガルールを

フィールドに自動車産業の地域的展開（友澤 2004, 2005, 2007）、自動車産業の労働者や ITI（産業訓練校）による人的資源開発（岡橋 2004, 2006, 2007b）が論じられるとともに、IT 産業の地域的展開（鍬塚 2004a, 2004b, 2010）が分析された。このように外国直接投資を基盤としながら成長した産業は、大都市（圏）の急成長をもたらすこととなった。都市地理学の分野では都市開発（由井 2005a, 2005b, 2010）、都市の階層分化（日野 2004）からアプローチがなされ、社会基盤としての都市用水（南埜 2005a, 2005b）が分析された。また、大都市圏の拡大や輸送手段の高速化に従い大きな変化を経験した農産物の流通（荒木 2004a, 2004b, 2005, Araki 2004）が考察された。急成長する大都市圏は近接する農村に対しても大きな変容を迫ることとなった。このような農村に関しては、デリー首都圏とベンガルール都市圏に位置し、成長著しい工業団地に近接した農村の社会・経済変化の研究が行われた（南埜 2004, 澤 2005, 澤・南埜 2006）。

　第 7 期（2005〜2007）「国内周辺部問題プロジェクト」では、インドが経済成長をするなかで、経済成長から取り残された国内周辺部に焦点が当てられ、第 5 期で調査を行った MP 州のインドールと山岳州のウッタラカンド州を対象に、地方都市の工業団地の工業化や都市化、その周辺の農村の変化が調査された。第 5 期から約 10 年経て、同じ都市（圏）・農村を同じ研究者が再調査（追跡調査）することにより、その変化の実態をつぶさに観察し、考察することが可能となった。都市の住宅開発（由井 2011）、自動車産業の地域的展開（友澤 2008, 2011）が論じられた。MP 州の農村調査においても、世帯の属性と地域変化との関連性を詳細に考察することが可能となった（相澤 2008, 荒木 2008, 2009a, 2009b）。ウッタラカンド州では、山岳農村の地域経済と地域開発について論じられた（岡橋・田中ら 2011, 岡橋・番匠谷ら 2011）。

　第 8 期（2008〜2010）「山岳州の開発戦略プロジェクト」では、インドの代表的な国内周辺部として 2 つの山岳州、ウッタラカンド州とヒマーチャル・プラデーシュ州をとりあげ、条件不利地域の地域開発、社会経済的変動と今後の発展の可能性を実証的に明らかにした。これらの地域における地域開発（岡橋 2011）と都市計画（由井 2011）の問題点が指摘され、工業開発（宇根 2011）、

自動車産業（友澤 2012）、IT 産業（鍬塚 2012）の地域的展開とその問題点が考察された。また、ウッタラカンド州の山岳地におけるリゾート開発にも焦点が当てられ、インドの経済成長に伴うツーリズムの進展との関連について調査が行われた（中條・ラワット 2009，澤・中條 2014）。

上記の研究プロジェクト以外にも、日本の人文地理学におけるインド研究として以下の研究があげられる。インド農村における生産活動において重要な変革をもたらしたものに、「緑の革命」と「白い革命」の 2 つがある。「緑の革命」が 1960 年代から近代的農業技術の革新と灌漑設備の整備を伴いながら、多収穫型の新種を普及し、穀物生産の増産を可能にしたのに対し、「白い革命」は 1970 年代から生乳の流通・加工・販売システムの構築を通してインドの酪農業を発展させた。中里の一連の研究は、「白い革命」の全国的普及における酪農協同組合の役割を明らかにした（中里 1989，1998，2001，2005）。

開発途上国の農村に数多く存在する定期市は、常設ではなく、ある特定の日にのみ開催されるが、農村地域において商品やサービスが供給・交換される場所としてきわめて重要な機能を有していると考えることができる。石原と溝口の一連の研究は、このような定期市を中心地（結節点）としてとらえ、市商人と購買者の属性を分析し、インドの定期市の機能と構造を明らかにした（石原 1978，1981，1983，1984，1987，1990，1993，石原・溝口 1989，1992，2006，溝口 2006，Ishihara（ed.）1988，1989，1991）。

上記で示されたように、インドの人文地理学の近年の研究において、インドの急速な経済成長を背景に、経済成長と大都市の地域変容の関連性に関心が高まった。特に、工業開発と地域格差との関連性や都市の拡大・成長には多くの関心が寄せられ、経済成長の核としての大都市（圏）の役割を積極的に評価する研究が多い。しかしその一方、経済成長に伴う大都市内部での格差拡大やスラムでの貧困の拡大、異なる宗教やカースト間の対立が生じるなど、多くの社会問題が顕在化したことに対する関心も高まった。経済のグローバル化が、経済成長を経験しているインドの都市経済においてフレキシビリティを高めさせることとなり、その結果、都市空間とそこで暮らす人々を都市計画と都市政策に組み込みながら、領域的なつながりを失わせ、分節化させたことを示すなど、

経済成長が地域社会にもたらした負の部分に着目した研究もある。また、上記の状況下で、経済的にも低位に置かれた下位カーストの上方への社会移動は、教育水準の向上によってもたらされたと指摘されている。しかしながら、グローバル化と地域社会との関係性に関して、都市や農村の底辺に置かれてきた人々に関する研究は今なお圧倒的に少ないのが現状である。

　また、日本の人文地理学におけるインドの地域研究は、1967年からの伝統的インド農村の把握と詳細な農村誌の作成から本格的に始まり、1980年代後半から1990年代前半にかけては、インドの伝統的側面にのみ焦点を当てるのではなく、自然環境と社会・経済条件との関連性について考察が行われ、特に農村の貧困問題と農村開発や農村住民の人的資質開発に焦点が当てられた。1990年代以降のインドの経済成長や経済のグローバル化が進展するのに従い、これに伴う地域変化に関する関心が高まった。1990年代後半には、新経済政策による工業化の進展と都市開発やこれに近接した農村の変化との関連性が考察された。2000～2004年には、成長著しい大都市圏を事例に、経済のグローバル化に伴う大都市や産業の空間構造の考察が行われるとともに、これらに近接した農村の社会・経済変化の研究が行われた。2005年以降にはインドの経済成長から取り残された国内周辺部に焦点が当てられ、地方都市の工業団地の工業化や都市化、その周辺の農村の変化や、山岳地におけるリゾート開発に焦点が当てられ、インドの経済成長に伴うツーリズムの進展との関連について調査が行われた。

　なお、本書のインド農村の事例研究に関する第3～6章は、第4期（1991～1993）以降のプロジェクトの成果の一部であり、インドの急激な経済成長と経済のグローバル化が進展するなかでのインド農村の変化のプロセスを考察する。また、グローバル化に関する社会地理学の研究は都市への影響についての研究はあるものの、都市や農村に居住する下位カーストの人々など周辺（marginal）の人々に関する研究はきわめて少なく、今後の研究が必要であると指摘されており（Nayak 2008）、本書はその要請に応えるものでもある。都市の労働市場がグローバル化した経済に組み込まれる中で、下位カーストの上方への社会移動は教育水準の上昇によってもたらされるため、グローバル化した

社会の中での教育の重要性が示された (Jeffrey *et al.* 2006) ことに対応しながら、本書では、都市の労働市場に包摂され始めた近郊農村の農村住民を対象に教育の普及とカーストとの関わりの点からも検討を行う。

このように、人文地理学の分野におけるインドの地域変化に関する研究は、伝統的な都市や農村の実態や、貧困をはじめとする社会問題とそれに対する解決策としての地域開発の現状とその問題点などの関心から、1990年以降の経済のグローバル化と急速な経済成長に伴い、次第に産業の発展、工業開発や都市開発、農村から都市への人口移動、近郊農村の変化とこれらに関する地域格差や社会問題へと関心が移行した。これは、ローカルな地域変化をグローバルな変化と関連させながら考察することの重要性によるものといえる。そこで次節では、グローバル化と地域変化との関連についてどのような理論的概念が提示されてきたのかを、アジアの開発途上国に関する研究動向から考察する。

第3節　グローバル化とアジアの開発途上国の地域変化に関する従来の研究

グローバル化に伴うアジアの開発途上国の地域変化に関する研究を都市と農村に分けて概観する。大都市をめぐる地域変化に関しては、これまで①過剰都市化論、②アジア・メガシティ論、③FDI (Foreign Direct Investment：外国直接投資) 型新中間層都市論が主流をなしてきた。

①過剰都市化論は小長谷 (1997, 1999, 2005) によれば、多くの開発途上国において、緑の革命などによる農業生産性の上昇により失業した農村余剰労働力が、首都などへ大量に移動した現象とそれに伴う問題群に着目したものである。これは先進国における工業化の進展に伴う工場労働者の需要増加による、農村から都市への人口移動とは異なるものであった。当時のアジアの開発途上国では、農村の余剰労働者は都市に移動したものの、大都市では工業化の進展が十分ではなく、工場労働者の需要が十分な受け皿とならなかったため、彼らの多くは都市の底辺に位置するインフォーマルセクターなどに従事せざるを得

なかった。この現象は、「工業化なき都市化」とも呼ばれ、農村側からの余剰労働力の押し出しであるプッシュのみの人口移動の結果とされ、大都市に低賃金労働者によるスクォッター地区が多く形成された。過剰都市化論とは、都市地域での工業化を先行条件とする先進国のアーバニズムを前提としたモデルであり、途上国のインフォーマルセクターやスクォッターの存在を途上国の社会の遅れとしてみなし、西欧的なものによって都市問題を乗り越えられるべきだという前提をもっているといえる。そのため、この理論は内在する能動性の無視につながると批判されている（吉原 2004, 2005）。

ところが、経済のグローバル化が進展した1990年代以降の東南アジアの開発途上国の大都市では、大都市のさらなる大規模化、オフィス地区の形成・新中間層の出現、大都市周辺地域でのスプロール化現象などが認められるようになった。これら新しい都市化現象は、上記の過剰都市化論ではとらえきれず、また欧米先進国のそれとも異なるため、②アジア・メガシティという新たな都市概念が生まれ、デサコタ論（desa：村落、kota：都市、都市農村共存型大都市圏論）、拡大大都市圏論（McGee 1991, McGee and Robinson 1995）などが提唱された。これらの理論は、伝統的な農村的生活様式が強く残りながら、都市的要素と農村の要素が独特の様式で共存しつつ、都市化が進展する形態に着目し、農村都市共存型の都市スプロールという、欧米型巨大都市化とは異なるアプローチを提示した。

しかし、アジア・メガシティという概念は、過剰都市からの変化のメカニズムが明確でなく、都市化に関するアジアと欧米の類似や差異に関する理論化に関して問題があると、小長谷（1997, 1999）は批判し、③FDI型新中間層都市という都市概念を提唱した。すなわち、1985年のプラザ同意を契機として、インドネシアとマレーシアでは、FDI主導により、首都圏郊外に大規模工場団地が造成され、外国資本との合弁産業、民族資本の大企業、さらに地場の中小企業、インフォーマルサービス業へと経済的波及効果がもたらされた。この結果、大都市圏郊外において、大企業のマネージャークラスが高級住宅地に居住し、増大する新中間層が郊外ニュータウンの成長をもたらしている。このように、積極的な外国資本導入の経済政策により、首都圏が工業団地と新中間層

向け住宅の開発に伴い巨大化し、それ以外の地域との国内地域格差をさらに拡大化させた。過剰都市化論において、低賃金労働力と雇用基盤の弱さが都市問題の一つとみなされたインフォーマルセクターについても、グローバル化した経済の下での労働力のフレキシビリティの一環であると肯定的にみなされるようになった。このように FDI 型新中間層都市論は外国資本との関係を強調し、経済のグローバル化と開発途上国の大都市との密接な関係を示すものである。

しかし、開発途上国の大都市の成長に関するこれらの理論は、先進国と開発途上国、都市と農村を支配・従属関係、あるいは上位空間スケールによる下位空間スケールの統合を強調するあまり、下位空間スケールにおける地域の伝統や歴史といった独自性や固有の文脈を見失いがちである。これに対して、本書ではグローバルな動きと下位の空間スケールとの相互作用関係（脱領域化と再領域化）や、伝統的なものがどのように意味付けを変えながら再生産されるのか（制度的再帰性）といった視点が重要であると考える。

このような観点から、グローバルとナショナルの間の相互作用の考察に枠組みを与えたものとして、サッセン（Sassen 1988, 1994, 1998）の研究がある。グローバル化した経済において、いかに情報化が進み脱物質化されようとも、場所に結びついたインフラを利用する限り、国家の制度や都市政策の果たす役割はきわめて大きい。サッセンは、経済のグローバル化を単に資本のフローとしてとらえるのではなく、国家の様々な装置や機構などの諸制度が、グローバル化の中で自由化、規制緩和、民営化などにより、国際的諸制度とどのように関連付けられながら変化するかを、再国家化の概念を用いて検討した。その結果、サッセンは、グローバル化が単なる脱国家化ではなく、再国家化として進むなど、グローバルな資本の展開と国内の諸制度との関連性やナショナリズムの強化との関係性を示した。

また、経済のグローバル化が進み、金融業などの企業活動が多国籍化し、異なる法律・会計システム・商慣行・文化の地域に分散するほど、企業の中枢部の機能はその多様性に応じて多様化した統合システムを構築せざるを得ない。これら企業中枢部の膨大な業務の一部（会計・法律・広報・プログラミングな

ど）はアウトソーシングされ、これらに対応して生産者サービス業が大企業の周辺に集積する。その結果、経済活動がグローバルに展開し分散が進むほど、中心での統合・集中が進むという「分散と集中の二重性」が生じることをサッセンは指摘した。さらに、サッセンはこのような経済のグローバル化に際し、資本が展開される具体的な場としてニューヨーク、ロンドン、東京などのグローバルシティ（Global city）をとらえた（Sassen 2001）。これは生産都市から中枢管理機能に特化した都市であり、同時に国内経済の中心から世界経済の中心へと転換した都市である。ここには多国籍企業の中枢管理機能が置かれ、金融業をはじめ高賃金で働くエリートたちが活躍する場であるが、対照的にサッセンは余剰労働力として失業者を多く抱えると同時に、先進国の労働者が就きたがらない建設現場や下請け工場において低賃金で働く移民労働者の場であり、賃金格差が拡大していることを明らかにした。また、先進工業国において、ケア労働者や看護婦などの移民女性労働者が増加するなど、かつては男性が中心であった移民労働者の女性化が近年進んでいると指摘した（Sassen 1998）。

　移民労働者はかつてプランテーションにおける農業労働者など低賃金労働者が主流であった。しかしこのように、先進国の大都市の労働市場に関しても、移民労働者の果たす役割が大きくなり、その結果、開発途上国とのグローバルな相互作用関係抜きには考えらなくなるほど、グローバルなシステムが先進国と開発途上国双方の地域を組み込んでいることがわかる。こうして、グローバル化には「脱国家化と再国家化」、「分散と集中」という両義性をそれぞれ読み取ることができる。

　次に、グローバル化とインド農村の関連性の研究に着目しながら、インド農村研究における本書の位置付けを行う。宇佐美（1998）は経済学分野でのインド農村研究を、1）緑の革命の進展と農村社会、2）貧困問題と総合農村開発計画、3）カースト・被差別民、4）経済自由化と農業・農村の4つに整理した。本書が最も関連する4）に関しては、経済自由化による経済成長が有効なトリックル・ダウン効果を持つか否かが大きな論点の一つとして挙げられた。また宇佐美（2002）は、インド農村の就業構造の変化について、①農業から非農業の就業構造シフトが緩慢で、②農村労働市場において多数の農業労働者を

抱え、実数・比率においても膨張し、③就業構造とその多様化の速度には大きな地域差があることを、統計を用いて実証している。さらに、建設業の成長による建設労働市場を介した農業労働者への同効果が確かめられたと報告した。このように、インド農村では1970年代後半より非農業雇用が拡大している傾向を分析し、一定のトリックル・ダウン効果の存在を確認したが、その底上げ効果はわずかであったと結論付けている（佐藤・宇佐美1997，佐藤2002）。インド農村の農外雇用が建設労働を媒体にしたものにとどまった理由の一つとして、東南アジア諸国に認められるような、工場労働市場における労働需要が農村での賃金上昇と貧困開発をもたらすパターンをインドはとらず、工場労働市場による農村地域での雇用吸収は十分ではなかったためである。インドの工業部門による雇用吸収力が低い原因の一つに、輸入代替工業化戦略と労働者を手厚く保護する労働法の影響により、資本集約的な形で工業化が進められたことが指摘されている。また、インド国内では公共配給制度の下で、農産物の買い上げ価格は下支えされ、肥料や電力などの補助金と農業の非課税によって農業生産のインセンティブを維持しようとしたからでもある（黒崎・山崎2002）。それ以外に、カースト制に基づく分業制によるインド固有の社会移動の困難性があげられよう。これらの研究を通じても、ローカルな農村はグローバル化により一方的に規定される存在ではなく、地域の独自性　に起因した多様な地域差があることが確かめられよう。

　インド農村の中で経済のグローバル化の影響を最も大きく受けているのは、大都市近郊農村や工業団地の近郊農村である。大都市の拡大や工業団地の開発に従い、近接する農村において多くの住宅が建設された。これらには、富裕層や新中間層向けの住宅団地のみならず、農村の地主が建設し、臨時工や雑業労働者などが居住するアパートなどの住宅がある[2]。インドの近郊農村の変化に関し、都市域が拡大する前線としてのアーバンフリンジ（Urban fringe）の概念を用いて、土地利用、就業構造やライフスタイルの変化に着目して多くの実証研究が行われている[3]。しかしこれらの多くは、農家の都市化への対応に関心がおかれ、従来から農村に居住する旧住民を対象としたため、新住民との関係を含めた考察はあまりなされなかった。また、これらの地域をいずれも農村

から都市への移行段階にあると位置付けているのが特徴である。しかし、これらの地域は農村から都市への連続体（rural-urban continuum）上に位置しているのではなく、独自の地域社会を形成していると考えられる。工業化や都市化の進展に従い大都市や工業団地の周辺農村は新住民が流入し、景観的にも経済的にもすでに農村地域とも都市地域ともいえない。このような地域は混住化地域と呼ばれ、先進国を舞台に多くの実証研究の蓄積がある[4]。インドにおいても、近郊農村はすでに農家のみならず、旧住民の非農家や新住民により構成されつつあるため、こうした地域の解明には、多様な社会集団ごとの都市化への対応様式、社会集団間の相互作用、自治組織・社会構造の変化を示すことができる混住化の視点が不可欠である（澤1990）。

　ローカルな空間である農村の地域変化に関して、多くの研究者は農村の外部者の立場から、特に上位の空間スケールの視点から地域変化や住民の評価を行いがちである。そこでは、農村変化の外部要因として都市化や工業化などが挙げられ、これら外部要因に対して順応できたか否か、またその順応様式はどのようなものかという観点から、農村や農村住民に対して評価を行ってきた。そのなかでは特に、経済水準の向上が研究者にとり重要な判断基準となっているのが一般的である。しかしながら、地域変化に関する農村住民の評価基準に関して、経済水準の向上以外にも、住民間の権力関係や補助金の分配方法など、村内のローカルポリティックスの観点も重要である可能性があるため、当事者である農村住民による評価の視点も重要であるといえよう。

　グローバル化はローカルな地域を多様に変化させるが、インドに関するローカルな地域は国内にとどまるものではない。国外へ越境したインド系移民[5]は中国系移民やユダヤ系移民とともに世界三大移民と称され、世界各地でインド系移民社会を形成している。アメリカ合衆国などで活躍した彼らの一部は、インド国内に対しても積極的に送金や投資を行い、インドの経済成長に大きな影響力を持っている。このため、本書でもインド系移民がどのようなグローバルネットワークを形成し、かつどのようにローカルな集住地を形成してきたのかを在日インド人社会を対象に考察する。そこで、次節ではインド系移民社会に関する研究動向の整理を行う。

第4節　インド系移民社会に関する従来の研究

　インド系移民社会に関する研究には、1）インド系移民史、2）アメリカ合衆国やインドでのIT産業との関わり、3）インド系移民社会の形成や移民達のアイデンティティの揺らぎや再構築に関する観点を認めることが出来る。

　まず、1）インド系移民史に関しては、旧宗主国のイギリスの植民地政策と移民制度の変化との関連や、先進国や中東の産油国への単純労働者の移動・移住、さらに現在のアメリカなどへの医師・弁護士やIT技術者などの高学歴者の頭脳流出とその後のインドへの頭脳環流（高学歴者の帰国）との関連で多くの考察が行われてきた（Clarke *et al.* 1990, Jain 1993, Nakamura 1998, Petievich 1999, Vertovec 2000, 古賀 2000b, 古賀・中村 2000, Bates 2001, Rukmani 2001, Bhikhu *et al.* 2003, 重松 2003, Lal 2007, 今藤 2010, 明石 2010, 村田 2012）。

　植民地時代の英領インドからの移民労働者に関する制度には、年季契約移民制度（Indenture system）、カンガニー制度（Kangani system）、メイストリ制度（Maistry system）の3つが存在した。イギリスの植民地のプランテーション農業ではアフリカ人の奴隷が重要な労働者であった。しかし、1833年にイギリスが奴隷制度を廃止させると、植民地でのプランテーション農業では奴隷に替わる安価な移民労働者の確保のため、イギリス政府は年季契約移民制度を成立させた。インドから労働者が1984年以降イギリスの植民地のカリブ海諸地域・国、モーリシャス、フィジーなどに大量に移住した（古賀・中村 2000, 村田 2012）。これらインドから遠隔に位置する植民地への移民に対しては年季契約移民制度に基づいていたのに対し、インドの近隣のセイロン（現スリランカ）、マラヤ（現マレーシア）などへの移民は、カンガニー制度、ビルマ（現ミャンマー）への移民に対してメイストリ制度に基づいていた。イギリスの植民地におけるプランテーション農業の現場の「監督官」の意味であるカンガニーは、インドに赴き新たな労働者を集めるという役割も課されていた。彼らは自らの出身地で親戚・友人など同じカーストに属する者から労働者を集めた。年季契約移民制度においては、カーストによらず個人単位で労働者を集めた結果、カーストを基盤とした社会関係が移民先で形成されなかったのとは対照的に、

カンガニー制度では同じカーストに属する者から労働者を集めたため、移民先に同一カーストを基盤とするインドの社会構造が移植された（村田 2012）。メイストリ制度はカンガニー制度に類似した制度で、ビルマへの移民に関する制度であった（Tinker 1974，古賀・中村 2000）。これらの移民制度は、植民地時代のインドからの他の植民地への移民の募集や移動に直接関わったのみではなく、これらの制度が 1920 〜 1930 年代に廃止され、また植民地が独立し現在に至るまで、インド系移民社会の社会構造に決定的な影響を与えている（村田 2012）。

　イギリスでは、第二次世界大戦後の戦災復興期から始まる 1950 〜 1970 年代にかけて、好況により労働力不足が生じた。多くのインド人男子が単身で移住し、主に鋳物工業・繊維工業の工場労働者やバス・地下鉄の運転手・車掌に従事した（古賀・中村 2000）。1960 年代には同じく英語圏のアメリカ合衆国とカナダへのインド人労働者の移住が顕著となった。石油危機で知られる 1973 年以降に原油価格が高騰し、中東産油国では巨額のオイルダラー（oil dollar）を獲得することにより開発が急速に進み、建設労働者などの単純労働者をインド人などの移民労働者に依存することとなった。これらの産油国では移民労働者の定着化・定住化を防ぐために、家族の呼び寄せすることを認めていない（粟屋 2000，松川 2014）。以上のインド系移民は農業労働者・建設労働者・工場労働者・運転手など低賃金労働者が中心であった。

　2）アメリカ合衆国やインドでの IT 産業との関わりの研究において、1990 年以降はアメリカ合衆国など先進国へのインド人 IT 技術者の移動が次第に顕著となった現象に注目した。特に在米インド系 IT 技術者の一部は、IT 企業を起業したり、ベンチャーキャピタリストとして在米インド人 IT 企業の企業を支援するなど、アメリカ合衆国の IT 産業の隆盛に深く関わることとなった。また、IT 企業に投資を行ったり、帰国し IT 企業を起業するなど、インドの IT 産業の成長にも大きく関わっている。このアメリカ合衆国やインドにおける IT 産業の発展をインド系移民やそのネットワークの果たした役割から考察する研究が近年増加している（Cornelius et al. 2001，Saxenian 2006，Aneesh 2006，Xiang 2006，広瀬 2007，Sawa 2013）。さらに、インド系移民のインド本国への

影響を海外からの送金や投資等の経済的なもののみならず、本国の民主主義や社会的に排除されてきた人々への影響など政治的な影響についても考察が行われている（Kapur 2010）。

以上のインド系移民に関して、旧宗主国のイギリスやホスト社会における移民制度・政策の歴史的変遷や、インド国内外での産業におけるインド系移民の果たしてきた役割の変化を踏まえながら、3）世界各地での集住地での移民社会の形成や移民達のアイデンティティの揺らぎや再構築に関する研究が行われた。まず、移民の発地であるインド国内の出身地や宗教を媒介に生成されているネットワークからのアプローチについて整理したい。スィク教徒やパンジャーブ州出身者（古屋野編 1982, 長谷 2000）、タミール州出身者（重松 1999, 2000, Jain, R.K. 2007）、アンドラプラデーシュ州出身者（Leonard 1999, 2008）、ケーララ州出身者（粟屋 2000, 唐・清川 2003, Jain, P.C. 2003）、グジャラート州出身者（内藤 2000c）、ゾロアスター教徒であるパールシー（山本 2000）、インド人金融ネットワーク（水島 2003）、シンド州（現在はパキスタン）出身者であるシンディー（Falzon 2005）などの研究では、各出身地と国外の移民先との間のグローバルなネットワークの形成や、母国への送金や出資などそれが果たしてきた役割が論じられてきた。

次に、移民の着地、つまり集住地からのアプローチについて整理したい。インド洋西岸のインド系移民が多く居住する東アフリカ（タンザニアとケニア）を対象に、イギリスの植民地政策とインド商人や移民労働者との関連が論じられ（Robert 1993, 富永 1992, 富永・宇佐美 2000, Twaddle 2001）、南アフリカではそれらに加えて、アパルトヘイトなどの差別とそれへの抵抗（内藤 2000b, 大石 2003）や、ヒンドゥー教やタミール出身者としてのアイデンティティの揺らぎと再構築（Thiara 2001, Diesel 2003）について考察が行われた。

インド洋東岸のインド系移民が多い東南アジアに関しては、タイ（佐藤 1995）、マレーシアにおけるタミール出身者の労働者（水島 1998, 重松 1999, 2000, Kaur 2001, Ramanathan 2001, Jain, R.K. 2003, Bell 2008）、シンガポール（三宅 2000, 田中 2003）では、いずれもイギリスの移民制度や出身地のタミルナードゥ州との関連が論じられた。またこれらの国々が多民族国家となる中での国

民統合やエスニシティのアイデンティティの揺らぎと再構築の観点からインド系移民社会が論じられた。

カリブ海地域に関しては、イギリスの年季契約移民制度から始まるプランテーションにおける農業労働者としての移民史が考察された。これらの地域に多く居住するインド系移民労働者とアフリカからの移民労働者との関係性がトリニダード・トバゴ（Chatterjee 2001, Narayanan and Shrivastava 2001, Jayaram 2003）をはじめとして、カリブ海諸国の独立以降の政治構造と各エスニシティと関係付けながら論じられた（内藤 2000a, Basdeo and Samaroo 2008）。

南アメリカのスリナム（旧オランダ領）とガイアナ（旧イギリス領）とは、いずれもインド系住民が最大比率を占める。彼らは年季契約移民制度によりプランテーションへ移住したインド系農業労働者の子孫である。その歴史と政策との関連が論じられた（Ramsoedh and Bloemberg 2001）。

南太平洋の島嶼国で旧イギリス領であるフィジーでは、インド系移民と系住民の人口が拮抗する。移民史とアイデンティティを視点にしながらフィジー系住民とインド系住民との経済的な対抗関係やエスニシティを巡るポリティックス（Kelly 2001, 村田 2002, 2012, Srebrnik 2008）が論じられた。

上記の国々では、特にイギリスの植民地政策、植民地でのプランテーション農業と移民労働者との関連性を軸に研究が進められ、植民地時代の移民政策の影響が植民地時代のみならず現在においても各地のインド系移民社会の特質を大きく規定していることが示された。

産油国であるサウジアラビアやアラブ首長国連邦では、原油価格が高騰したオイルショック（1973年）以降、経済成長が進み低賃金の移民労働者が大量に流入した。欧米諸国への移民の多くが家族単位で定住化する傾向があるのに対し、中東産油国では外国人労働者に対して非定住化政策をとるため、短期的な単身労働者が多いという特徴がある。ガルフ（Gulf：湾岸）移民とも呼ばれる彼らに関して、インド系移民労働者の最大の出身地であるケーララ州の地域経済との関連について、特に出稼ぎ労働者から出身地への送金の影響力の大きさとインド帰国後の彼らの失業問題が指摘されている（粟屋 2000, Jain 2003, 唐・清川 2003, 松川 2014）。

インドの旧宗主国のイギリスに関しては、インドの独立以降のイギリスへの移民の動向とその多様性（浜口 2000a，Ballard 2003）や、社会的・文化的な帰属意識・アイデンティティやその変化（Raghuram 2008，Barn 2008）が論じられた。文化的に多様なインド系移民に対応するように、インド系移民を宗教別に考察する研究が進められた。まず、ヒンドゥー教徒に関しては、アイデンティティの揺らぎと再構築（Knott 2000，Nesbitt 2001）、ロンドンのインド系移民の集住地区のなかでヒンドゥー教徒のグジャラート出身者が多いブレントのインド系移民社会の形成（古賀 2000a）が分析された。次に、スィク教徒に関しては、移民社会の歴史的な変化とともに、職業や結婚に関する国際的ネットワークが再編成されることが示され（Ballard 2000）、ロンドンで「リトル・パンジャーブ」と呼ばれるスィク教徒のパンジャーブ出身者の集住地における移民の定住過程（長谷 2000）やその中でのジェンダー関係の変化（Bhachu 1999）が考察された。最後に、イスラム教徒に関しては、宗教を核としたコミュニティの変化（Nielsen 2000）や、イギリスのイスラム法（メンスキー 2000）などが考察された。宗教を核とした移民社会に関する考察においても、インド系移民と旧宗主国との関係性が論じられるとともに、移民社会の形成やアイデンティティの揺らぎと再構築について大きな関心が払われてきた。

英語圏のカナダに関しては、南アジア系移民社会と社会経済的状況の変化（D'Costa 1993，浜口 2000b，Oberoi 2003）、カナダの労働市場におけるインド系移民労働者の果たしてきた役割（木曽 2000a）を通じて、カナダの多文化主義政策のなかでのインド系移民社会の形成が論じられてきた。インド系移民を宗教別にその特質を宗教的行事、学校教育、ジェンダー、母国との関係から考察したものとして、ヒンドゥー教徒（Coward 2000，Coward and Botting 2001，Pearson 2001）、イスラム教徒（McDonough 2000）、スィク教徒（古屋野編 1982，O'Connell 2000）のインド系移民社会に関する研究がある。

アメリカ合衆国に関しては、前述したIT産業の発展にインド系移民の果たした役割を積極的に評価した研究以外にも、移民のコミュニティにおける新たなアイデンティティの形成と階級・人種との関係性（Lessinger 1999，2003）、アメリカの教育システムの中でのアイデンティティの形成における問題点

（Rosser 2001, Moag 2001)、市民権獲得など、エスニシティを巡るポリティクス（Maira 2008, Gottschlich 2008）に焦点を当てながら、定住先でのアイデンティティに関する研究が進められた。また、宗教別にヒンドゥー教徒(Waghorne 1999, Hansen 1999, Eck 2000, Linda 2001)、スィク教徒（Mann 2000)、イスラム教徒（Walbridge and Haneef 1999, Sanyal 1999, Haddad 2000）のそれぞれについて、送金など出身地との関係、祭礼など宗教的行事の変化や適応、インド系移民の中での異なる宗教観の関係性（Mohammad 2001）を視点に、ホスト社会の中で少数派として生活する中の、移民自体のアイデンティティの揺らぎや再構築が論じられた。さらに、例えばインド人における女性らしさとは何かなどのジェンダーを巡る問題（Bhattacharya 2008, Naidu 2008, Niyogi De 2008)やゲイなどのセクシュアリティ（Burkhart 2008）や故地のイメージの再構築（Miller 2008）に関心が広がりつつあり、多様で交差した移民のアイデンティティをどのように表象するのかが問われつつある。

最後に、日本に関しては、古くからの定住地でありインド商人を中心に構成された神戸のインド系移民社会（南埜・澤 2005）を対照項としながら、グローバルシティ・東京での増加するインド人 IT 企業と IT 技術者などから新たに作り上げられたインド系移民社会が研究対象となった。東京の新たなインド人の集住地である江戸川区西葛西でのインド人社会の形成（澤 2008, 2011, 澤・南埜 2003, 2008, 2009, 2012, Sawa and Minamino 2007, Sawa 2013）や集住地でインド系 IT 技術者の家族生活（小山田 2007)、IT 企業の人材管理・雇用体制とインド系 IT 技術者の日本とインド間の移動（佐藤・井口 2011, 村田 2012）が論じられた。

移民社会とは、出身地／故地の社会と移民先であるホスト社会との交差した中で形成された社会であると捉えることが出来る。インド系移民社会の場合は、さらに旧宗主国・イギリスの植民地における移民政策と密接に関わりながら、イギリスの植民地を始め世界に広く展開されることとなった。イギリスの植民地政策・移民政策とホスト社会の移民政策のみならず、どのような属性（宗教・出身地・文化・性）を持ったインド人が、どのように募集され、どのような職種・業種につき、どの程度の規模で移住・定着したのかにより、きわめて多様

な移民社会を形成することとなった。このため、インド系移民社会に関する研究は、1）移民史をはじめ、2）インド系IT企業やIT技術者の果たす役割を積極的に評価した研究、3）各集住地でのインド系移民社会の特徴や変化などを、母国インドや出身地との密接な関係性を基盤にしながら考察が行われた。インド系移民のネットワークは、出身地／故地を核にしながら、宗教や言語、カースト、出身大学など多様な属性が交差しながら形成されており、これらのネットワークを媒体にして人・資本・情報などが流動していることが確かめられた。また、出身地／故地の社会とホスト社会の重なり合いの中で、インド系移民達のアイデンティティの揺らぎと再構築に多くの関心が払われてきたといえる。さらに、現代のインド系移民がグローバル化した経済に果たしてきた役割を積極的に評価する研究が増加してきた。本書のインド系移民社会に関する第7章では、グローバル化が進行する中で、グローバルシティ・東京で1990年以降急速に増加したインド系IT技術者が中心となって形成された新たなインド系移民社会の形成過程を対象とする。

第2～4節の考察より、グローバル化に伴う空間の再編成の考察に関して、異なる空間スケール間の相互作用の分析の重要性を指摘できる。国家、州・都市圏、農村などの空間はそれぞれ上位の空間スケールにより一方的に規定された従属的なものではなく、いわんや上位の空間スケールの変化により等質化されるものでは決してない。下位スケールの空間は、上位の空間スケールに組み込まれる中で、その上位スケールのなかでの生き残りのため個々の条件にあわせた機能特化や差別化をせまられるが（澤1988）、その際に各空間の独自性の考察が重要であると考えられる。そこで、次に空間スケール間の相互関係や、空間の独自性を考察する上で、重要な意味をもつ脱領域化と再領域化の概念について述べる。

第5節　脱領域化および再領域化と空間スケール

「構造化理論」の提唱者であるギデンズ（Giddens）の論考には「近代をいか

にとらえるか」という問いかけが通底している。従来の社会理論はいわゆる主観主義と客観主義に分裂し、「行為」が「構造」をつくるか、「構造」が「行為」をつくるかといった対立構図をかかえてきた。この状況に対して、ギデンズは両者を批判的に検討した上で、「構造」と「行為」は分裂したものとは考えず、構造が行為の媒介となり、同時に行為の結果となる「構造の二重性」を構造化理論の中核とした。人間は自分の行為を反省したり振り返りながら、また他人の行為を見ながら行為を繰り返す。これを「行為の再帰的モニタリング」と呼び、これが様々な差異さらには不確実性や偶有性をつくり出すと考えた。行為のこのような不確実性や偶有性を取り除くもの、また行為者を拘束しつつ能力を付与し、それによって行為を時間と空間に繋ぎとめておくものが「構造」であるとギデンズは考えている。ギデンズはパーソンズ（Parsons）の構造・機能主義が構造を実体的な存在としてとらえている点を批判的に検討し、構造はあくまでもバーチャルな存在であり、行為や相互行為によってその実体の存在が推定できるとしている（Giddens 1990）。ギデンズは現代社会をモダンとの非連続性を強調した「ポストモダン社会」ではなく、連続性を強調した「モダン社会」（ハイパーモダン社会）ととらえ、「モダニティの徹底化」論の立場である。

　ギデンズは現代において人々の空間的経験のあり方そのものが変化し、前近代にはほとんど類例のないかたちで距離の近いものと遠いものが結びつけられていると指摘している[6]。そして、このような視点から、ギデンズはグローバル化を「ある場所で生じる事象が、はるか遠く離れたところで生じた事件によって方向づけられたり、逆に、ある場所で生じた事件がはるか遠く離れた場所で生ずる事象を方向づけたりしていくというかたちで、遠く隔たった地域を相互に結びつけていく、そうした世界規模の社会関係が強まっていくこと」と定義している。さらにギデンズは、グローバル化を「近代性の帰結」としてとらえており、これはグローバル化とは近代性（modernity）のグローバルな拡大であり、グローバル化を理解する上で近代性の視点は重要な枠組みを与えるとの主張である（Tomlinson 1999）。

　ギデンズによると、近代性のダイナミズムの源泉には次の3つがある。①時

間と空間の分離、②社会システムの脱埋め込み（disembedding）、③制度的再帰性（reflectivity）／知識の再帰的専有である。①に関して、前近代では場所により異なる時間体系や暦を用いており、時間は常に場所と結びついていたと考えられる。しかし近代において、クロックタイム（正確な時計時間）の普及に従い、時間が場所と直接関わることなく均一化されてゆく（時間と空間の分離）。また通信技術の革新により、遠隔地とのコミュニケーションや相互行為が加速度的に容易になり、時間と空間が無限に拡大する。

②の脱埋め込みとは、社会関係をローカルな相互行為の脈絡から引き離し、①で示された時空間の無限の拡がりのなかに再構築することである。つまり、ローカルな脈絡に結びつけられていた時間と空間が脱埋め込みによってそれぞれローカルな文脈から切り離され、無限の広がりのなかに再構築される。この脱埋め込みのメカニズムにおいて、貨幣に代表される象徴的指標（symbolic tokens）と、例えば医学や科学などの専門家の知識への信頼を基盤とした専門家システム（expert system）の2つが重要である。これらのメカニズムの例としては、共同体的な伝統的慣習が解体していくことが挙げられよう。しかしこのような脱埋め込みと同時に、再埋め込み（脱埋め込みを達成した社会関係が、いかにローカル固有な文脈なもの、あるいは一時的なかたちのものであっても、時間的、空間的に限定された状況のなかで、再度充当利用されたり、作り直されたりする）のプロセスが生じる。例えば、地域固有の伝統文化が商品化されたり、特定の産業や機能に特化することにみられるように、ローカルな文脈が他地域との関連性のなかで新たな意味を持ち、再び強化されることも生じる。この脱埋め込みと再埋め込みの過程の中で、ローカルな空間が脱領域化かつ再領域化されるとギデンズは定義している。

③は、近代性は再帰的なものであり、「社会の実際の営みは、その営みについて新たに得た知識に照らして、不断に修正されてゆく」というものである。このため、「社会生活に関する体系的知識の生成は、システムの再生産の不可欠な要素となり、社会生活を伝統の不変固定性から徐々に解放する」ことになる。社会システムに関する知識が絶えず社会システムにフィードバックされ、社会システムの作動のあり方や再生産のメカニズムが逐次更新されていくと考

このように、ギデンズはローカルな文脈に着目することによって、脱領域化かつ再領域化される過程を説明している。しかし、ギデンズの想定する空間スケールは、グローバルとローカルの両端に関心が払われ、ナショナルやリージョナルなどの空間スケールの階層性に対しては十分な配慮をしていない[7]。そこで本書では空間の階層性に配慮し、脱領域化および再領域化を再定義する。すなわち、ナショナル、リージョナル、ローカルの各空間スケール固有な脈絡に結びつけられていた時間と空間が、上位空間スケールとの関係の中で、各空間スケール固有な文脈から脱埋め込みによって切り離されるが、同時に各空間スケール固有の文脈に再埋め込みされながら再構築される。この過程の中で、各スケールの空間が脱領域化かつ再領域化される。なお、ギデンズは脱領域化と再領域化の定義を必ずしも明文化していないが、本書では、領域に関する脱埋め込みと再埋め込みをそれぞれ脱領域化と再領域化と定義する。

本書において、「グローバル化」とは、ギデンズの定義に従い、「ある場所で生じる事象が、はるか遠く離れたところで生じた事件によって方向づけられたり、逆に、ある場所で生じた事件がはるか遠く離れた場所で生ずる事象を方向づけたりしていくというかたちで、遠く隔たった地域を相互に結びつけていく、そうした世界規模の社会関係が強まっていくこと」と定義する。「経済のグローバル化」とは、上記のグローバル化の定義を援用して、「ある場所で生じる経済事象が、はるか遠く離れたところで生じた経済事象によって方向づけられたり、逆に、ある場所で生じた経済事象がはるか遠く離れた場所で生ずる経済事象を方向づけたりしていくというかたちで、遠く隔たった地域を経済的に相互に結びつけていく、そうした世界規模の社会関係が強まっていくこと」と定義する。インドの場合は、1980年代の部分的な経済自由化以降、特に1990年代の新経済政策による本格的な開放以降、「グローバル化」と「経済のグローバル化」が急速に進展したと考えられる。

第6節　本書の構成

　本書の構成は以下のとおりである。第2章「グローバル化とインドの空間の再編成」第1節（ナショナルスケールにおける空間の再編成）では、インド政府の経済政策とグローバル化との関係を考察する。また、インドの経済成長を牽引しているが、グローバル化との関連では対照的な自動車産業とIT産業の2つの産業と空間との関係を比較考察する。さらに、IT産業において極めて重要な役割を果たしているインド人移民についての分析を加えて、グローバル化がナショナルスケールでの空間の脱領域化と再領域化と不可分な関係性にあることを示す。第2章第2節（リージョナルスケールにおける空間の再編成）においては、流動性が高まった資本の誘致に関する都市間競争やクラスターの形成、さらにこれによって生じた地域格差の拡大における空間の脱領域化と再領域化を考察する。

　第3章から第6章は、ローカルな農村の事例を検討する。まず第3章「大都市圏外農村の社会構造－カルナータカ州GH村を事例に」においては、大都市圏外の農村を事例に、グローバリゼーション初期の農村社会の構造について把握する。

　グローバル化のもとでのインドの経済成長は、デリー首都圏とベンガルール大都市圏をはじめとする大都市圏において顕著に認められる。そこで第3章を対照項として、第4章「ベンガルール大都市圏内の近郊農村における社会構造の変化－カルナータカ州G村を事例に」ではカルナータカ州都・ベンガルールの大都市圏内の近郊農村、第5章「デリー首都圏内の近郊農村における社会構造の変化－UP州R村を事例に」では、デリー首都圏内のウッタール・プラデシュ（UP）州ノイダ工業団地の近郊農村を事例として、グローバル化の影響を強く受けた農村の社会構造の変化を考察する。

　さらに、第6章「工業団地開発と近郊農村における社会構造の変化－MP州C村の10年間の追跡調査」ではマディヤ・プラデーシュ（MP）州の工業団地の近郊農村を事例地域とする。1996年と2007年の2回にわたり悉皆調査を行い、全世帯の全住民の追跡調査を行った点が大きな特徴である。ここでは、農

村住民を個人レベルで追跡調査することにより、個人単位での変化から農村の社会構造の約10年間の変化過程を詳細に考察する。なお、第6章の「補遺」として、ジャーティごとにC村住民の1996年から2007年までの約10年間の追跡調査を行ったサンプル世帯の個人単位での社会経済的変化の詳細と10年間の変化に対する住民の評価について記述する。

　第4章～第6章ではいずれも大都市郊外に造成された工業団地の近郊農村を対象とする。その理由は、外国資本による工場が新規立地した工業団地に近接した近郊農村は先進国資本の工業生産空間の末端に組み込まれつつあると推測され、脱領域化と再領域化のせめぎ合いの現場そのものであり、それらの過程を詳細に考察できるからである。事例農村の位置を図1-1に示した。

　本書は、経済自由化による農村の影響を経済的指標の上昇、例えば農村における非農業雇用の拡大や農業賃金の上昇により、その経済的効果の有無を論じることを目的としているのではない。また、工場労働などの非農業雇用の就業先が外国資本か否かによりグローバル化の程度を判定するものでもない。グローバル化における資本の誘致に成功した大都市郊外と工業団地の近郊農村の経済活動と社会構造の変化過程を対象に、ギデンズの近代性の理論を援用した脱領域化と再領域化の概念を用いて、新住民を含めた社会集団間の相互作用の空間的範囲がどのように変化し、その結果ローカルな文脈に埋め込まれていた農村がどのように変質するのかを考察する。また、農村空間の変化過程の中で、ギデンズのいう「社会関係の再帰的近代化」（Beck, Giddens and Lash 1994）をみることにより、ローカルな要素の意味がどのように破壊されながら再生産されるのか（創造的破壊）、換言すればグローバル化は意味の書き換えをどのように行ったのかについて考察する。

　グローバル経済下では、資本の流動性が高まると同時に、人の流動性も高まっている。国境を越えて移動する移民は、就業場所のみならず日常生活空間としての集住地という「自分達の場所」を必要としている。インド系移民社会も経済のグローバル化の影響を受け、空間的再編成が進んでいる。そこで第7章「グローバル化とインド系移民社会の空間の再編成－グローバルシティ・東京を事例に」では、先進工業国日本におけるインド系移民の空間の脱領域化と再領域

図1-1 インド農村に関する事例地域の位置

化考察する。開港以降インド人商人が移民社会を作り上げてきた貿易港・神戸を対照項として、近年 IT 技術者が増加した東京のインド人集住地の考察を行う。立地のパラドックス(グローバルな流動性が高まるに従い、ローカルな条件の重要性が高まる)や集住地の人々の集中と分散などの両義性を明らかにすることにより、グローバル化の本質を捉え直したい。

以上の考察を踏まえて、第8章「結論」では、グローバル化のもとでの空間の再編成に関するアプローチに関して、脱領域化と再領域化の概念の有効性を確認したい。そしてその有効性を踏まえて、グローバル化とは、ナショナル、リージョナル、ローカルの各スケールの空間の文脈にあった社会的行為を上位の空間スケールの中に位置付けることにより、空間の脱領域化と再領域化を続けることであり、この結果、空間はより上位の空間そしてグローバルな空間に次第に組み込まれてゆくことを示したい。

ローカルな農村空間や越境する移民達のローカルな集住地を、グローバル化と関連付けて考察を行う意義として、1）ローカルな存在は決して一方的にグローバル化に規定されるような従属した存在ではなく、2）グローバル化の本質は最も下位の空間スケールであるローカルな存在に表れやすく、グローバル化した世界の末端に組み込まれつつある開発途上国の農村の実証研究を通じてこそ、グローバル化の本質とプロセスをつぶさに浮き彫りにできることにある。本書では多国籍企業や外国資本がローカルな空間を末端空間として組織化することにより、空間の再編成・再組織化を行うという、上位空間が下位空間を包摂するプロセスのみを扱うのではない。ローカルな空間での人々の日常的な社会行為や経済活動という様々な活動の中にグローバル化の力が徐々に浸透し、空間が再編成されるプロセスを扱うものである。この作業を通じて、ローカルな現象を対象にそこで働くグローバルな力を検討し、グローバル化に潜む両義性を把握し、その本質を捉え直すことが出来ると考えている。これらの作業は、今日の空間的分業を最も特徴づけている「グローバリゼーションは空間的差異の重要性を高める」（Savage and Warde 1993）、「グローバルとローカルとのパラドックス」（吉原 1996）、「グローバル化による統合と反統合の共存というパラドックス」（宮永 2000）の命題を実証的に検討する作業でもある。

［注］
1）モダニティの両義性と都市や空間との関係については、吉原（2002，2008）、遠城（2004）を参照。
2）工業団地のインフラストラクチャー整備については南埜（2003）、住宅政策につ

いては由井（2005）を参照。
3) Rao（1970）、Ramachandran and Srivastava（1974）、Hussain and Siddiqui（1982）、Ramachandran（1989）、Gupta（1997）を参照。
4) Forsythe（1980）、Harper（1987）、二宮・中藤・橋本（1985）、澤（1990, 1991）、古田（1990）、Sawa and Takahashi（1996）、Takahashi and Sawa（1996）、高橋（1997）を参照。
5) 本書において「インド人」は、インド国籍を有するものに限定して使用する。「インド系移民」は、インド国籍を持つものに限定しない。
6) ギデンズは、ヒンディー語で「世界の支配者」を意味する言葉に由来した、超大型長距離トラック「ジャガーノート」（ある程度まで乗りこなせることが出来るが、同時に突然操縦が効かなくなる恐れもあり、バラバラに解体しかねない、巨大出力エンジンを搭載して疾走する車）のイメージをモダニティに用いている（Giddens 1990）。
7) 森川（2004）は、ギデンズの空間概念はミクロとマクロに両極分化していて中間のメソスケールが欠如すると、空間の階層性に関して批判している。

第2章

グローバル化とインドの空間の再編成

第1節 ナショナルスケールにおける空間の再編成

(1) インドの経済政策の展開

　インドの独立以降の経済政策の目標は、社会主義型社会の構築であり、その理念は経済成長の推進と社会的公正の達成であった。インド政府はライセンス規制と製造分野規制により、大規模企業や外資系企業に対し規制を行い、これは国内産業の保護や貧困層の底上げなど一定の効果を挙げた。しかし、高い関税障壁によって守られた国内市場向けの国産工業製品は、国際競争から取り残され、他の新興工業国に比べて相対的な品質の劣悪さを示すようになった。また、公共部門が優遇された結果、工業生産の効率性の低下と国家財政の悪化が生じた（澤 1998）。第2次石油危機による国際収支危機を乗り切るため、これらの弊害を克服すべく、IMFから巨額の借入れを契機に1980年代以降規制緩和を軸とする経済自由化が導入された。産業政策・貿易政策の自由化や公企業の改革に着手したが、あくまでもインド経済政策の基本である混合経済の枠組みの中であった（小島 1993）。

　インドはその後、湾岸危機・戦争（1990～91年）による原油価格高騰、中東の出稼ぎ労働者からの送金停止、国外居住のインド人（NRI: Non Resident Indian）などの預金の資本逃避、当時の重要な貿易相手であった旧ソ連の崩壊に伴い、1991年に再度深刻な経済危機に陥った。この危機を乗り越えるため、インド政府はIMF・世界銀行との提携の下、経済自由化を一層推進し、従来の

混合経済政策を転換し、産業政策の規制緩和・自由化を目指す新経済政策を掲げた。具体的には、政府はライセンス規制の事実上の撤廃と製造分野規制による公企業優遇分野の部門縮小という大幅な規制緩和を行うと同時に、通貨の切り下げ、関税率の引き下げを行った。

従来は、厳格な外貨規制を伴う閉鎖的な金融制度の下で、大半の金融機関が国有化されていた。しかし、同年以降の金融改革（金融自由化）はこのシステムから決別し、新規民間銀行の参入規制緩和や金利の段階的規制緩和、さらに国際決済銀行基準に応じた自己資本規律の導入を軸とした銀行部門改革と株式市場改革が行われた（絵所 2000, 2002）。このような金融自由化政策により、国際基準に合致した金融制度が次第に形成され、インドにおいて国境を越えた資本の流動性を担保できる条件が整えられた。これは外国資本の投下のための条件を整え、インド国内の金融市場が先進国との流動性を高められたことにより、インドの金融市場のナショナルスケールでの脱領域化が進行したことを意味する。しかし同時に、こうした流動性の高いグローバルな金融市場にインドが組み込まれるなかで、インド政府は外国やNRIなどインド系移民からの投資をインドに呼ぶための優遇策を導入するなど、インド国内の金融市場の魅力を高める必要性が生じた。またその際にも、インドの中央銀行であるインド準備銀行（Reserve Bank of India）が政策金利の決定のみならず、インドへの外国投資の許可にも深く関わっている。その結果、ナショナルスケールでの再領域化（再国家化）が進行したといえる。

次に、いずれもインドの経済成長を牽引しているものの、グローバル経済との関係では対照的な自動車産業と IT 産業のそれぞれの成長、立地と「脱領域化と再領域化」との関連について考察を行う。

(2) 自動車産業の成長

インドの自動車産業は、1980年以前は国産化と国内市場の保護政策の下、技術革新が遅れ、国際競争力を失うに至っていた（友澤 2003）。1980年代には日印合弁会社のマルチ・ウドヨグ社が設立され、1990年代には日本、韓国、

第1節　ナショナルスケールにおける空間の再編成　39

欧米の主要メーカーが相次いで合弁企業を設立して新規参入を行うなど、インドの自動車産業の成長は1980年代以降の経済自由化政策を前提としており、国家政策と不可分な関係にあったといえる。その後も自動車産業の成長は著しい。

　インドの自動車産業は少数の大企業と裾野の広い多数の下請け企業から階層的に構成され、日本や欧米企業などとの合弁の外資系企業と民族系企業に二分できる。いずれも国家主導の下、大手金融機関の強力なサポートを受けて、設立・経営されており、合弁企業の設立や解消に際しても国家の関与のもとで行われてきた。このような国家主導は、新経済政策以降において弱まったとはいえ、依然として大きな役割を果たしていると言える。日本や欧米諸国などからインドの自動車産業の参入に際し、インド内のグループ会社へは古い技術を移転するのみであり、技術革新は先進国で行い、インドでは低コストの生産拠点をつくるという特徴がある。

　このような外国資本の投下は、インド国内の労働市場の変化と不可分の関係にある。インド政府の新経済政策以降の経済改革は、労働政策の重心を労働者の福祉から市場へと傾けつつあり、雇用の流動性を高めることを労働市場改革の一環として重視している（木曽 2000b, 2003）。雇用・失業に関する全国標本調査を木曽（2002）が分析した結果、第3次産業就業者や建設業就業者の拡大と雇用の不安定な日雇い労働者比率の拡大による労働の非正規化、そして労働力の女性化の進行が明らかとなった。男性よりも低賃金で未組織なため、雇用調整の安易な労働者として、女性労働者の需要が高まったのである。

　自動車関連の工場労働者の特徴に関して、デリー郊外に位置し、マルチ・ウドヨグ社の拠点であるグルガオンを事例に調査した岡橋（2004, 2006）は、①組織部門の常用工の労働市場の拡大ではなく、臨時工などの低賃金で雇用の継続性のない、不安定労働市場の急速な拡大、②常用工労働市場と臨時工労働市場の断絶した二重構造、③農村からの膨大な臨時工の労働力のプールの形成、④臨時工の雇用による企業の生産変動への対応や労務費削減を可能にするメリット、⑤その反面階層間格差を拡大する可能性、を報告している。以上から、インド経済がグローバル化した経済に組み込まれるなかで、労働力の非正規化

と女性化を通じて雇用のフレキシビリティが高まったことが確認できる。つまり、経済自由化以降の産業振興政策は、インフラの整備のみならず、グローバルスタンダードに基づく金融機関やフレキシブルな雇用に対応した労働市場の整備が不可欠となり、国家主導の産業育成とならざるを得ないといえる。

以上考察してきたように、資本のグローバル化に伴い、インドの自動車産業はグローバルな空間に組み込まれてきている。インドの自動車産業の成長は、国境を越えた資本の流動性の増加および企業間・企業内ネットワークの強化によって特徴付けられた、ナショナルスケールでの脱領域化と不可分な関係にある。しかし、資本の流動性の高いグローバルな空間にインドの自動車産業が組み込まれる中で、他の国々よりも有利な生産条件をつくり出すためには、国家主導の経済政策が必要となる。その結果、ナショナルスケールでの脱領域化と同時に、再領域化（再国家化）も必然的に進んだといえる。

(3) IT産業の成長

インドの経済成長を支えるもう一つの産業がIT産業である。経済成長を遂げた開発途上国は共通して先進国の投資の下、輸出指向型の工業化を軸にしていた。これら多くの国が製造業を中心としたのに対し、インドは1990年以降のITソフトウェア開発と業務委託サービスを核とした労働集約的なサービス業が中心となった。これは経済自由化政策以前まで、インドは国内市場を志向した経済政策を重点とし、輸出に特化した産業が少なかったためである。IMFの国際収支統計年鑑によると、インドのモノおよびサービス輸出高にITサービスの占める比率は1990年以降成長し、2004年には約25％を占めるまでに急拡大した（鍬塚2004a）。

インドのIT産業の特徴は、他のアジア諸国のような情報通信技術に関するハードウエア生産ではなく、ソフトウェア開発が中心であり、これに加えて先進工業国（アメリカ合衆国やイギリスなど）の企業などの苦情窓口やテレフォンショッピングの受付などの電話窓口を代行するコールセンターやバックオフィスと呼ばれる業務委託サービスから構成されている点にある。ソフトウェ

ア開発の業務形態はオンサイト (on site) とオフショアー (off shore) に区分され、前者はインド人技術者が先進工業国の企業に派遣され、現地でソフトウェア開発の業務に携わるのに対し、後者は先進工業国の企業のソフトウェアの開発業務をインド国内で行うものを指す。ITサービス輸出高の中でソフトウェア開発の占める割合は、2002/3年度で57.9％を占め、しかも急激な拡大傾向にある。また前述の業務委託サービスの成長がめざましい（鍬塚2004b）。1990年代後半からFDIの主な投資先分野は製造業のほかに、IT産業が加わるなど、インドのIT産業の成長には外国資本の導入が不可欠であり、その中心は在米インド系移民である。

インドの大都市には、大学・大学院卒業者の失業率の高さに裏付けられた高学歴者の大規模なプールがある。彼らは英語で教育を行う（English Medium）学校で教育を受け英語能力が高く、英語圏の企業や顧客とのやりとりに支障がない。さらに、政府による通信インフラの整備と税減免措置がある。このように、インドのIT産業は先進国の大企業や政府機関のアウトソーシングや生産者サービスと不可分な関係にある。グローバル化の進展にITが不可欠なインフラとなるのと同時に、それを支えるIT産業がグローバル化経済に組み込まれていくのである。また、コールセンターの勤務時間はアメリカなどの顧客と時差がなく、祝休日などの暦も同じであり、空間のみならず時間も先進国の基準に組み込まれている。

インドのIT産業の成長には、Saxenian (2006) によれば、①国境を越えた分業システム、②国境を越えた労働市場と移民、③大企業を核とした国家主導による成長ではなく、在米インド系IT技術者がインドで起業するボトムアップ型として成長したという特徴がある。国家の強い関与の下で成長したインドの自動車産業とは異なり、インドのIT産業は在米インド系IT技術者が母国で起業した、いわゆるベンチャー型の産業である。彼らは出身大学や出身州などを核にしたインド系移民の強固なネットワークに基礎をおき、インド系移民のベンチャーキャピタリストのサポートを受けながら、主な出身地であるベンガルール、デリー、ハイデラバードなどで起業している。

ITの技術革新はDog Year（犬は人間の何倍も早く年を取ることから、現在

の技術がすぐ陳腐化する喩え)と呼ばれ、最新技術を常に獲得する必要がある。技術移転はグループ社内だけにとどまり閉鎖的な自動車産業とは対照的に、IT産業の場合は同業者内でオープンな場合が多く、それが新しい技術革新の土台となっている。そのため、先進国からインドへの一方向の技術移転の自動車産業とは異なり、IT産業は両地域の双方向の技術移転が行われる。それを支えるのがインド系移民のネットワークであり、IT技術も技術者も国境を越えた双方向の流動性が極めて高い。

このように、インドのIT産業の成長に際し、国境を越えた技術とIT技術者の移動などナショナルスケールでの脱領域化が進んでいる。インドのIT産業がアメリカを中心としたグローバルな空間に組み込まれる中で、在米インド系移民がその重要な役割を担っている。アメリカなどで成功したインド人の技術者やベンチャーキャピタリストを他の国ではなく母国に環流させるために、インド政府も2004年に在外インド人省(Ministry of Overseas Indian Affairs)を設立し、インド系移民によるインドへの投資に対して税制や企業立地規制の緩和などの優遇措置をとると同時に、通信などのインフラ、教育機関、法制度の整備を行った。このように、インドのIT産業の条件を整えるためには、国家の政策が不可欠となった。その結果、インドのIT産業の成長に関して、ナショナルスケールでの脱領域化と同時に、再領域化(再国家化)も生じたといえる。次に、IT産業を支えるインド系移民について考察を行う。

(4) インド系移民社会の変容

グローバル経済下では、国境を越えた資本や情報の流動性が高まると同時に、労働力の流動性も高まっている。国境を越えて移動した移民は、就業機会のみならず生活空間としての集住地を必要としている。従来のインド系移民の多くが肉体労働者であったのに対し、1990年以降、IT技術者や企業家たちが急増した。特に在米インド人は1980年の30万人が、1991年は82万人、2001年は168万人に増加している。この時期は在米インド人の40%近くがIT関連の専門職であり、その他にも新興の中小財閥を形成する者も多くいる。また、

在米IT技術者としてインド人は、中国人とともに不可欠な存在となった。インド系IT技術者の増加は、アメリカ・イギリスのみならず、日本においても次第に顕著となってきた。1990年代以降IT技術者を中心にインド人は急増し、2015年には約2.6万人に達した。グローバルシティ・東京ではインド系IT技術者を中心として、江戸川区西葛西にニューカマー達の新たな集住地が形成された。

　グローバル化した経済の下、ニューヨーク、ロンドンや東京に代表されるグローバルシティは多国籍企業の中枢管理機能が多く立地し巨大化するに従い、デュアルシティ（Mollenkopf and Castells 1991）と呼ばれるように、都市のエリート層であるテクノクラートなどの専門職と低賃金でフレキシブルな雇用体系である単純労働者へ二極化が進んだ。この両者間の分断により、後者はエスニック集団などのマイノリティの雇用の場となった。そこでは、先進国の労働者が就きたがらない建設現場や下請け工場での低賃金労働者の需要が増大し、これに呼応して開発途上国からの低賃金労働者が流入している。このように、先進国における低賃金労働市場が国境を越えて開発途上国に拡大し、低賃金労働市場のナショナルスケールでの脱領域化が進行している。

　また、グローバル経済は金融業のグローバルな展開によって特徴づけられる。グローバルシティは同産業の成長が大きく（Sassen 2001）、それを支えるIT産業の成長が不可欠である。その担い手として、1990年以降インドの大都市からアメリカへのIT技術者などの頭脳労働者の移動が顕著となった。IT技術者は雇用条件の良い職場への転職に伴う国際移動や国内移動が多いなど流動性が高く、IT技術者の労働市場は国境を越え、ナショナルスケールにおいて脱領域化が進んでいるといえる。このような労働力の国境を越える流動性が高まると同時に、移民による情報交換が新たな就業の場の確保において重要になる。雇用条件や就業地周辺の居住地環境に関する情報を、移民同士や出身地にいる移民予備軍（親類・友人）が緊密に交換しあうのである。このように、移民同士や家族・友人達と国境を越えた情報交換がインターネットにより即時的で安価になり、情報の流動性が高まることにより、情報の脱領域化が進む。また、インドにおいて、移民からの送金は外貨獲得の重要な手段であり、インド

系移民のインドへの出資や送金がインド経済にとっても重要な役割を果たしている。

以上のように、国境を越えた資本の流動性の高まりによってもたらされた経済のグローバル化は、国境を越えた労働力や情報の流動性を高めることにより、再び国境を越えた資本の流動性を高めるという再帰的関係を形成している。このような過程で、先進工業国の労働者では需要を満たすことができないIT等の高度技術職や、先進国の労働者がつきたがらない低賃金労働者などの特定の労働市場がグローバルに拡大した。その結果、国内で閉じていた労働市場は、ナショナルスケールでの脱領域化が進んだ。しかし、先進国政府は外国人労働者の受け入れの可否や滞在許可期間を、国籍や技能などにより決定する。例えば、日本においても、技術者や「日本人の血を引く」として日系人を積極的に受け入れる反面、それ以外の外国人労働者を排除してきた（澤 2007）。またインドの場合は、アメリカなどで成功したインド系移民を積極的に母国へ環流させ、インドの経済成長につなげる政策をとっている。これらの政策的関与により、労働市場のナショナルスケールでの再領域化（再国家化）が進む。

(5) ナショナルスケールにおける脱領域化と再領域化

従来高い関税障壁により国内産業の保護を行ってきたインドは、特に新経済政策以降、外国資本の積極的な導入へと経済政策を大きく転換した。それは国際基準に合致した金融改革と、雇用のフレキシビリティに対応した労働市場の整備を必要とした。この結果、外国資本のインドへの流動性が極めて高くなり、工業化への投資が積極的に行われるに従って、インドは急激な経済成長を経験した。先進国の多国籍企業の生産拠点やアウトソーシングに関わる生産者サービスに組み込まれるかたちで、インドにおいて自動車産業とIT産業が急成長し、インドは先進国を頂点としたグローバル化経済に組み込まれている。このように、ナショナルスケールの脱領域化に関しては、国境を越えた資本・労働力・情報の流動性が高まり、国家の枠組みが緩くなる傾向を認めることができる。

しかし、国境を越えた資本の流動性が高まる中で、インドへの外国資本の誘致やインド系移民の資本環流のためには、資本の受け皿としてインドの価値を高めるために、インフラ・金融市場・労働市場などの条件整備が不可欠となる。これらを実現するためには国家による経済政策、移民政策が必要となるなど、再領域化（再国家化）が生じることになる。グローバルな空間に組み込まれる中で、先進国にとって自動車産業やIT産業の立地場所、さらには拡大する消費者市場として優位性がある空間としてインドが新たな意味を獲得している。このようなプロセスの中で、インドはグローバル化経済に組み込まれ、次第に脱領域化かつ再領域化されているのである。

第2節　リージョナルスケールにおける空間の再編成

(1) 自動車産業の立地

経済自由化以前には、民族系資本によるコルカタ（旧カルカッタ）、デリー、ムンバイ（旧ボンベイ）、プネ、チェンナイ（旧マドラス）が自動車産業の核心地域であった。1980年代に外国資本の参入が一部許可されたが、①地域間格差の是正を目的とした後進地域への政策的誘導が積極的に行われ、部品工場すら満足にない後進地域にも新規立地が進み、②既存核心地域では、郊外に新規投資の場がシフトし、特にデリー近郊が自動車生産のセンターとしての地位を高めた（友澤1999, 2007）。新経済政策の一環として、1991年以降に外国資本の導入が容易になるとともに、立地に関する政策的な誘導や制約条件は緩和され、立地条件に関して脱領域化が進んだといえる。しかしその一方、州政府の誘致活動、労働力供給、工業団地の開発やインフラ整備状況などにより、立地条件の差異化が進んだ。外資系企業はこれに敏感に反応した結果、特定の地域への新規立地が集中するなど再領域化が同時に進んだといえる。日本、韓国、欧米などの自動車メーカーは、チェンナイ、ベンガルール、そして特にデリーの郊外に新規立地する傾向が強くなった。

デリーの自動車産業に関しては、日系企業を中心として部品を供給する下請け企業がデリー首都圏に一極集中する傾向が指摘されている。これはインドの自動車産業に1990年代後半以降にジャストインタイム（JIT）が導入され、近距離からの調達が重視されたためである（友澤 2005，2007）。JIT は厳密な時間管理を前提とした生産システムであり、納品先の工場との距離が輸送時間と換算され、部品メーカーの立地が集積することにより、自動車産業の立地に関する再領域化が一層進行した。また、インドにおいて、州を越えた物品の移動に関して税がかかることも、同一州内からの部品調達を有利にさせ、再領域化を進めるものとなっている。このように、国内での立地規制が緩和されるに従い流動性を高めた資本は、立地条件の違いに敏感になり、州政府同士での資本を巡る誘致競争が激しくなる。この過程で、自動車産業の立地はリージョナルな文脈に再び埋め込まれることになり、その結果、リージョナルスケールでの再領域化が進むのである。

(2) IT 産業の立地

インドへの FDI の投資主体は、新経済政策導入直前の1990年において、旧宗主国のイギリスが最大であったが、1990年以降はアメリカの多国籍企業が短期間に急増した。次いでインド系移民およびモーリシャスが投資主体となっている（日野 2005）。租税回避地（tax haven）として知られるモーリシャスはインド系移民が国民の約7割を占め、インド系移民などがここを経由してインドに投資を行っている。このようにインド系移民が海外からの投資主体として重要な役割を担っており、インド政府もインド系移民によるインドへの投資に対して様々な優遇措置をとっている（澤田 2001）。FDI の主な投資先分野は製造業に加えて、1990年代後半から IT 産業が加わった。外資系企業の立地からFDI の投資先を地域的にみると、国内企業の立地は従来の国内経済の中心地であるムンバイに集積しているのに対し、外資系企業はデリーへの立地傾向が顕著である。これは、外資系企業が中央政府との接触、市場への近接性、ホワイトカラー労働力の確保を高く評価した結果である（日野 2005）。IT 産業に関し

ては、後述するようにベンガルールが重要な投資先となった。

　Saxenian（2006）によると、インド系IT技術者のアメリカのシリコンバレーへの移動が認められるのは1980年代以降であり、インドからの頭脳流出（brain drain）と呼ばれた高学歴者のシリコンバレーへの流出は1990年代に増大した。そして、インド工科大学の同窓会組織やTiE（The Indus Entrepreneurs 1992年設立）に代表されるIT技術者や起業家との移民団体が設立された。これらの社会組織は、インドでは最重要視される宗教やカーストではなく、ナショナリティによるネットワークであることが特徴である。最新技術に関する情報のみならず、資金調達やノウハウなど、シリコンバレーでの起業へのサポートを行うなど、在米インド人の人脈が起業の不可欠な基礎となった。それに加えて、1990年代後半、Y2K（Year 2000：古いプログラムには西暦年が四桁ではなく二桁表記の場合があり、2000年に00となりプログラムが暴走する危険がある問題）に対処すべくハイテクブームが生じた。しかし好況にもかかわらず、多くのインド人技術者は「ガラスの天井」と呼ばれる移民に対する差別により、管理職への昇進が困難な場合が多いため、シリコンバレーで自ら会社を起業した場合も多い。

　その後、Y2Kへの対応業務が終わった2000年以降にITバブルが崩壊し、失業した多くのインド系IT技術者が帰国し、出身地などでIT関連会社を起業した。同年以降、上記の移民団体はシリコンバレーのみならず、インド帰国者の起業へのサポートも行うなど、国境横断的な支援を行っている。「インドのシリコンバレー」とも呼ばれ、インド最大IT企業のInfosysやWipro等が本社を置くベンガルールがその一大拠点となったのである。ベンガルールは、インドの独立後、空軍を核とした防衛産業の拠点であり、インド科学大学などの高等教育機関が設立されており、多くの高学歴技術者のプールが存在している。また、カルナータカ州立エレクトロニクス開発公社が基盤整備を行い、Software Technology Park（STP）を整備するなど、州政府の振興策が重要な役割を果たしている。新経済政策の下、IT産業には外資100％の直接投資が認められた結果、シリコンバレーなどの会社のオフショアー会社として、ベンガルールに開発センターが立地されはじめた（バサント2008）。

シリコンバレーで行うソフト開発の下請け先としてベンガルールが選ばれたのは、1990年代はIT技術者のコストの安さがその立地理由であった。しかし現在は古い技術がシリコンバレーからベンガルールに移転されるのではなく、顧客に近いシリコンバレーで新たなシステムアーキテクチャーなどが設計され、それを補完する技術開発をベンガルールで行う形態の国境横断的な共同開発が行われている（Saxenian 2006）。現在のベンガルールの立地条件は人件費の安さではなく、優秀なIT技術者が豊富に得られることとともに、シリコンバレーとの移民ネットワークやSTPを基盤とした同業者間の競争と協力があることである。

このように、経済のグローバル化が進行する過程で、IT産業に関して、シリコンバレーのクラスターと相互補完的で不可欠なクラスターがベンガルールに形成されていった。クラスターとは、「特定分野における関連企業、専門性の高い供給業者、サービス提供者、関連業界に属する企業、関連機関（大学、規格団体など）が、地理的に集中し、競争しつつ同時に協力している状態」（Porter 1998）である。グローバル経済において持続的な競争優位を得るためには、非常にローカルな要素、つまり専門化の進んだスキルや知識、各種機関、競合企業、関連ビジネス、レベルの高い顧客などが、一つの国ないし地域に集中していなければならない。これは、「立地のパラドックス」、つまり、グローバル経済において最も持続性のある競争優位は、ローカルな要因から得られる場合が多い（Porter 1998）ことを示すものである。換言すれば、グローバル化が進むほど、ローカルな要因がより重要な意味をもつということである。IT産業の場合、その商品（ソフトウェア）が脱物質化しその立地に関する制約がなくなるに従い、立地条件が脱領域化する。しかし、インドのIT技術者はSTPなどを核として、日常的に研究セミナーなどを通じて、互いに対面接触をしながら、高度な技術革新に関する競争と協力を行っている。この結果、これら同業者間が近接して立地する傾向が高まり、IT産業のクラスターが形成される。これらの過程で、IT産業の立地条件がリージョナルな文脈に再び埋め込まれ、再領域化が進むのである。

(3) 国内の地域格差の拡大

　新経済政策は、インドに急激な経済成長をもたらした。しかし、富裕層・新中間層が増加し、彼らを対象とした耐久消費財の生産・消費が拡大する一方で、人口の約3割は依然として貧困ライン以下であり、所得階層間格差や地域格差が拡大傾向にある（小島 1993）。国内の地域間格差の是正は、独立以降のインドの経済政策上重要な課題の一つであり、中央政府から州政府への資金移転と産業許認可制度を通じて、低所得州への公的資金・民間資金の移転・誘導を行ってきた。しかし前者は、中央政府の財政悪化により停滞気味となり、後者は新経済政策のもと事実上撤回されたため、後進州は民間資本の受け入れが一層困難となった。

　その結果、1980年代と比較して1990年代において州間の経済成長格差は拡大する傾向にある。すなわち、BIMARU（ヒンディー語で「病気」の意）とも呼ばれる、北インドのビハール、マディヤ・プラデーシュ、ラージャスターン、ウッタール・プラデシュ（Bihar、Madhya Pradesh、Rajasthan、Uttar Pradesh）の貧困州は、1997/98年において、1人当たり国内純生産が4,000〜10,000ルピーと国内で最も低所得水準のグループに位置したままであり、90年代にも0〜5％台以下の最も低い成長率を余儀なくされている。対照的に、デリー、パンジャーブ、マハーラーシュトラ、ハリヤーナー、グジャラートの各州は90年代には製造業を中心に経済成長が顕著であり、4〜9％の高い成長率を示し、1人当たり国内純生産が16,000〜23,000ルピーと高額である（小島 2002）。このことから、新経済政策は製造業の発展の地域差を媒介に、州間の経済格差を拡大させる方向に作用したことがわかる。

　製造業の発展が停滞した貧困州は、中央政府からの公的資金が期待できないため、経済的に浮上する手段は民間投資を誘導することである。しかし、産業許認可制度が撤廃された後は、民間資本は電力などインフラが整備された州へ誘引されるのが現状である。このため、これらインフラが不十分な貧困州では、製造業を誘引するために必要なインフラ整備においても、公的資金が期待できず、民間資本に依存しなければならない。しかし、これらの州は、既存のイン

フラが不十分なために、それが困難であるという悪循環に陥り、地域格差が拡大再生産されている。

このように、インドの経済成長において工業化の進展が重要な牽引力であるが、新経済政策のもと新規立地に関する制約が緩和されるにしたがい、立地条件がリージョナルスケールにおいて脱領域化する。しかし、インフラ整備の状況の良い地域に新規立地が集積する傾向があるため、再領域化が進むと同時に、地域間格差が拡大再生産されるのである。

(4) リージョナルスケールにおける脱領域化と再領域化

新経済政策以降、資本は国内の中でも、インフラ、市場、税制、労働力などが整備された地域へと流動する傾向が高まった。それは輸送機関の高速化とITによる通信技術の発展、および立地規制に関するインド政府の政策的緩和により、空間的障壁が重要でなくなるにつれ、産業の立地条件がリージョナルな文脈から切り離され、脱領域化が進んだためであった。流動性の高まった資本は、「場所（place）」のヴァリエーションに対して、より敏感になるとともに、資本を誘致するように「場所」の差異をつくりだす誘因が高まるとHarvey（1989）が述べているように、インドでは、州政府などがインフラの整備などを進めることにより、資本、特にFDIの誘致を積極的に行っている。つまり、流動性を高めた資本は、立地条件の違いに敏感になった結果、州政府同士での資本を巡る誘致競争（都市間競争）が激しくなり、立地条件がリージョナルな文脈に再び埋め込まれることにより、リージョナルスケールでの再領域化が進んでいるのである。

インドの経済成長において、工業化の進展が重要な牽引力であり、インフラ整備の状況の良い地域に工業の新規立地が集積する傾向がある。その結果、リージョナルスケールでの再領域化が進むと同時に、地域間格差が拡大再生産されている。しかし、リージョナルな空間がすべて同様に脱領域化かつ再領域化するのではない。インドがグローバル化経済に組み込まれるとともに、外国資本を中心とした資本誘致を巡る都市間競争に勝ち抜き、自動車産業やIT産業な

どの立地条件に適した空間から、グローバル化した経済に直接接合しはじめ、そこから次第に脱領域化と再領域化が進行してきたといえる。

第3節　まとめ

　新経済政策以降、インドへの外国資本の流動性が高まり、工業化への投資が積極的に行われた。その結果、自動車産業とIT産業が急成長し、欧米・日本を中心としたグローバル化経済にインドが組み込まれている。ナショナルスケールの脱領域化に関しては、国境を越えた資本・労働力・情報の流動性が高まり、国家の枠組みが緩くなる傾向を認めることができる。これに対して、インドへの外国資本誘致やインド系移民の資本環流のためには、インフラ・金融市場・労働市場などの条件整備が不可欠となる。これらの実現には、インド政府の政策が必要となり、必然的に再領域化（再国家化）が同時に生じることとなった。

　先進国からの投資先としてのインドの価値が高まるにつれ、資本はインド国内の中でも、インフラ、市場、税制、労働力などが整備された大都市・地域へと流動する傾向が高まった。輸送機関の高速化とITの発展、および立地規制の政策的緩和により、空間的障壁が重要でなくなるにつれ、立地条件に関してリージョナルスケールでの脱領域化が進む。これに応じて、資本、特にFDIの誘致に関して、州政府などによる工業団地の開発やインフラの整備などの振興策が積極的に行われ、資本誘致をめぐる都市間競争が高まり、リージョナルスケールでの再領域化が必然的に進んでいる。インドの経済成長において、自動車産業とIT産業が重要な牽引力である。インフラ整備の状況の良い地域や、特にIT産業の場合は、同業者との競争と協力が得られる地域に新規立地が集積する傾向がある。このような過程で、リージョナルな文脈が新たな意味を持つこととなり、リージョナルスケールでの再領域化が進み、その結果、地域間格差が拡大再生産されている。

　続く第3章で分析する大都市圏外農村との比較を通じて、第4章〜第6章で

は工業団地の近郊農村の変化、第7章では越境したインド系移民の集住地形成といういずれもローカルな空間の再編成に関する事例研究を通じて、グローバル化に伴う脱領域化と再領域化のプロセスの考察を詳細に行う。

第3章

大都市圏外農村における社会構造
－カルナータカ州 GH 村を事例に

第1節　はじめに

　本章においては、経済のグローバル化との関わりが弱いと推測される大都市圏外に位置し、また、新経済政策導入直後に相当し、経済のグローバル化の影響がまだ弱い 1993 年 11 月に調査を行った農村を事例農村とする。その理由は、次の第 4 ～ 6 章で分析を行う先進国資本の工業生産空間の末端に組み込まれ、住民の経済水準が上昇した大都市近郊農村や工業団地近郊農村の変化との比較を通じて、経済のグローバル化とローカルな空間との関係性を明らかに出来ると考えるからである。

　本章の事例研究では、南インドのカルナータカ州のマイソール (Mysore) 都市圏の圏外に位置するマンディヤ (Mandya) 県の一農村 GH 村を事例とする。ここではローカルな空間が、上位の空間スケールであるリージョナルな空間 (県域や都市圏) との関係や、国家政策である工業化政策との関わりがともに弱いために経済のグローバル化との関わりが弱く、経済のグローバル化の影響を受ける前のインド農村の姿を示すと考えることが出来る。この前提に立ち、本章では事例農村における社会構造は従来の自給自足的な性格を強く残しつつも、一部の地主層や高学歴男子が上位の空間スケールであるリージョナルな空間 (マイソール都市圏) との関連性を徐々に持つことが可能となった点を示したい。これらの作業を通じて、マイソール都市圏外に位置する農村というローカルな空間が、マイソール都市圏やマンディヤ県というリージョナルな空間と次第に関わりはじめることにより、脱領域化かつ再領域化し始めるプロセスを明

らかにしたい。なお、世帯調査用紙と個人調査票を用いたインタビューにより、事例農村 GH 村における全世帯調査（悉皆調査）を行った。

第 2 節　事例地域の概要

(1) マイソール市とグローバル化

　カルナータカ州の州都・ベンガルール市（人口 265 万人、Census of India 1991）には、航空機・電気・機械などの近代工業が多く立地する。近年のベンガルール市は「インドのシリコンバレー」と呼ばれるなど、前章で述べたように、インド系移民を含む FDI により、IT 関連産業・電気産業を始めとする産業の集積が顕著である。新経済政策以降のインド政府が工業化政策を推進する上で、同市は先進工業国の資本による重要な生産拠点の一つとなっていることから、経済のグローバル化との関連が不可分であると言える。一方、カルナータカ州の南部に位置するマイソール市は、インド独立（1947 年）まではマイソール王国の王宮が置かれ、王宮を中心に都市地域が形成された。1993 年の調査当時のマイソール市は人口が約 48 万人（Census of India 1991）、マイソールシルクの産地で有名なように、伝統工業としてシルク、綿布や特産品の白檀（sandalwood）の加工業や化学工業が立地するものの、先進工業国からの直接投資は少なかった。このように、グローバル化の下で先進工業国からの投資によりもたらされ、経済成長を経験したベンガルール市と対照的に、マイソール市は国内資本による伝統的工業を中心とし、新経済政策以降の外国資本導入に伴う工業化政策との関連は弱く、先進工業国からの直接投資（FDI）による工業化は 1993 年当時まだ不十分であったと考えることが出来る[8]。

(2) マンディヤ県の概要

　マンディヤ県は、マイソール市の北東に位置し（図 3-1）、主な産業はサ

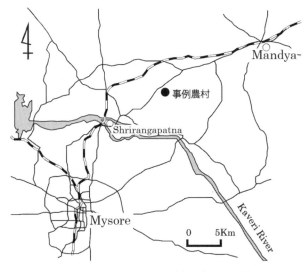

図 3-1　カルナータカ州における事例農村・GH 村の位置

トウキビと米を中心とした農業である。同県のサトウキビの生産量は同州の 23％（1991-92 年）を占め、また面積当たりの生産量や取引価格も 1980 年代以降上昇傾向にあるなど（土居 1999, Karnataka Economic review 1991-92）、州内での主な生産地の一つである。サトウキビを原料とした製糖工場とカーベリ（Kaveri）川のクリシュナラジャサガール（Krishna Raja Sagar）ダムの水力発電所がある。県庁所在地のマンディヤ市は人口 120,265 人（Census of India 1991）で、カルナータカ州最古の製糖工場（1933 年設立）の一つが立地するなど、イギリス植民地時代より砂糖の主生産地となっている。これらの工場以外には、伝統製法による零細規模のジャガリ工場[9]、乳製品工場、食用油工場があるが、いずれも小規模にとどまっている[10]。

(3) 事例村落の住民構成

　カルナータカ州南部のマンディヤ県スリランガパトナ（Srirangapatna）郡 GH 村が事例村落である。マイソール市の中心部から北東約 10 km にスリラン

ガパトナが位置し、さらにそこから北東へ約 8 km に同村は位置する（図 3-1）。人口 733 人、世帯数 136 世帯（1993 年現地調査）の農村である。

ジャーティ（jati, 職能集団）[11]と宗教によって分類した社会集団別に住民構成を示した表 3-1 によると、農業カーストのヴォッカリガ（Vokkaliga）が総世帯数の 82％と卓越し、次いでサービスカーストのヴィシュワカルマ（Vishwakarma）が 7％、農業カーストのリンガヤット（Lingayat）が 3％を占め、その他のジャーティはわずか 1 ～ 2 世帯に過ぎない。

ここで、カルナータカ州の地誌書である Karnataka State Gazetteer（Government of Karnataka 1982）により、各ジャーティのヒンドゥー社会のなかでの伝統的階層性に従い、この地誌書が編纂された 1970 年代の主要な職業をみてみたい。① ブラーミン（Brahmin）は、司祭カーストであり、ヒンドゥー社会での最上層である。② ヴォッカリガ（Vokkaliga）は、農業カーストである。マイソール市を中心に、カルナータカ州南部に多く卓越する。③ リンガヤット（Lingayat）は、農業カーストである。ベンガルール市を中心としたカルナータカ州に広く卓越する。④ ヴィシュワカルマ（Vishwakarma）は、職人カーストであり、

表 3-1　GH 村の社会集団別住民構成（1993）

社会集団	行政上のカテゴリー	世帯数	男	女	合計
ブラーミン（Brahmin）		2	5	1	6
ヴォッカリガ（Vokkaliga）	OBC[*1]	114	340	296	636
リンガヤット（Lingayat）	OBC[*1]	4	8	10	18
ヴィシュワカルマ（Vishwakarma）	OBC[*1]	9	24	21	45
セッティ（Shetty）	OBC[*1]	2	5	1	6
アディ・カルナータカ（Adi Karnataka）	SC[*2]	1	3	3	6
バイガル（Bayigallu）	SC[*2]	1	2	4	6
ジャドマリ（Jadmalli）	SC[*2]	1	2	3	5
ムスリム（Muslim）	OBC[*1]	2	3	2	5
総計		136	392	341	733

単位：世帯、人
*1　OBC=Other Backward Classes（その他の後進諸階級）
*2　SC=Scheduled Castes（指定カースト）
1993 年現地調査による。出典：澤（1999a）

大工、石工、鍛冶を世襲的に彼らの職業としている。⑤セッティ（Shetty）は、サービスカーストであり、世襲的に洗濯業を営んでいる。⑥アディ・カルナータカ（Adi Karnataka）は、指定カーストであり、古くは皮革職人であったが、地誌書が編纂された1970年代はおもに農業労働者である。⑦バイガル（Bayigallu）は、指定カーストであり、世襲的に労働者である。⑧ジャドマリ（Jadmalli）は、指定カーストであり、世襲的に清掃業をその職業としている。以上8つのジャーティはいずれもヒンドゥー社会に属する。事例農村ではそれ以外に2世帯と少数ながら⑨ムスリム（Muslim）も居住している。また、ヴォッカリガとリンガヤットは、それぞれ同州におけるドミナントカースト（Dominant caste）である。ドミナントカーストとは、政治的にも経済的においても地域における最有力カーストであり、ジャーティ間の中での相対的に高い序列、人口上でも多数派を占め、土地所有、村落自治組織の権力が集中している[12]。

以上から、事例村落では農業カーストのヴォッカリガを中心に農村社会が構成され、他のジャーティはサービスカーストを中心にヴォッカリガと相互補完あるいは、ヴォカリガにサービスを供給するという社会関係が予測される。

さらに、住民の男女別年齢構成をみると、0～14歳層が若干少なく同村に

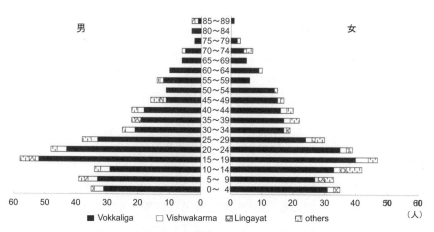

図3-2　GH村の社会属性別人口ピラミッド（1993）

1993年現地調査による。出典：澤（1999a）

おいて近年の出生率が若干低下したことを示唆し、一方、15歳以上はいわゆる富士山型を呈し、開発途上国としてのインド農村の典型的な年齢構成だと判断できる（図3-2）。

第3節　大都市圏外農村の経済活動と空間スケール

（1）ジャーティと職業の関係

　住民の社会集団別職業構成を示した表3-2によると、まず同村における農業従事者の比率（（自作農＋農業労働者）/就業者×100）が83％ときわめて高く、同村の地域経済は農業が圧倒的に卓越していることがわかる。次に、男女間に大きな差があることがわかる。女性の就業率（就業者数/人口×100）はわずか13％であり、男性の就業率の67％を遙かに下回る。幼児・学生や高齢者以外の女性のほとんどは、家事に従事するのを主としている。これをジャーティ別にみると、農業カーストのヴォッカリガの女性は、家事以外に自作農に従事する者も認められる一方、アディ・カルナータカ、バイガル、ジャドマリの世帯では、後述するように、農地を所有していないため、女性も家計を支えるべく、日雇いの農業労働者として働かざるを得ないことが分かる。このように、この村においてもインド社会における伝統的な性別役割分業とジャーティによる違いを確認できる。

　さて、男性においては、農業従事者の比率が82％ときわめて高く、彼らのほとんどは農業カーストのヴォッカリガに属していることがわかる。一方、リンガヤットは農業カーストに属するものの、事例農村の居住するリンガヤットに関しては農業には従事せず、事務職などに従事している。聞き取り調査によれば、彼らは比較的GH村への定着が遅く、後述するように、農地所有面積がきわめて小さいためである。同村に居住する司祭カーストのブラーミンは教師、職人カーストのヴィシュワカルマは大工とテーラーを主な職業としている[13]。アディ・カルナータカは農業労働者、バイガルは石工、ジャドマリは

表 3-2　GH 村の社会集団別職業構成（1993）

a) 男子

	Brahmin	Vokkaliga	Lingayat	Vishwakarma	Shetty	Adi Karnataka	Bayigallu	Jadmalli	Muslim	合計
教師	1	1								2
公務員		1								1
事務職			1							1
自作農		190		2						192
農業労働者		20				1		1	1	23
家畜の世話		3								3
コントラクター		4								4
店舗経営		3								3
テーラー		1		1					1	3
運転手		1							1	2
大工				9						9
石工						1	1			2
洗濯業					4					4
清掃業								1		1
その他労働者	3	4	3	3						13
学生	1	66	3	4		2	1			77
なし		46	1	5						52
合計	5	340	8	24	5	3	2	2	3	392

b) 女子

	Brahmin	Vokkaliga	Lingayat	Vishwakarma	Shetty	Adi Karnataka	Bayigallu	Jadmalli	Muslim	合計
自作農		20								20
農業労働者		12				2	2	3		19
石工							1			1
洗濯業					1					1
その他労働者		1		1						2
主婦	1	156	4	17					2	180
学生		60	4	1		1				66
なし		47	2	2				1		52
合計	1	296	10	21	1	3	4	3	2	341

1993 年現地調査による．出典：澤（1999a）．

清掃業、セッティは洗濯業によりそれぞれ生計を立てており、来住時期が遅いリンガヤットを唯一の例外として、いずれも各ジャーティにおける世襲的職業もしくは1970年代に認められた職業と一致している。

　以上、住民の職業構成をジャーティからみると、リンガヤットを例外として、職業とジャーティの対応関係が不可分であり、かつ両者の世襲的あるいは1970年代に認められた対応関係からほとんど変化のないことが確かめられた。また、農業労働者、職人カースト、サービスカーストはいずれも同村および近隣村の住民に雇用あるいはサービスを提供していることから、彼らの経済活動の多くはローカルな空間の中で閉じ、ローカルな文脈に深く埋め込まれていることが確認できる。

(2) 農業経営

　前述したように、同村の経済活動は農業が中心である。ところが、事例村落の属するマンディヤ県の年平均降水量は765 mm（Zilla Parishat Mandya 1992）と少なく、かつ年間降水量の変動が著しいことから、降水量の点からみると、農業条件は劣悪である。このような降水量の少ない地域の農業を考える上で、灌漑施設の有無は決定的な規定条件となっている。カルナータカ州において、例えば、年降水量が1,000 mmに満たず、米作には適さない農村においても、灌漑施設が整った農地では、米や同じく水を大量に必要とする換金作物のサトウキビを作付けすることが可能となり、農業収入の増大が可能になっている（Doi 1996，土居 1999）。さらに、このような灌漑設備の整った地域においては、サトウキビを材料として、伝統製法の零細規模のジャガリ工場が農村に、近代的で比較的大規模な製糖工場が町にそれぞれ立地し、乾燥地帯でかつ非灌漑の農村から多数の季節労働者が移動している場合を多く認めることができる。一方、乾燥地帯でかつ非灌漑の農村は毎年不安定な天水に依存するため、雑穀類を作付けてもその収穫高はきわめて不安定である。したがって、このような農村においては降水量の減少などにより経済状態が悪化すると貧困の深刻化や飢餓をもたらす場合もあり、離村者や出稼ぎ労働者を多く輩出することになる。

GH村では灌漑水路による灌漑が一部で行われているものの、農地の灌漑率は43％と低い。しかも、農家一戸当たりの平均耕地面積も約3.1エーカーと小さく、厳しい農業条件であることがわかる。そこで、GH村の農業経営形態と社会集団との関連に関して、最初に農地の所有形態について考察する。表3-3は、社会集団と所有耕地面積との関係を示したものである。同表によると、農地は農業カーストのヴォッカリガによりほぼ独占所有されていることがわかる。他のジャーティは、全く農地を所有していないか、あるいは所有していても小規模に限られている。このため、ヴォッカリガが彼らの経営する灌漑農地をいかに有効利用するのかが同村における農業経営の軸となる。このような同村の農業経営を特徴付けるものは、商品作物としての繭とサトウキビである。

インドにおける養蚕業は独立以降、その生産量を向上させているが、特に1970年以降の生産量の増加が著しい。これは中央政府と州政府（特にカルナータカ州）の組織的な強化と指導を伴った振興策によるもので、その目的は余剰

表3-3 GH村の社会集団別所有耕地面積（1993）

	Brahmin	Vokkaliga	Lingayat	Vishwakarma	Shetty	Adi Karnataka	Bayigallu	Jadmalli	Muslim	合計
13.0～13.9	1	1								1
12.0～12.9		1								1
11.0～11.9		1								1
10.0～10.9										0
9.0～9.9		2								2
8.0～8.9		2								2
7.0～7.9		3								3
6.0～6.9		3								3
5.0～5.9		4								4
4.0～4.9		10		1						11
3.0～3.9		22								22
2.0～2.9	1	16		2						19
1.0～1.9		18	2							20
0.1～0.9		16	1							17
なし		15	1	6	2	1	1	1	2	30
合計	2	114	4	9	2	1	1	1	2	136

単位：Acre，世帯　1993年現地調査による。出典：澤（1999a）

労働力向けの雇用促進とサリーを中心とした絹製品の国内自給体制の確立にあった(大迫1983)。つまり、養蚕業は国内市場向けの産業であることがわかる。カルナータカ州はインドにおける生糸生産量の54％を占め(図3-3)、その中でも南部のマンディヤ県はその中核地帯の一部をなしている。養蚕業に関する同県の自然条件をみると、まず気温に関しては、デカン高原上に位置するため、最も暑い3〜5月においても昼間に30℃を越えることはなく、夜間は20℃前後と年間を通じて養蚕業に適している。一方、飼料の桑の栽培に関しては、土壌はラテライトが広く分布し栽培に適している。しかし、上述したように、年降水量が1,000 mmに満たないため、灌漑設備が必要である(大迫1983)。このため、灌漑という条件を満たせば、同県は養蚕業にとり最適な自然条件を備えているとみなすことが出来る。しかし、繭の価格はやや不安定に変動するというリスクを孕んでいる。

一方、近年のインドの経済成長は富裕層と新中間層の拡大に伴い、かつては

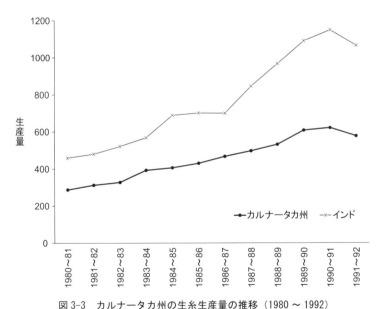

図3-3　カルナータカ州の生糸生産量の推移（1980〜1992）

単位：万kg　資料：Karnataka economic review 1991-92　出典：澤（1999a）

贅沢品であった砂糖消費量を増加させており、カルナータカ州は、ウッタール・プラデシュ州、マハーラーシュトラ州、タミルナードゥ州とともに、インドにおけるサトウキビの主産地の一つとなっている。農家にとってこの作物は収益性が高い利点を有するものの、栽培するためには連作障害を防ぐために、作付け地を毎年移動させる必要がある。そのため、実際には稲とサトウキビの作付け地を毎年交換する場合が多く、一定規模以上の灌漑農地がなければサトウキビ栽培は成立しない。

　ここで、同村の農作物別栽培面積の資料（課税台帳）が残存する1970年から1992年までの農作物の栽培面積の推移を示す図3-4によると、非灌漑農地が57％と広いことを反映して、灌漑を必要条件としない家畜飼料としてのホースグラム（Huruli）が卓越していることがわかる。他には、小規模ながらミレット類のシコクビエ（Ragi）、種子油（Castor oil）をとるためのヒマ（Haralu）などを栽培しているが、いずれも天水に依存し、年により降水量が変動するため、これらの収穫量は不安定である。一方灌漑農地では、1970年から1993年に至るまで一貫して稲が卓越している。ここで、同村の灌漑農地において重要な商品作物としての役割をになうサトウキビと繭の飼料である桑の栽培面積の推移を詳しく見ると、サトウキビは1980年、桑は1990年に同村にようやく導入されたことが確認できる。つまり、同村は農業に関して商品経済化が遅れた地域であるとみなすことが出来る。

　上記の商品作物である養蚕業とサトウキビ栽培と農家の灌漑農地規模との関連をみると、灌漑農地規模が大きい程、これらの商品作物を導入する傾向が強いことが明瞭に認められる。（表3-4）。さらに、聞き取り調査によりサトウキビ栽培を導入した時期が古いほど、栽培面積が大きい傾向も認めることができる。この傾向は、養蚕の場合は蚕室の整備、サトウキビの場合は運搬用の牛荷車（bullock cart）の購入と刈り入れ時の農業労働者の雇用が必要など、一定以上の初期投資が必要なため生じたといえる。また、サトウキビ栽培に関して、栽培面積が小規模になるほど単位面積当たりの収益が低下する（Doi 1996、土居 1999）ためでもある。これは、商品経済化が灌漑農地の大規模経営農家から浸透しつつあることを示すと同時に、中規模以下の農家は商品経済化にい

64 第3章 大都市圏外農村における社会構造

a) 全農作物

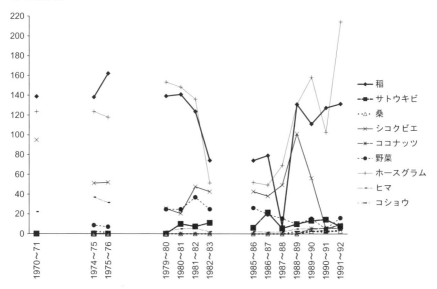

b) 桑とサトウキビの拡大図

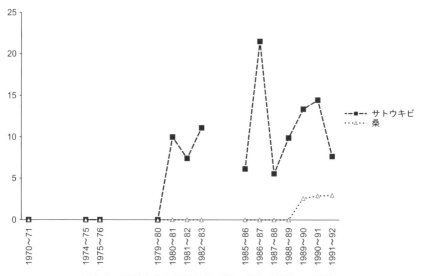

図3-4 GH村の農作物別栽培面積の推移（1970～1992）
単位:Acre　資料:各年度GH村課税台帳　出典:澤（1999a）

まだ対応できないことを示すものである。このため、中規模以下の農家は大規模農家の日雇い農業労働者としてわずかな日当（男子 20 Rs、女子 15 Rs）[14]を得るにとどまっている。

灌漑農地面積が 1 エーカー以上の農家の過半数が乳牛を飼育しているのに対し、同面積が 1 エーカー未満の農家が乳牛を飼育するのは 24％、同じく灌漑農地のないものはわずか 8％に過ぎない（表 3-5）。対照的に、灌漑農地面積が 1 エーカー未満の農家においては、乳牛よりも山羊や鶏を飼育している場合が多いことが分かる。山羊や鶏などの小型家畜は、牛などの大型家畜と異なり購入価格が安く、初期投資が少額ですむという利点に加え、飼料も少量ですむため、小規模農地しか所有しない農家にとり、飼料を買い入れる必要がないとい

表 3-4　GH 村の灌漑面積別養蚕とサトウキビ栽培の導入農家数（1993）

灌漑面積規模	養蚕	サトウキビ	総農家数
4.0 〜 8.9	3（60%）	3（60%）	5（100%）
3.0 〜 3.9	6（66%）	4（44%）	9（100%）
2.0 〜 2.9	2（13%）	7（43%）	16（100%）
1.0 〜 1.9	3（10%）	5（16%）	31（100%）
0.1 〜 0.9	1（ 3%）	4（11%）	37（100%）
合計	15（15%）	23（23%）	98（100%）

単位；Acre，戸　1993 年現地調査による。出典：澤（1999a）

表 3-5　GH 村の灌漑面積別家畜飼育戸数（1993）

灌漑面積規模	Cow	Goat	Poultry	総農家数
4.0 〜 8.9	3（60%）	3（60%）	2（40%）	5（100%）
3.0 〜 3.9	6（67%）	0（ 0%）	1（11%）	9（100%）
2.0 〜 2.9	10（63%）	3（19%）	3（19%）	16（100%）
1.0 〜 1.9	16（52%）	7（23%）	3（10%）	31（100%）
0.1 〜 0.9	9（24%）	9（24%）	8（22%）	37（100%）
なし	3（ 8%）	9（24%）	5（13%）	38（100%）
合計	47（35%）	31（23%）	22（16%）	136（100%）

単位；Acre，戸　1993 年現地調査による。出典：澤（1999a）

う利点がある。しかもこれらは繁殖力に優れ、さらに下位カーストには許される肉食の対象となる。このような小規模農家は小型家畜を飼育することで、家計の安定化を試みているといえる。一方、牛などの大型家畜は、生乳を自家消費できる上、その一部を売ることにより、恒常的に収入を得ることが可能という大きな利点を有している。しかしながら、牛は1頭平均約 3,000 Rs と初期投資が大きく、中規模以下の農家にとり、実際には、貧困層向けに資材の提供や技術の訓練を目的とした IRDP（Integrated Rural Development Programme；総合農村地域開発計画）によるローンを借りることにより、初めて購入が可能となるのがほとんどである。しかしながら、同村における貧困緩和政策の実効性を検討した Mori（1996）および森（1999）によると、ローンを必要としている貧困層にはローンが与えられず、村内の富農層を中心としたローカルな政治力により富農層を中心にローンが割り当てられているのが実態である。

　ここで、同村において生産された繭とサトウキビは、どのような地域へ販売されるのかをみることにより、商品作物導入による GH 村の経済活動と空間スケールとの関連性を検討したい。まず、同村における養蚕業は前述したように、ようやく 1990 年に生産が開始されたばかりで、蚕の温度・湿度管理などの飼育技術が確立したとは言い難く、高品質の繭を生産するための技術や経験は持ち合わせていない。同村で生産された繭はマンディヤ県内のカクーンマーケット（cocoon market）と呼ばれる州直営の繭市場に出荷されるが、低品質のためその市場価格は低い。一方、サトウキビは、同県内の小規模製糖工場に出荷される。つまり、いずれの商品作物においてもその販売先は県内レベルにとどまっているに過ぎない。

　以上の考察から、乾燥地帯に位置する同村における農業経済活動の特徴は、1980 年代以降、灌漑農地規模の大きな農家からようやく商品経済化されたばかりであることと、商品作物の繭とサトウキビの出荷はマンディヤ県内にとどまり、マイソール都市圏との直接的な関連は弱いとみなすことができる。農業経営に関しては、GH 村において、従来のローカル空間内での文脈に深く埋め込まれた自給自足的な農業から、サトウキビと繭という 2 つの商品作物の導入により、次第に同一県内の小規模製糖工場やコクーンマーケットとの関係性を

持つこととなった。このようにリージョナルな空間との関係が次第に成立し、その空間の中でのサトウキビ栽培・養蚕の生産地としての意味付けを新たに得ることにより、農業経営が自給自足的なローカルな文脈から次第に脱領域化し始めたといえる。しかし同時に、これらの商品作物は気候や土壌などの自然条件のみならず、乾燥地域に属するGH村においては特に灌漑の有無というローカルな文脈が極めて大きな意味を持つ。サトウキビの場合は連作障害を防ぐため農家の灌漑面積規模が一定規模以上ある必要があり、また運搬用の牛荷車の購入や農業労働者の雇用、養蚕の場合は蚕室の整備を必要とするため、各農家の経済状況がこれらの商品作物の導入が可能かどうかを大きく左右する。さらに、サトウキビの場合には、刈り取りから48時間以内に工場で搾らないと品質が低下してしまうという時間的制約（土居1999）があり、製糖工場までの時間距離というローカルな条件が新たに重要な意味を持ち始める。このように、農村において農業経済の商品経済化が進み、リージョナルな空間のなかで、各商品作物の生産地として意味付けされることにより、次第に脱領域化が進行するのと同時に、気候条件、灌漑の有無、工場までの時間距離というローカルな文脈が新たに意味を持ちはじめることにより、再領域化が徐々に進むのである。

(3) 人口移動圏と通勤・通学圏

最初に人口移動の形態から考察したい。現地調査を行った1993年の過去5年間（1988～1993）の人口移動データを世帯悉皆調査により作成した。その結果、5年間のGH村からの人口流出は47名であった。その内訳は、結婚によるものが31名（66％）と圧倒的であり、すべて女性である。他方、就職によるものは9名（19％）でいずれも男性である。進学は4名、家庭の事情によるものが3名である。就職による転出者はマイソール市、県庁所在地のマンディヤ市あるいは郡内の郡役所所在地のスリランガパトナにおいて、公務員（事務員）や教師の職を得るか、近隣村の農業労働者としての職を得ている。また、婚姻と進学による移動先のほとんどは郡内であるが、一部でマイソール市の大

学へ進学する者も認められる。一方、人口流入に関しては、過去5年間に10名の転入者を確認した。その内訳は、婚姻による女性の転入が8名と卓越し、いずれも郡内からの移動である。

　次に、通勤・通学移動の形態を考察したい。同村では農業が卓越し、村外への通勤者は10名程度に過ぎず、いずれも男子である。その内訳は、高学歴者が教師や事務員の職をマイソール市、マンディヤ市やスリランガパトナで得ている他、農業労働者や石工が近隣村落で若干雇用されている程度である。一方、通学先については、村内の小学校が初等4学年までの学校（Lower Primary School）であるため、初等5年から7年までは、約1km離れた近隣村の公立学校（Higher Primary School）に通学する。卒業後の中等・高等教育に関しては、就学する者は限られるものの、就学先は郡役所所在地のスリランガパトナが多く、他に県庁所在地のマンディヤやマイソール市に就学する者も富農層の子弟（男子）の一部に認められる[15]。

　このように、人口移動・通勤移動・通学移動に関して、ほとんどの住民は近隣村を始めとしたローカルな空間内で閉じており、マイソール市やマンディヤ市との関係性を持つことが可能なのは、GH村では富農層の一部の高学歴男子に限られる。

(4) 教育水準

　同村が経済のグローバル化との関連が弱い要因として、第1にマイソール市が当時はまだ国内市場向けの工業が中心であり、外国資本との関わりが少なかったことが挙げられる。次に、同村がマイソール都市圏外に位置するという物理的な位置関係を指摘することができる。本節では、これに加えて、同村の住民の教育水準に関してもその要因を探りたい。まず、同村の識字率は県平均（男子57.36％、女子57.36％、Census of India 1991）を若干上回る。これは、同村において下位カースト・指定カーストの住民の比率が低いことに起因すると推測される。同村における5歳以上の識字率は、男子の61％、女子42％と、男女間に大きな差があることがわかる。ここにもインド社会における伝統的

第3節　大都市圏外農村の経済活動と空間スケール　69

ジェンダー観を確認することができる。年齢層別に識字率の平均をみると、若年ほど高くなる傾向があり（図 3-5）、義務教育である初等教育が男女ともに浸透しつつある傾向を確認できる。

通勤圏内に工場が少ない同村において、農業収入以上の収入を得るための職業は、事務員や教員にほぼ限られる。これらの職業に就職する際には、教育水準が決定的に重要となる。事務員に就くためには最低でも SSLC（Secondary School Leaving Certificate）[16] 以上、学校にもよるが教員ではさらに高度の学歴（大学卒など）を有することが条件となる。そこで、同村における SSLC 取得の年齢層別比率をみると、若年層ほど高い傾向を認めることができ、中等教育の教育機会も若干浸透しつつあることがわかる。しかしながら、これらの後期中等教育さらには高等教育（大学・大学院）を受けることができるのは、富農層の男子に限られているのが現状である。つまり、富農層の一部の男子のみが高い学歴を獲得する機会にめぐまれ、卒業後に都市や都市圏内で比較的高収入を得る機会を得ていることが分かる。これは、富農層を中心とした教育機会の拡大は、農村住民における中等・高等教育機会の不均等化を意味するにとどま

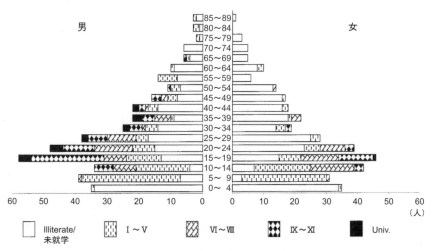

図 3-5　GH 村の男女年齢層別教育水準（1993）
ローマ数字は、個人の教育年数　1993 年現地調査による。出典：澤（1999a）

らず、雇用機会の格差、さらには収入の格差の拡大再生産と関わっていると考えることができる。このように、教育機会の不均等化を媒介にして、GH 村では富農層ほどマイソール都市圏などリージョナルな空間との関係をもつことが可能となっているといえる。

マイソール都市圏外に位置する事例村落は、人口移動に関して女性の近隣村などの同一郡内での婚姻移動が主体であるなど、ローカルな文脈に深く埋め込まれていることが分かる。その一方で、富農層の中でも高学歴男子の一部が事務職や公務員などの職を県庁所在地のマンディヤ市やマイソール市に得ることやマイソールの大学への進学者が現れるなど、マンディヤやマイソールとの関わりが生じるようになり、徐々に脱領域化が進行していることが観察できる。しかし同時に、これらの職に就業できるか否かは教育水準によって決定されるため、子どもにどの程度の教育を受けさせるかには世帯の経済力が重要な意味を持ち始める。そのため、GH 村においては農家の農地規模（特に灌漑面積規模）や商品作物（サトウキビ・養蚕）の導入の有無という各農家の経済状況と、通学可能範囲における後期中等教育機関や高等教育機関の有無やこれらの学校までの時間距離などのローカルな文脈が新たに重要な意味を次第に持つことにより、徐々に再領域化が進行するのである。

第 4 節　おわりに

調査当時（1993 年）カルナータカ州マイソール市は国内資本による伝統的工業を中心とし、新経済政策以降の外国資本導入に伴う工業化政策との関連は弱く、先進工業国からの直接投資（FDI）による工業化は、まだ不十分であった。マイソール都市圏外に位置する事例村落では、従来はローカル空間内での文脈に深く埋め込まれた自給自足的な農業が中心であった。その後、サトウキビと繭という商品作物の導入により、上位空間であるリージョナルな空間との関係が次第に成立し、その空間の中でのサトウキビ・繭の生産地としての意味付けを新たに得て、農業経営がローカルな文脈から次第に脱領域化し始めたといえ

る。しかし同時に、これらの商品作物の生産に関しては自然条件と灌漑条件というローカルな文脈が極めて大きな意味を持つ。特にサトウキビの場合は、農家の灌漑面積規模、養蚕の場合は蚕室の整備を必要とするため、各農家の経済状況がこれらの作物の導入が可能かどうかを大きく左右する。さらに、サトウキビの場合には、品質維持の点で、刈り取りから48時間以内に工場で搾る必要があるため、製糖工場までの時間距離というローカルな条件が新たに重要な意味を持ち始める。このように、事例農村において農業経済の商品経済化が進み、リージョナルな空間のなかで、各商品作物の生産地として意味付けされることにより、次第に脱領域化が進行するのと同時に、気候条件、灌漑条件、工場までの時間距離というローカルな文脈が新たに意味を持ちはじめることにより、再領域化が徐々に進んだ。

　都市圏外に位置する事例村落は、人口移動に関して女性の近隣村などの同一郡内での婚姻移動がほとんどであるなど、ローカルな文脈に深く埋め込まれている。その一方で、富農層の中でも高学歴男子の一部が事務職や公務員などの職をマンディヤ市やマイソール市に得ることやマイソールの大学への進学者が現れるなど、マンディヤやマイソールとの関わりが生じるようになり、徐々に脱領域化が進行している。しかし同時に、これらの職につけるか否かは教育水準によって決定されるため、世帯の経済力が重要な意味を持ち始める。そのため、GH村においては農家の農地規模（特に灌漑面積規模）や商品作物（サトウキビ・養蚕）の導入の有無という各農家の経済状況と、通学可能範囲に後期中等教育機関や高等教育機関の有無やこれらの学校までの時間距離などのローカルな文脈が新たに重要な意味を次第に持つことにより、徐々に再領域化が進行するのである。以上のことから、上位空間スケールとの関わりを持つことの可能な者が、経済的により豊かになる条件を持つことが分かる。

　本章において、グローバル化の影響が少ない都市圏外農村を事例に考察を行った。本章での考察結果を対照項としながら、第4・5・6章においては、近年造成された工業団地に近接した農村を事例に、グローバル化の影響の考察を行う。

[注]

8) マイソール市には、インドのIT産業の大手であるInfosysがトレーニングセンターを2003年に設立して以降、同州においてはベンガルールに次ぐIT産業の集積地となった。
9) インドにおける砂糖産業は、伝統的な零細砂糖産業で、釜炊きによる非精製の含蜜糖であるグル（gur）やカンサリ（khandsar）製造業者と、遠心分離装置により分蜜糖である砂糖を生産する近代的な製糖工場に大きく2分できる。グルは、サトウキビのジュースを釜焚により沸騰させて製造されたケーキや板状の生産物である。カンサリは、サトウキビシロップを釜焚により煮詰めて生産される。なお、グルはヒンディー語での呼称であり、英語表記では、ジャガリ（jaggery）である。
10) 1970年代のマンディヤ県の工業の特徴は、精糖、精米、印刷、製材業などの小規模工業が認められる点である（中山1980）。
11) インドの最も基礎的な社会集団。一般的に使用される「カースト」の用語が、種姓（varna）とジャーティの両方の意味に使用されることがあるので、本書では、ジャーティの用語を用いる。
12) カルナータカ州のカーストと教育や就業との関連に関しては、押川（1990）による統計分析がある。その結果においても、リンガヤットとヴォッカリガとがともに、カルナータカ州で最も教育が普及し、就業状況がよいことが示されている。
13) 同州におけるヴィシュワカルマに関しては、木本（1999）を参照。
14) 1993年調査時の1 Rsは約3円である。
15) インドにおいて教育制度は州に権限があるため、州により異なる場合がある。本書の第3・4章で扱うカルナータカ州と第5章のUP州、第6章のMP州とは若干異なる。そのためインド内では、教育年数で教育水準を評価している。
16) 10年間学校教育を受け、前期中等教育修了資格試験に合格した者に与えられる資格。

第4章

ベンガルール大都市圏内の近郊農村における社会構造の変化
－カルナータカ州G村を事例に－

第1節　はじめに

　本章では、グローバル化における農村の変化過程を、経済活動と社会構造の変化を軸にし、新住民を含めた社会集団間の相互作用がどのように変化し、その結果ローカルな文脈に埋め込まれていた農村がどのように変質するのかを考察する。また、農村空間の変化過程の中で、ギデンズのいう「社会関係の再帰的近代化」をみることにより、ローカルな要素の意味がどのように破壊されながら再生産されるのか（創造的破壊）、換言すればグローバル化は意味の書き換えをどのように行ったのかについて考察する。

　以上の課題を検討するために、カルナータカ州都・ベンガルールの近郊農村・G村を事例に実証研究を行う。グローバル化の大きな推進力であるIT産業が集積するベンガルールは、まさに開発途上国インドがグローバル経済に接合した大都市である[17]。その南郊のIT産業が集積した工業団地エレクトロニクス・シティ（Electronics City）に隣接した農村を本章の事例農村とする。ここは、新住民の流入が認められるなど多様な要素が農村社会を変質させる過程にあり、ローカルな空間である農村がグローバルな空間の末端に組み込まれる過程そのものであり、事例地域として最適である。2001年9月に予備調査、2002年12月に面接質問票を用いた世帯調査および建物調査を行った。世帯調査の調査項目は、家族構成、年齢、就業、収入、ジャーティ、教育水準、住宅所有関係、移動歴、村内の行事などである。調査世帯は100世帯でG村の23.5％、人口は29.0％にあたる。建物調査は集落地図を平板測量に基づき作成した後、

全ての用途・所有形態・建築年を調査した。

第2節　事例地域の概要

(1) ベンガルールの都市発展

　ベンガルールは、人口569万人（2001年当時）のインド第5の大都市である。1991〜2001年の人口増加率38％は、5大都市（デリー、コルカタ、ムンバイ、チェンナイ、ベンガルール）の中でデリーに続き高く、成長が著しい。インド科学大学（Indian Institute of Science）が1911年に設立され、科学分野の教育研究において主導的役割を果たし、その後多くの政府系研究機関がベンガルールに集結する一因となった。1960〜70年代には、航空機製造業など軍需技術産業の公企業が多く立地した（井上1988）。地元の資本、原材料、市場に大きく依拠してきた他の大都市と異なり、ベンガルールは植民地政府や中央政府の働きかけにより発展してきた。特に、政府系研究機関や同大学などの高等教育機関の高い技術力と人材の存在がその後の外国資本を受け入れる基礎となった。

　インドは新経済政策により先進国の資本を特に1990年代以降積極的に導入し工業化を推し進め、グローバル経済に組み込まれつつある。このような外国資本の直接投資（FDI）と国土構造との関連を分析した日野（2005）によると、1990年代後半からの主な投資先分野は製造業に加えて、IT産業が加わった。外資系企業の立地からFDIの投資先を地域的にみると、インド国内企業は従来からのインド経済の中心地であるムンバイに集積する傾向にあるのに対し、外資系企業は首都デリーへの集中傾向が顕著である。これは、外資系企業がデリーにおける中央政府・業界・取引先との接触、市場への近接性、ホワイトカラー労働力の確保を高く評価した結果である。一方、インドのシリコンバレーと呼ばれるベンガルールには特にソフトウェア関連の外資系企業の立地が進む。これはインド科学大学の存在、通信設備の整備などの産業政策や税制面での優遇

策、良好な住環境が外国資本を誘引する重要な役割を果たしたと考えられる。

インドのIT産業の特徴は、他のアジア諸国とは異なり、情報通信技術に関するソフトウェア開発が中心である（鍬塚 2004a, 2004b）。しかもその開発は先進工業国（特にアメリカ合衆国）の下請け構造に組み込まれている。アメリカ合衆国を中心としたグローバル化した経済に、デリーやベンガルールなどのインドの大都市が組み込まれているとともに、国内においては、IT産業の誘致に関して、通信インフラの整備などの振興策が積極的に行われつつあり、資本をめぐる都市間競争（Harvey 1989）が激しくなっている。

(2) 事例農村と周辺工業団地の立地

事例農村・G村の周辺には、ボマサンドラ（Bommasandra）工業団地とエレクトロニクス・シティの2つの工業団地が立地している。前者はカルナータカ工業団地開発局が1981年より開発を進め（Kamath 1990）、2002年時で計画の半数にあたる約700の工場が進出し、約5万人を雇用している。シェトロン(潤滑油)、L&T（セメント）、M.T.R（食品）、SKF（ベアリング）などの民族資本の大工場も立地しているが、工場の多くは中小工場である。一方、後者はカルナータカ州電子産業開発公社が1978年より開発を進めてきた[18]。インドを代表するIT企業のWiproやInfosysの他、日本の横河電機やドイツのSiemens（シーメンス）など多くの外資系企業が進出し、インドのIT産業の一大拠点となっている。2002年での進出企業は68社で1万2千人を雇用している。エレクトロニクス・シティ、ベンガルール東部のITパーク、同北部に計画中の国際空港（島田 2005）の3つを環状道路で結び、ITコリドーとして地域開発を行う計画があり（JURONG 2002）、ベンガルール郊外の工業開発は、経済のグローバル化のもと、外国資本の受け皿としてIT産業を軸に進展してきた。

バンガロール・アーバン（Bangalore Urban）県アネカル（Anekal）郡に属する事例農村のG村は、ベンガルール中心部から約20km南東に位置する（図4-1）。最寄りバス停から3km離れており、中心部からバスで約1時間かかる。しかし、前述の2つの工業団地は徒歩通勤圏にあり、エレクトロニクス・シティ

には隣接している。村の人口動向をみると、1961～1971年には、ベンガルール市内への人口移動の結果と考えられる大幅な人口流出がみられた（表4-1）。しかし、1981～1991年には人口・世帯ともに2倍以上、1991～2001年には

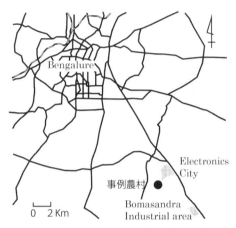

図4-1 カルナータカ州における事例農村・G村の位置

表4-1 G村の人口動向（1951～2001）

年		1951	1961	1971	1981	1991	2001
世帯数		54	50	38	51	119	426
人口	男	135	144	99	117	289	1,042
	女	116	119	96	119	234	596
	合計	251	263	195	236	523	1,638
指定カースト	男	n.a.	24	19	n.a.	47	81
	女	n.a.	16	14	n.a.	35	61
	合計	n.a.	40	33	n.a.	82	142
指定トライブ	男	n.a.	0	0	n.a.	0	24
	女	n.a.	0	0	n.a.	0	5
	合計	n.a.	0	0	n.a.	0	29
識字者	男	21	27	36	41	161	919
	女	1	6	16	15	76	456
	合計	22	33	52	56	237	1,375

n.a.：データなし。
資料：District Census Handbook　出典：澤・南埜（2006）

3倍以上となった。人口増加は男子が女子を大きく上回っている。このように G 村は 1981 年以降に男子を中心として急激に人口が増加し、住民の社会経済的属性も多様化している。聞き取りによれば、旧住民のジャーティ集団として、ゴラ（Golla）、ゴウダ（Gowda）、レッディ（Reddy）、テルグ・バナジガ（Tellugu Banajiga）、アディ・カルナータカ（Adi Karnataka）、ヒンドゥー教以外にクリスチャン（Christian）とムスリム（Muslim）の 7 つがある（表 4-2）[19]。世帯面接調査では、すべてのジャーティ集団が含まれるようにサンプリングを行った。旧住民については、新住民流入の増加以前の 1981 年の世帯数が 51 世帯であり、その後の増加を勘案しても、40 世帯のサンプリング数はその半分以上をカバーしている。村の中央にモスクがあり、ヒンドゥー教寺院は周辺に立地している（図 4-2）。寺院配置および聞き取りより、この村は従来ムスリムを中心としていたが、その後ヒンドゥー教徒が流入し、今日のような構成となったと考えられる。7 つのジャーティ集団のうち、ゴラが人口割合や農地所有において卓越しており、この村での有力なジャーティ集団である。

表 4-2　G 村の調査世帯の社会集団別人口（2002）

新・旧別	カースト等別区分	別称[*1]	行政上のカテゴリー	調査世帯数	男	女	合計
旧住民	ゴラ（Golla）	（Yadava）	OBC[*2]	10	32	27	59
	ゴウダ（Gowda）	（Vokkaliga）	OBC[*2]	2	7	8	15
	レッディ（Reddy）	（Vokkaliga）	OBC[*2]	3	6	6	12
	テルグ・バナジガ（Tellugu Banajiga）	（Balija）	OBC[*2]	5	16	13	29
	アディ・カルナータカ（Adi Karnataka）		SC[*3]	8	19	15	34
	クリスチャン（Christian）			3	5	5	10
	ムスリム（Muslim）		OBC[*2]	9	31	25	56
	小計			40	116	99	215
新住民	持ち家層			9	24	22	46
	借家層			51	154	60	214
	小計			60	178	82	260
	総計			100	294	181	475

*1　別称はそれぞれの上位のカースト・グループ名を示す。ゴラは Yadava の Sub-Sect である。
*2　OBC＝Other Backward Classes（その他の後進諸階級）。
*3　SC＝Scheduled Castes（指定カースト）。
2002 年現地調査および Government of Karnataka（1990），pp.160-177. 澤・南埜（2006）より作成。

78　第 4 章　ベンガルール大都市圏内の近郊農村における社会構造の変化

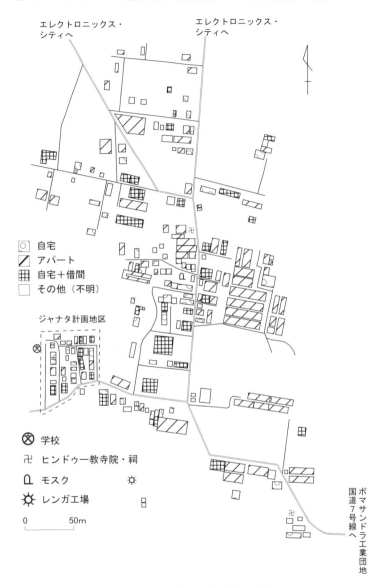

図 4-2　G 村の家屋の使用類型（2002）
2002 年現地調査による。出典：澤・南埜（2006）

G村の「新住民」は、住民による定義に従うと、工業団地の開発が進んだ1980年頃以降の転入者のうち、旧住民の血縁・婚姻関係者を除く者であり、本章もこれに従う。新住民は持ち家層と借家層に二分でき、人口は借家層が大部分を占めている。約200の家屋のうち、1980年以前に建設された家屋は1割にとどまる（図4-3）[20]。これは家屋の建て替えとアパートの建設ラッシュの結果である。1995年にアパートならびに自宅に貸間を併設した家屋が15軒建設され、それ以降借家層の流入とアパートの建設数が増加し、2000年以降は急増している[21]。集落の中心のモスク周辺には古い家屋がみられ[22]、南西のブロックには、政府が経済的に貧しい世帯に土地を提供するジャナタ計画による開発地区がある（図4-2）。南北に貫く道路の東側と村の南側はともにかつて農地であったが、1995年以降大規模アパートが多く建設された。一方北のブロックにはアパートと新住民の持ち家が建設された。2002年において17の家屋（アパートと新住民の持ち家）が建設中である。

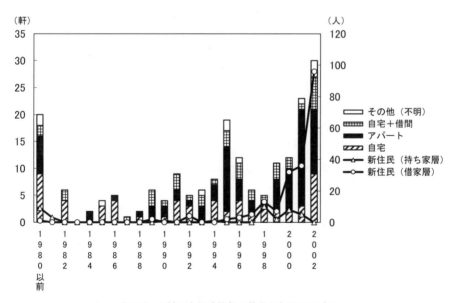

図4-3　G村の家屋建設数の推移と新住民の流入
2002年現地調査による。出典：澤・南埜（2006）

農業に関して、主要作物はシコクビエと米であった（表4-3）。1981 / 82 年度には両者をあわせて、52.2 エーカーの作付けされていた。ところがその後、2000 / 01 年度には5分の1以下と大幅に減少した。その他の作物の作付けもわずかで、非耕作地が拡大したことが分かる。また1991 / 92 年度には建材や燃料として利用されるユーカリなどの木がいったん増加した。しかし 2000 / 01 年度にはそれら木の栽培も減少した。

このように、農業・林業の重要性は低下傾向にある。これとは対照的に、不動産業と商業が重要さを増している。全家屋の47%がアパートであり、加えて自宅の一部を貸間として使用している家屋が20%あり、両者あわせて家屋の67%が借家として使用されている（図4-2）。近年では、比較的大きなアパートも建設され、調査時において、借家の戸数は125に達している。借家の経営者は、旧住民が約4分の3を占めているが、残りは新住民や村外の住民である。家賃は、古い貸間の月250ルピー[23]から新築アパートの1,000ルピーとかなりの幅があり、500ルピーから600ルピーが最も多い価格帯である。借家層は、キョウダイやイトコ[24]、同郷の友人などで一室を共同で借りている場合が多い。

新住民の増加とともに、村内では雑貨店などの商業活動が活発になった。確認された34の店はすべて1990年以降に開店した。新規開店数は近年急増しており、2000年以降のものが半数以上の18店である。借家経営と同様、商店の

表4-3　G村の主要作物の作付面積の推移（1981～2000）

作物名	1981 / 82 年度	1991 / 92 年度	2000 / 01 年度
シコクビエ	39.0	8.0	8.1
米	13.2	4.2	2.1
トウモロコシ	3.1	1.2	2.1
豆類	2.2	0.3	1.0
野菜	2.2	2.1	0.1
木（ユーカリ）	32.0	80.2	45.0
非耕作地	17.1	10.4	38.3

単位：エーカー　資料：G村土地台帳　出典：澤・南埜 (2006)

経営者は旧住民だけではない。旧住民以外が経営するのは半数以上の 18 店を数える。3 交代制の工場操業に対応して営業時間は 7 〜 22 時と一般よりも長く設定している店が多い。

　G 村は比較的地下水に恵まれ、アパートには共同井戸や給水場が設置されている。そのような水環境の良さが新住民の住宅選考の際の重要な条件となっている。村から北のエレクトロニクス・シティへの道や、国道 7 号線やボマサンドラ工業団地に通じる東の道も整備されつつある。新旧住民は混在して居住し、旧住民の職業構成も多様化が進むとともに、異なる社会集団間の日常的相互作用が認められるため、G 村は混住化地域の特徴が顕著である。

第 3 節　工業団地近郊農村の住民属性

(1) 新・旧住民の比較

　本節では、混住化の進んだ G 村住民の社会集団の多様性と変化を世帯調査に基づいて分析する。まず新住民と旧住民に二分し、さらにそれぞれを細分化して各集団の特徴を明らかにする。年齢構成において、新住民は男子 20 歳代が多く（図 4-4）、男子単身労働者が多いことを示している。教育水準では、新住民 20 歳以上男子の場合は、工場労働者の採用に重視される ITI（Industrial Training Institute: 工業技術訓練校）卒業以上の学歴の割合が 32％であり、旧住民 20 歳以上男子の同比率 9％よりかなり高い。職業構成では、旧住民は工場労働者と借家経営・商店経営者が多く、新住民は工場労働者が多い。工場労働者はいずれも近接する工業団地に通勤する。ただし、G 村はエレクトロニクス・シティに近接するものの、IT 技術者は皆無である[25]。また、IT 産業は自動車製造業のような下請け企業の裾野の広がりを持たず技術者以外の雇用は限られる。そのため G 村においては、両工業団地でのガードマンやボマサンドラ工業団地の中でも在来型の製造業の臨時工（庭師や清掃人を含む）として雇用されるに過ぎない。新住民女子の場合は、主婦、学生や無職が多いが、新住

82　第4章　ベンガルール大都市圏内の近郊農村における社会構造の変化

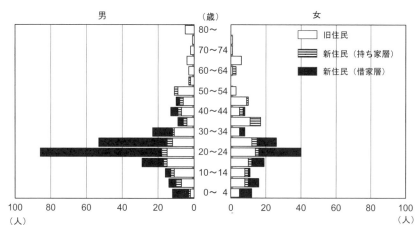

図 4-4　G 村の社会集団別年齢構成（2002）
2002 年現地調査による。出典：澤・南埜（2006）

民 20 歳以上女子就業率（42%）は、旧住民 20 歳以上女子の就業率（32%）より高い[26]。ボマサンドラ工業団地の縫製工場と食品工場の臨時工が彼女らの主な就業である。このように、工場労働者は外資系ではなく国内企業の工場に雇用されている。

　一方、旧住民に関しては、男女とも 20 歳代が最も多く、インド農村一般に認められる「富士山型」では最大になるべき 10 歳未満層が少ない（図 4-4）。この要因の一つには、旧住民は男女とも就業や結婚を機会にベンガルール市内などへ流出する傾向があることを指摘できる。農業従事者は減少傾向にあり、農家は農地にアパートや商店を新たに建設し経営する場合が多い。その他には、ガードマンに就業先を斡旋するコントラクターとして成功するものも現れた。旧住民女子は、主婦、学生や無職が多く、就業者は、農業労働者、臨時工などである。旧住民は男女ともジャーティと関連した職種、例えば指定カーストと清掃人との結びつきが認められる。

　G 村の新住民は 1995 年以降転入した者が新住民の 91% を占める（図 4-3）。住宅所有と職業から次のような社会集団に分けることができる。

（2）新住民（借家層）

　男子は工場労働者（常勤工と臨時工）、ガードマン、雑業労働者が全就業者の73％、14％、3％を占める（表4-4）。女性は、主婦や無職が多く、就業者は工場労働者がほとんどであり、その中でも縫製工場に勤務する比率が54％と最大である。職業構成と賃金体系から a 工場労働者あるいはガードマンのタイプと b 雑業労働者のタイプに二分できる。

a　工場労働者あるいはガードマン（46世帯）[27]

　20歳代の単身労働者が4～5名でアパートの一室に共同で居住するタイプと20歳代夫婦と子どもの家族で居住するタイプが多い。移動理由は就職によるものが最多であり、G村を移動先として選択した理由は、キョウダイ・イトコや同郷者の存在と良質な飲料水と空気があるというローカルな居住環境の良さである。

　複数の単身労働者が共同で居住する場合、多くは家賃（月400～1,000ルピー）も折半している。都市や工業団地の通勤圏外の農村出身者でG村周辺において工場労働者として職を得ることに成功した者が、キョウダイ・イトコや同郷者を呼び寄せ同居する連鎖人口移動の形態である。主婦、学生、未就学児を除いた者の教育水準をみると、10年間教育を受け、前期中等教育修了資格試験に合格したSSLC（Secondary School Leaving Certificate）以上が男子82％、女子66％であり、ITI卒は男子23％女子0％、大学卒は男子15％女子10％とG村においては高学歴であることが大きな特徴である。男子単身労働者の場合、年齢は20歳代が88％を占め、常勤工（賃金2,000～4,000ルピー）、臨時工（1,500～3,000ルピー）、ガードマン（2,000～3,500ルピー）が主な職業である。居住歴は平均2年と短く、より高賃金の就業先がみつかるとすぐ転職し、居住地も移動する傾向にある。女子単身労働者の場合、20～24歳が69％と一番多く、全員未婚で学歴はSSLC以上が75％を占める。これは女子労働者を採用する縫製工場、食品工場、電子部品工場での採用基準が学歴によるためである。賃金は男性よりも安く、月額1,500～2,000ルピーである。新規雇用の情

表 4-4 G村の社会集団別・性別職業構成（2002）

職業		旧住民			新住民（持ち家層）			新住民（借家層）		
		男	女	計	男	女	計	男	女	計
自作農		8		8	1		1			
農業労働者		6	3	9						
ミルク仲買人		1		1						
工場労働者	常勤工	4	1	5	1		1	12		12
	臨時工（電子）	1		1				3	2	5
	臨時工（機械）	1	2	3						
	臨時工（食品）							2	2	4
	臨時工（衣料）							4	13	17
	臨時工（庭師）	1	2	3						
	臨時工（清掃）		1	1						
	臨時工（電話交換手）	1		1						
	臨時工（その他）	8	4	12	2	1	3	77	6	83
建設労働者		9	1	10				3		3
日雇い労働者		1	2	3						
大工		1		1	1		1			
石工		2		2				1		1
運転手		7		7				3		3
自営者	電話	1		1						
	食用油買付	1		1						
	工場	4		4				3		3
	警備会社	1		1	2		2	1		1
	商店	5	1	6	6		6			
	運輸	3		3						
	行商人	2		2						
	その他	1		1				1		1
コンピュータ・サービス					1		1			
行商人		1	1	2						
店員			2	2				3	1	4
清掃業		1		1						
弁護士		1		1						
会計士					1		1			
教員			1	1		1	1			
警察官					1		1			
事務職		1	2	3				2		2
ガードマン								19		19
パンチャーヤット議員		1		1						
家主		2		2	1		1			
主婦			39	39		11	11		18	18
無職		16	13	29	1		1	11	11	22
学生		24	24	48	7	8	15	9	7	16
合計		116	99	215	24	22	46	154	60	214

2002年現地調査による。出典：澤・南埜（2006）

報はその工場の労働者の口コミによって伝達されるので、労働者の同居者に最初に情報が伝わる。また縫製工場はミシンに関する経験を要求するため、求職者のアパートには練習用の足踏みミシンがおかれていることが多い。工場労働者として雇用された後、結婚に伴い転居、退職する場合がほとんどである。このためG村での居住年数が1〜2年ときわめて短くなっている。

　一方、単身男子労働者が結婚、あるいは出身地から妻子を呼び寄せ家族単位で居住する場合は、主に20歳代夫婦と子どもにより構成されている。近接の工業団地の常勤工（賃金2,000〜5,000ルピー）、臨時工（1,500〜3,000ルピー）、ガードマン（2,000〜3,500ルピー）が主な職業である。主として、彼らは家賃500〜1000ルピーのアパートに居住する。連鎖人口移動の結果、同じアパートや村内にキョウダイや親戚、同郷者が居住することが多い。20歳以上女性[28]の就業率40％は旧住民の同比率32％より高い。その背景として彼女らの教育水準の高さに加えて、彼女らが工場労働者として新規に就業する際には互いに情報源となり、勤務時間には子どもを預けあうなど、ローカルな相互扶助的関係を指摘できる。彼女らはいずれも結婚後に縫製工場と食品工場に就職している。結婚後の女性を多く雇用する工場の一部では、残業時には彼女らに家族用の夕飯を持って帰らせるなどの配慮を行っている。

　ジャーティ構成は、カルナータカ州の農村部に基盤をおき、富農層的部分をかなり含むなど、同州の代表的な支配カーストであるリンガーヤト（Lingayath）とヴォッカリガ[29]の合計比率が男子67％女子65％である一方、指定カーストあるいは指定トライブは男子13％女子2％にとどまる。これは工場労働者となるだけの教育水準を有する者は富農層である場合が多いためと推測される。

b　雑業労働者（5世帯）

　主に20〜30代夫婦とその子どもにより構成されている。20歳以上男性の80％が非識字者（Illitarete）であるなど教育水準が低く、建設労働者（月1,500ルピー）、近隣の採石場での石工（600ルピー）、村内のレンガ工場での日雇い雑業労働者（1,500ルピー）などの職についている。低家賃（月約400ルピー）の古い貸間やアパート、あるいはレンガ工場内の老朽化した無料住宅に居住す

る。リンガーヤトとヴォッカリガの比率は合計15%に過ぎず、G村では経済的に低位におかれることの多いムスリムが半数を占め、それ以外は指定カーストと「その他後進諸階級（Other Backward Class）」がほとんどである。教育水準が低いため、臨時工の機会もほとんどなく、今後も低賃金の労働市場にとどまらざるを得ないといえる。居住歴は平均3年であり、新住民の類型a工場労働者あるいはガードマンよりはやや長い。

(3) 新住民（持ち家層）（9世帯）

一戸建ての持ち家に居住する新住民である。新住民（借家層）より年齢が高く、30～50歳代夫婦とその子どもという家族単位で居住している（図4-4）。居住歴は約65%が4年以内であるが、1980年に土地を購入して転入した新住民など、一部はG村でアパート経営（9世帯のうち8世帯）や商店経営（9世帯のうち6世帯）を積極的に行っている。コントラクターとして臨時工に就業先を斡旋し、高収入（例えば月3万ルピー）をあげることに成功したものもいる。彼らは新住民の中では総じて居住年数が長く、工業団地近接のG村を投資対象として高く評価し、転入した。村内に土地を所有・居住することにより、旧住民には、村落社会の構成員としての扱いを受けている。一方、近接する工業団地の工場に雇用されるものは、約20%にとどまり、女性はほとんどが専業主婦か学生であり、職業に就く女性は教員などに限られる。

アパート経営は規模によるが月2,200～約20万ルピーを生み出す高収入源である。建設中から入居者が決まり、空き室はあまりなく、アパートの経営意欲も極めて高い。教育水準は、20歳以上の大学卒業者比率は男子31%、女子13%と男女ともに村内では最も高い。このように、彼らは新住民（借家層）に対して住宅・消費財供給・雇用先の斡旋を行い、高収入をあげている。リンガーヤトとヴォッカリガの比率は計20%である。借家層における両ジャーティの卓越性と比べ低いのは、持ち家層として定住する際には、居住期間の短い借家層と異なり、自らと異なるカースト構成のG村を選択しにくいからだといえる。

(4) 旧住民

　男性は工場労働者・建設労働者や自営業が多く、自作農や農業労働者の合計は男子就業者の2割に満たないことからも、脱農化が進行し職業が多様化していることがわかる（表4-4）。旧住民を職業から区分すると以下に述べる6類型が得られた。なお、旧住民はすべて持ち家であり、居住形態による区分は必要ない。

a　大規模借家経営を行う大地主層（3世帯）

　農作物の作付面積を示した表4-3および農家への聞き取りによると、「シコクビエ＋養蚕用の桑」から「ユーカリ植林」、そして「アパート用地＋耕作放棄地」へと土地利用が変化した。降水量の少ないG村では従来はシコクビエと桑を作付けし、養蚕も営んでいた。しかし、工業団地造成の際、農業労働者の一部が建設労働者に移行するに従い、農業労働賃金が上昇した。そこで、建設資材の需要が高まったユーカリを植林することとなった。ユーカリが選ばれたのは、農業労働者の雇用をあまり必要とせず、少雨でも生育にすぐれ、6～7年で建築資材となるなど生育が早く、投下資本の回収期間が短いからである。しかし1995年頃から離農化が急激に進行した。耕地の多くはアパートの建設用地となるか、耕作放棄地となった。多くの工場が操業し始め、工場労働者の住宅需要が急増した時期である。この類型に属する大地主層は、多くの農地をアパート用地に転用し、不動産経営に経営の中心を移行し、その傍ら新住民向けに商店経営、あるいは人口急増に伴い生乳需要が増加したことに対応し酪農も行っている。

　借家と店舗を経営する或る大地主の世帯主（60歳代）は、1994年に農地の一部（2エーカー）を売却した利益（約20万ルピー）で同年アパートを建設し借家経営を開始した。20世帯のアパートは合計月1万ルピー以上もの家賃を生み出す。空き室はほとんどない状況下、借家経営拡大への意欲も極めて高い。また、新住民向けに商店も経営している。2人の息子（30歳代）は大学卒業後、工業団地での臨時工（各1,500～2,000ルピー）として職を得ている。

一方、アパート経営と酪農を行う別の大地主は、1998年の農地の売却益とローンを利用してアパート経営を開始した。15世帯からの家賃は月8,200ルピーにもなり、周辺の人口増に伴い生乳の需要が増加したことに対応し酪農も行う。生乳は牛乳買い付け人を介して、工場団地の食堂などに供給される。4.5エーカーの耕地規模は村の最大規模であるが、酪農用の飼料以外には自家消費用の農作物の栽培を行う程度である。3人の息子（30・40歳代）はいずれも工場労働者になる意志はなく、今後もアパートと酪農を中心とした農家経営を予定している。

　工業団地の造成以前は、彼らは村内の土地なし層を農業労働者として雇用していた。農業を経済基盤としていた頃は地主層として農業労働者の雇用を源泉とした支配層であった。現在は、離農が進み、飼料用と自家消費用の農地がわずかに残るばかりであり、農業労働者を雇用することも少なく、地主層と農業労働者との支配・従属関係は次第に失われつつある。しかし地方自治の末端組織である村落パンチャーヤット（Gram Panchayat）のメンバーを選出する選挙や、伝統的な行事・祭りやにおいては、依然として大きな力を有している。ジャーティはゴラである。

b　コントラクターと借家経営（1世帯）

　かつての中小規模農家である。村内と近隣の新住民男子労働者に、工場のガードマンの斡旋と借家経営を行っている。40歳代後半の世帯主は、それまでのガードマン斡旋業勤務の経験を生かし1995年に独立した。80〜100人程度のガードマンを斡旋・管理し、収入は月平均2万5,000ルピーにもなるなど[30]、コントラクターのビジネスは、工業団地近郊農村では高収入である。それに加えてアパートからの家賃が月3,000ルピーある。自らが経営するアパートに居住する男子単身労働者に対してもガードマンを斡旋している。斡旋は新住民の男子労働者に限られる。これは、旧住民に対しては農村社会における従来からのつきあいがあるため、遅刻や勤務態度を管理・監督するなどといった仕事の内容に関して強い態度に出にくいからである。工場のガードマン斡旋業は、新住民のガードマンに対して、就職先の斡旋を源泉に新たな支配・従属関係を生

み出しつつある。ジャーティはテルグ・バナジガである。

c 借家経営と自営業（5世帯）

かつての中小規模農家である。借家経営とレンガ工場、サリーの縫製工場経営などの小工場を経営あるいは、軽トラックによる運送業を自営している。小規模な農地にアパートを建設し、農業はすでに全く行わない。借家経営は月平均約4,000ルピーの家賃収入をもたらしている。アパートを建設するための土地を所有する必要があるので、ジャーティは村内の地主層のゴラか中規模農家が多かったレッディである。

d 工場労働者・ガードマン・建設労働者のかたわら借家経営あるいは商店経営（13世帯）

かつての中小規模農家である。所有する小規模な農地にアパートや商店を建設した。建設費用は工場労働者として蓄えた貯金や、退職金前借りなどの借金でまかなっている。借金は、家賃や工場労働者やガードマンの収入で返済している。この類型に属する或る世帯主（50歳代）は20年間勤務した工場からの退職金前借り制度を利用した30万ルピーを元手に、2002年に12世帯分のアパートを農地に建設し、月8,400ルピーの家賃収入を得ている。ITIでコンピューターサイエンスを学んだ長男（26歳）はプログラマー志望であるが未だ採用されず、G村で新住民用の商店経営を行う。残業や夜勤の工場労働者向けに深夜23時まで営業を行うため、家族全員5人で店番を交替している。次男（21歳）はガードマン向けに村内でアスレチックジムを経営する。三男（19歳）は工場労働者を求職中である。わずかな土地があれば商店経営が可能なので、ジャーティ構成には偏りがない。

このように、これまで述べた旧住民の類型a～dはいずれも、所有する土地を基盤に新住民に対し住宅供給・消費財供給・雇用先の斡旋を行っている。

e 雑業／農業労働者層（18世帯）

経済的に貧しい世帯に政府が土地を提供するジャナタ計画による開発地区に

居住する貧困層である(図4-2)。G村の主産業が農業であった頃は、地主層の農地で働く農業労働者であったが、現在はその多くは工業団地での建設労働者(月平均1,200ルピー)や工場での清掃夫や庭師などの日雇い労働者(月平均1,000ルピー)の職を得ている。しかし、一部は依然として最低賃金レベルの農業労働者(日当40ルピー)のままである。教育水準は非識字者か最高でもClass 9までにとどまり、常勤工となるために必要な教育水準を満たしていない。このため、今後も工場労働者となる可能性はきわめて低く、経済水準の向上は望めない。多くは指定カーストのアディ・カルナータカか当該地域では経済的低位にあるムスリムである。

f 石工層(1世帯)

ジャナタ計画の開発地区の貧困層である。主な職業は以前と同じく、近隣の採石場での石工である。教育水準は類型eと同様で、経済水準の向上は望めない。当該地域では経済的低位のムスリムである。

第4節 グローバル化と事例農村−脱領域化と再領域化

本節は農村のローカルな要素がどのように意味付けを変えながらグローバルなシステムに組み込まれるのかを、ローカル固有な意味からグローバルな資本にとっての意味への転化を通じて考察する。土地、地域社会、カースト制がそれぞれ脱領域化を通じてローカルな文脈からいかに切り離され、再領域化のプロセスを通じてローカルな文脈にいかに再び埋め込まれるのかに着目する。

(1) 土地

G村において、シコクビエなどの穀物や養蚕用の桑を作付けしていた農地は、周辺で工業団地が造成されるに伴い、建設資材用のユーカリの植林地に変化した。その後、工場の操業に従い、工場労働者やガードマン用のアパートや

商店の建設用地へとさらに変化した。しかしアパート建設用の資金がない場合は、農地は店舗用地や耕作放棄地となった場合が多い。他方、周辺地域での人口増に伴い生乳の需要が増加したことに対応して酪農を拡大する農家も出現した。このような土地利用の変化過程の中で、周辺地域への農作物供給地としてのローカル固有な価値から、工業団地に進出した資本にとっての建築資材供給地、その後は工場労働者・ガードマンの住宅・商店・生乳供給地としての価値に土地の意味付けが変わった。工業団地を核とした上位の空間スケールに組み込まれ、その中で機能特化していく過程を読み取ることができる。この過程で、農村の土地は土壌、降水量や周辺地域の需要にあわせた農業生産の場から、上位の空間スケールの中での工業団地の労働者のための住宅地、商店、生乳供給地に変換された。このように混住化の進行を通じて、農村の土地は農業生産に関わるローカルな文脈から次第に切り離され脱領域化した。しかし同時に、工業団地への近接性、住民のカースト構成、飲料水に関するインフラ整備や清浄な空気が得られるかといったローカルな居住環境が重要視されるようになり、新住民の居住環境という新たなローカルな文脈の中に再び埋め込まれることにより再領域化したといえる。

(2) 地域社会

伝統的農村社会が工業化や混住化の影響の下、その社会構造がどのように変容し、グローバル化した空間の末端に組み込まれつつあるのかを、社会階層間の相互関係と村落領域との関連を視点に考察する。

図4-5は1980年頃以前のG村の伝統的農村社会の社会構造を示す。当時の「大／中規模農家」はシコクビエなどの穀物栽培や養蚕を中心とした農業を経済的基盤としていた。その中でも特に大規模農家は農業労働雇用を源泉として、土地を所有しない低位カーストの「農業労働者」と支配・従属関係にあった。また周辺には採石場があり、土地を所有しないムスリムが「石工」として一部雇用されたものの、賃金は農業労働者並の低賃金であった。

図4-6は1980年頃〜1995年頃の工業団地造成以降・混住化以前の村の社会

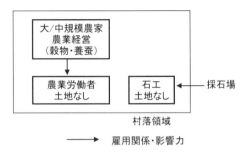

図 4-5　G 村の伝統的社会構造
出典：澤・南埜（2006）

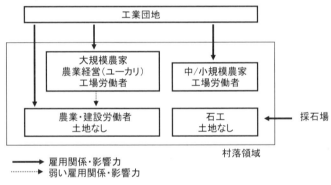

図 4-6　G 村の工業団地造成以降・混住化以前の社会構造
出典：澤・南埜（2006）

構造を示したものである。1980 年以降、ボマサンドラ工業団地とエレクトロニクス・シティの造成、工場の建設・操業により、建設労働者の需要が高まった。このため、村内の農業労働者の一部が農賃よりはやや高賃金の建設労働者として雇用され始めた結果、1980 年以前の「農業労働者」の類型はこの時期「農業・建設労働者」の類型に移行した。一方、教育水準が村内では比較的高い農家男子の一部は、臨時工として雇用されるものも現れた。大規模農家は、建設労働者の需要の増加に連動して農業労働者の賃金が上昇したこと、建設資材の需要が増加したことに対応して、農業労働者を必要とする穀物栽培や養蚕をやめ、建設資材であるユーカリの植林を開始した。また離農が進んだ結果、1980

年頃以前の「大／中規模農家」は、「大規模農家」と「中／小規模農家」に分化した。この結果、従来の村内での農家と農業労働者間の雇用・被雇用の関係は弱体化し、工業団地への労働力供給・建築資材供給が村の主な産業となった。

図4-7は1995年頃〜2002年の混住化したG村の社会構造を示したものである。工場労働者の居住地としてG村は特に1995年以降多くのアパート建設が進行すると同時に、新住民向けの商店も増加した。旧住民は新住民に対し住宅と消費財供給・雇用先の斡旋により高収入をあげている。これにより、近郊の混住化社会に借家経営と労務斡旋という新しい職業が出現した。コントラクターは新住民男子に工場労働者やガードマンの雇用機会を斡旋・管理するため、彼らに対する新たな支配層が生まれつつあるといえる。また、土地を所有せず、借家や店舗経営が不可能な旧住民の場合、例えば「石工」は依然として変化はなく、その多くは以前から教育水準が低く、臨時工となる可能性も低い。このため低賃金の雑業労働者しか職業の選択肢はほとんどなく、今後いかに工業化

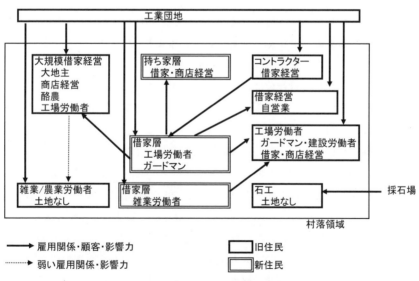

図4-7 混住化したG村の社会構造
出典：澤・南埜（2006）

や混住化が進行しても経済水準の向上は期待できない。1995年以前の「大規模農家」の類型は「大規模借家経営」へと変化し、「中／小規模農家」は、「コントラクター・借家経営」、「借家経営・自営業」、「工場労働者・ガードマン・建設労働者・借家／商店経営」の3つの類型に細分化した。「農業・建設労働者」は「雑業／農業労働者」に変化した。

一方、新住民は持ち家層と借家層では社会・経済的属性が大きく異なる。「持ち家層」の場合、一部はG村を工場団地に近接した点から投資対象として土地を購入した。借家経営・商店経営を行い、新住民向けのビジネスに成功している。村内の土地を購入し、家族単位で居住していることで、旧住民からは「村人」としての扱いを受けている。このため村の祭りにも、寄付金を旧住民と同様に出している。他方、アパートや借間に居住する借家層の新住民の場合はほとんどが「借家層（工場労働者やガードマン）」か「借家層（雑業労働者）」である。連鎖人口移動により、キョウダイ・イトコ・同郷の友人と一室に共同で居住する場合と、その後結婚し家族単位で居住する場合がある。G村の借家層は居住年数も3年未満がほとんどと短く、村内に土地を所有しないので、長年居住しても地域社会の構成員とは認知されない。新住民と旧住民の関係は、利害対立が生じるものではなく、借家や商店を経営する旧住民にとって新住民は最大の顧客であるため、両者の関係は良好である。

農業を基盤とした農村社会においては、大規模農家である上位カーストと土地なし層で農業労働者である下位カーストとの間に支配・従属関係が形成されていた。また、村落パンチャーヤットや村の祭りまで、上位カースト層が意志決定権を握っていた。しかし、農村社会内で閉じたこのような相互補完的分業体制は、近隣に工業団地が造成され、そこで工場労働・建設労働・雑業労働の雇用先が出現し、さらに混住化が進行するに従い、次第に崩壊しつつある。農地はすでに新住民用のアパートや商店に転用され、農業はG村においては主たる産業とならず、新住民向けの産業（借家・商店経営）と工場での雇用が中心となった。ここでは、かつての大地主層は大規模農家から大規模借家経営者へと変化した。かつての農業労働者は依然として土地なし層ではあるが、村外での臨時工や建設労働者となった。ここで、地主層と土地なし層の間の支配・

従属関係は次第に崩壊することになった。これらの過程を通じて、大地主層（上位カースト）を頂点とした農村社会は、いわば頂点のない地域社会へと次第に変貌を遂げることとなった。ここでは、地主層を核としたローカルな自律性は次第に崩壊し、一部に借家経営者とコントラクターという新しい階層が出現し、上位の空間スケールである大都市圏の地域計画や工場立地や労働者の雇用のあり方が、さらにはこれらと大きな関係にある外国資本のグローバルな展開が、ローカルな地域社会に決定的な意味を次第に持つようになった。

　この過程で、農村の地域社会は農業生産を基盤にし、大地主層が頂点であった相互補完的構造というローカルな文脈から切り離された。そして都市圏という上位の空間スケールの中で地域計画を決定する地方政府や、工場の立地や労働者の雇用のあり方を決定する資本に、さらにこれらと関わる外国資本のグローバルな展開に、村落の経済が規定されることを通じて脱領域化したといえる。しかし同時に、工場労働者を育成する教育機関への距離の近さや、どのような教育機関へ進学できるかに関わる住民の経済水準という新たなローカルな文脈の中に再び埋め込まれることにより再領域化したといえる。さらに、小さな子どもを持つ女子が就業する際に子どもを近所の親戚や知人に預けることができるかどうかが、小さな子どもを持つ女子工場労働者が成立するかどうかの重要な点である。これも新たに生じたローカルな文脈といえる。

(3) カースト制

　農業を基盤とした1980年以前のG村では、カーストの階層性は世襲的な職業のみならず、生産手段の有無や農地の大小を規定していた。この結果、カーストの階層性は経済の階層性と密接な関係であった。さらに、経済水準を媒介にしてカーストの階層性と教育水準も密接な関係があった。1980年頃〜1995年頃の工業団地造成以降・混住化以前のG村においては、農外雇用としての工場労働者や事務職などは、学歴が採用における最大の条件となる場合が多く、カーストの階層性と経済水準との密接な関係は、教育水準を媒介に再生産され、その結果、カースト制は社会階層の再生産の最も重要な装置として機能

していた。ところが、1995年頃以降の混住化の進行により、新住民向けの借家経営・商店経営・労務斡旋という新たな産業が成立した。借家経営は土地所有の規模により経営規模が決定されるため、上位カーストの大地主層が大規模アパート経営を行うなど、カーストの階層性と収益には密接な関係があるのは確かである。しかし、商店経営とコントラクターはそれぞれ店舗や事務所用の土地と立ち上げ資金が必要なものの、大規模な土地を必要としない。企業などとの折衝にはある程度の学歴は必要ではあるが、経験やノウハウ的知識の方が重要となる。このため、カーストの階層性と商店経営やコントラクターとの密接な関係は認めにくい。このように、土地所有の規模や教育水準と直接関係のない産業が成立するに従い、カースト制は社会階層の再生産機能を徐々に失いつつある[31]。

この過程で、混住化したG村において、カースト制は土地所有の規模が経済水準や教育水準と密接な関連を示すというローカルな文脈から徐々に切り離され脱領域化したといえる。しかし同時に、新住民の居住地選択においては、飲料水などのインフラ整備、家賃、通勤の利便性のみならず、住民のカースト構成もきわめて重要な項目となるなど、カースト制はローカルな新しい文脈に再び埋め込まれ再領域化した。

第5節　おわりに－事例農村からみたグローバル化の特徴

G村において、グローバル化経済の下で外国資本の受け皿として発展したベンガルール郊外のIT産業が集積したエレクトロニクス・シティと国内資本による製造業中心のボマサンドラ工業団地の造成・操業の結果、村落領域は上位の空間スケールであるベンガルール都市圏に組み込まれた。しかしG村住民にIT技術者は皆無である。何故ならIT技術者は理工学系大学卒業以上の学歴が就業上不可欠なためであり、またIT産業は下請け企業の裾野の広がりを持たず、技術者以外の雇用は限られるからである。このため、G村の男子はガードマンや在来型の製造業の臨時工、庭師、清掃人として雇用されるに過ぎない。

一方女子労働者の場合は、縫製・食品・電子部品の工場で臨時工として採用されている。工場の新規操業に従い、村では離農が進み、農地に臨時工やガードマンなどの新住民向けのアパートや商店が次々と建設され、混住化が進行した。残された農地の一部では、需要の増加した生乳の供給地となった。このように、工業団地に近接したG村は臨時工やガードマンなどの労働力、労働者の居住地、食料供給地としての役割に特化することにより、ベンガルール都市圏の末端に組み込まれた。さらに、外国資本のグローバルな展開に影響を受けることになり、グローバル化した経済の末端にも組み込まれつつある。大地主層を頂点とした村落社会は自律性を次第に失い、中心のない地域社会となった。これらの過程においては、例えば、工場が求める労働者の質、教育機関の立地、女性の就業に関する相互扶助、新住民の居住地選択におけるインフラ整備状況と住民のカースト構成など、農村のローカルな文脈が再び大きな意味を持つのである。

第1章で述べたように、経済自由化以降のインド農村に関する経済学分野での重要な論点の一つにトリックル・ダウン効果の有無があるが、本事例においては臨時工を中心とした工場労働市場と建設労働市場の拡大による非農業雇用の増加が認められ、同効果を確認できた。しかし、依然として最低賃金水準の農業労働者や雑業労働者の多くは、土地をもたずかつ教育水準がきわめて低いため、将来的にも臨時工に成り得ず、また借家・商店経営も不可能に近い。このため生産手段を持たず、教育水準の低いものへの同効果は浸透しにくい。またインド農村においても外国資本の投資に従い、郊外や新規立地工場の周辺への新住民の流入が次第に顕著となり、今後の研究において混住化の視点が不可欠であると考えられる。

グローバル化は、確かにナショナルスケール、さらにリージョナルスケールでの経済活動や政策決定を通じて、ローカルスケールの農村に大きな影響を与えている。しかし、本章で確認されたようにローカルな農村領域は上位の空間スケールにより一方的に規定された従属的なものでも、上位の空間スケールにおける変化により、等質化されるものでもない。農村領域は、空間の上位スケールへの統合が進むほど、統合された空間のなかでの生き残りのため個々のローカルな条件にあわせた機能特化をせまられている。グローバル化はローカルな

存在である農村をローカルな文脈から引き離し、時空間の無限の拡がりに再構築するが（脱領域化）、同時にその再構築した社会関係が、ローカルな文脈を再度利用したり、作り直されていく過程（再領域化）でもある。インド農村一般に関しては、グローバル化は、インド農村文化やローカルな文脈に埋め込まれた「場所」を剥ぎ取り、経済的価値という上位の空間において価値判断される新たな意味を付与していくことにより脱領域化するが、同時にその変化過程もインド農村文化やローカルな文脈に再び埋め込まれ、インド農村は同時に再領域化しているといえる。グローバル化とは、時間と空間の圧縮を加速度的に推し進め、ローカルな社会的行為を無限の時間－空間に位置付けることにより、ローカルな存在に対し、脱領域化と再領域化を休みなく続けることである。これらの過程を通じて、ローカルな農村はグローバルな空間の末端に次第に組み込まれてゆくといえよう。

[注]
17) カルナータカ州のIT産業については、北川（2000）、メタ（2000）、Aoyama（2003）、鍬塚（2004a，2004b）を参照。
18) カルナータカ工業団地開発局のウェブページ http://www.keonics.com 2005年10月検索。
19) ゴラはヤダヴァ（Yadava）、ゴウダとレッディはヴォッカリガ（Vokkaliga）のサブセクトである（Kamath 1990）。
20) 1980年以前の家屋でアパートとなっているのは、古い家屋全体を借家として使用しているものである。
21) 図4-3に示される各年の新住民の数は、現地調査時の居住者のデータである。借家層の居住年数は短く、すでに転出した者も多い。
22) この村のムスリムは貧困層が多い。彼らにとって、家の建て替えやアパートへの投資は難しく、古い家屋のままとなっているケースがほとんどである。
23) 調査時点において1ルピー＝約2.5円。
24) 兄弟と姉妹を総称してキョウダイ、従兄弟と従姉妹を総称してイトコと表記する。
25) IT関連の技術者は理工学系の大学卒業以上の学歴が就業上不可欠なためであり、高収入を得られる彼らの多くはベンガルール南郊の高級住宅地に居住している。

26）20 歳以上就業率＝20 歳以上就業者数 / 20 歳以上人口
27）各類型名称の後の（）内の世帯数は、調査した世帯数を示す。
28）多くは妻や夫婦の姉妹である。
29）リンガーヤトとヴォッカリガの社会・経済的属性については、押川（1990）を参照。
30）聞き取りによれば、ガードマンの平均給与は月 1,800 ルピーである。給与に対して、雇用者は医療保険 4.75％と失業保険 13.6％の負担義務があり、合計 2,130.48 ルピーとなる。この合計の 15％（319.57 ルピー）が斡旋業者の収入となる。雇用者は合計 2,450 ルピーの負担である。被雇用者は、1,800 ルピーから医療保険と雇用保険に 1.75％、12％を支払う義務があり、手取りは 1,552.5 ルピーとなる。
31）婚姻に関しては、依然として重要な機能を有している。

第5章

デリー首都圏内の近郊農村における
社会構造の変化
－ UP 州 R 村を事例に

第1節　はじめに

　インドにおいて、外資系企業の立地から FDI の投資先を地域的にみると、国内企業の立地は従来の国内経済の中心地であるムンバイに集積する傾向があるのに対し、外資系企業はデリーへの立地傾向が顕著である。これは、外資系企業が中央政府との接触、市場への近接性、ホワイトカラー労働力の確保を高く評価した結果である（日野 2005）。また、インドにおける重要な成長産業である IT 産業の立地は前述したようにベンガルール大都市圏を指向している。このように、グローバル化のもとでのインドの経済成長は、デリー首都圏とベンガルール大都市圏をはじめとする大都市圏において顕著に認められる。そこで、グローバル化の影響が少ない大都市圏外に位置する農村の社会構造の考察を行った第3章を対照項として、本章ではデリー首都圏内の工業団地近郊農村を事例農村とし、グローバル化の影響を強く受けた農村の社会・経済的変化を分析する。

　本章ではデリー大都市圏内の近郊農村における経済活動と権力構造の変質を軸にローカルな農村空間と上位のリージョナルな空間（大都市圏）との関係性の変化から考察する。ローカルな権力構造については、ジャーティ間の社会関係と農村の自治組織や経済的利益の配分との関連性が、どのように変化してきたかに注目する。具体的には、経済成長期のデリー首都圏（National Capital Region）の都市近郊農村における社会・経済システムの変化を、1）経済活動の大都市圏への包摂、2）新住民の流入、3）地域社会構造の変化からそれぞれ

明らかにし、これらの変化過程を脱領域化と再領域化の概念で把握することを目的とする。

第2節　事例地域の概要

(1) ノイダ工業団地とグローバル化

　1947年の独立以来の国内市場の保護を目的としたインド政府の計画経済体制は、国内企業を国際競争から取り残された存在とし、さらに、国内経済の非効率性から国家財政の悪化をもたらした。このため、インド政府は1980年代に「経済自由化」を進め、さらに1990年代には「新経済政策」のもと、大幅な規制緩和を進め、積極的に外国資本を導入した。その結果、先進工業国からの直接投資（FDI）による工業化が進み、インドは急激な経済成長を経験している。しかしながら、こうした経済成長の恩恵を受けたのは、大都市や工業地域に勤務する富裕層と新中間層であり、都市地域や工業地域から遠く離れた農村地域に圧倒的多数居住する貧困層にはその恩恵が認められず、消費財の中で富裕層と新中間層を対象とした耐久消費財の生産・消費が拡大するなど、「新経済政策」は社会階層間・地域間の経済格差を拡大させるという歪みを生じさせている。

　グローバル化に伴うインドの地域変化に関して、工業団地を有する大都市圏の経済成長が著しい。特にデリー首都圏は、外国資本の最も重要な生産拠点の一つとなり、圏内の経済成長が著しい（佐藤 1994, National Capital Region Planning Board 1996, 山崎 1997）。デリー首都圏は、デリー州を中核として、ウッタルプラデーシュ（UP）州、ハリヤーナー州、ラージャスターン州の一部により構成されている。デリー首都圏における近年の工業成長の要因として、①大量の中間層の存在するデリーの消費地に近く、また拡大する国内市場に対応するため、拠点として有利、②特に外国資本にとり、政府や他企業とのコンタクトがとりやすいという外部経済、③優秀な労働者の存在、④用地の入手可能

性、⑤情報収集や対面接触が容易で、技術革新の可能性の高さ、⑥外国資本における連絡の容易さとともに、駐在員の生活上の利便性の高さが指摘されている（岡橋 2003）。

デリー首都圏内のニュー・オクラ工業開発公社（New Okhla Industrial Development Authority、略称 Noida：ノイダ）は、デリーの東部に位置し、UP 州西端のガジアバード（Ghaziabad）県の一部である。1976 年に UP 州政府によって開発が始められたノイダの開発の特徴は、工業団地のみならず住宅・商業・オフィス用地を含み、また電力、上下水道、道路などの物理的インフラや学校、病院などの社会インフラも備えた、総合的な工業都市開発である点である（岡橋 1999b, 2003）。1997 年には、小規模工業部門 3197 工場、大・中規模工業部門 235 工場が立地し、それ以外にインド通産省によって整備されたノイダ輸出加工区（Noida Export Processing Zone）には 117 工場が立地し、総従業員数は約 8.5 万人である。また工場の業種に関して特化した特徴はなく、総合的な工業集積である（友澤 2003）。さらに、人口増加が著しいデリーの人口を郊外に分散させるニュータウンとしての特徴を有し（由井 2003）、人口は 37.5 万（1997 年当時）である（岡橋 2003）。

このように、デリーが急速に成長し、急増する人口や中小規模の工場の受け皿として開発されたノイダは、UP 州西端でデリーに最も近いことから UP 州の工業開発の成長拠点として大きな役割を果たしてきた（岡橋 1999b, 2003）。さらに、新経済政策導入の 1991 年以降はノイダに隣接するグレーターノイダが自動車工業を中心とした外国系企業の一大集積地となった（友澤 2003）。このようにノイダおよびその周辺では、インドの経済成長、特にデリーの経済成長と密接に関わりながら、工業団地・住宅団地の開発が継続的になされ、その近郊農村にも雇用・住宅・農産物・サービス財の需給の点で大きな社会・経済的影響を及ぼしていることが予想される。

そこで、次節ではノイダの近郊農村の事例研究を通じて、グローバル化の影響を受けた農村の社会構造の変化を明らかにしたい。

(2) 事例農村の概要

事例農村・R村は、デリーの中心地より南東へ約15kmに位置し、デリー首都圏内のノイダ工業団地に近接し、ヤムナー川左岸に直接接している（図5-1）。UP州西端に位置するゴーダマブッダナガール県（Gowdama Buddha Nagar District）ダッドリ郡（Dadri Tahsil）に属する農村である。旧来より、上位カーストから指定カースト（SC）までの6つのジャーティが居住していたが、それに加え新住民[32]が流入した結果、196世帯、人口1175人（1997年12月調査）の都市近郊農村となっている（表5-1）。なお、都市化・工業化への社会階層間の多様な対応様式をみるため、上位カーストから指定カーストまで存在する同村を事例地域として選定した。面接調査票を用いた現地調査は、1997年11月から12月にかけて行われ、選挙人名簿（voter's list）をもとに全世帯の全住民の調査（悉皆調査）を行った[33]。

R村のジャーティ別にみた住居を示した図5-2によると、上位カーストで地主層のラージプート（Rajput）が集落の中でも標高が若干高く、排水条件の良い中心部に居住していることが分かる。それとは対照的に指定カーストのドービー（Dhobi）、ジャータブ（Jatav）とバルミキ（Balmiki）はいずれも同一ジャー

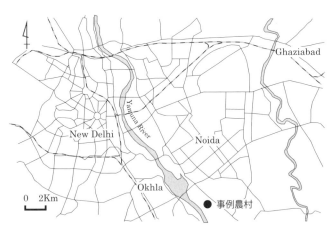

図5-1 デリー首都圏と事例農村・R村の位置

表 5-1　R村のジャーティ別住民構成（1997）

	ジャーティ	行政カテゴリー	世帯数	男子人口	女子人口	人口	平均世帯員数
新住民	Brahmin		13	50	55	105	8.1
	Rajput		97	339	280	619	6.4
	Nai	OBC	14	43	39	82	5.9
	Dhobi	SC	3	11	9	20	6.7
	Jatav	SC	20	69	55	124	6.2
	Balmiki	SC	13	41	37	78	6.0
	小計		160	553	475	1028	6.4
旧住民		OBC・SC・ST以外	18	30	23	53	2.9
		OBC	13	28	21	49	3.8
		SC	5	21	24	45	9.0
	小計		36	79	68	147	4.1
	合計		196	632	543	1175	6.0

現地調査による。南埜・澤・荒木（2003）を修正。

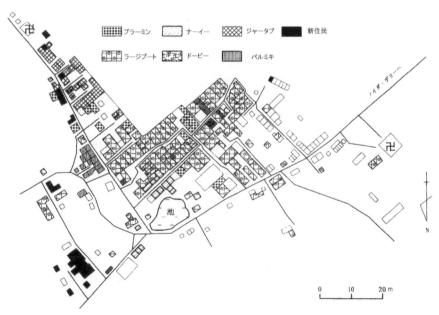

図 5-2　R村の新旧住民・ジャーティ別住居分布（1997）
南埜（1999a）を修正。

ティで集住しながら、ヤムナー川沿いに立地した集落の中では標高が若干低く、モンスーン期には内水氾濫することが多い場所に居住している。新住民の居住地に関しては、集落の外縁部の農地を転用してアパートや一戸建て住宅が建設され始めている。このように、インド農村において一般的にみられる、社会階層と居住条件との密接な関連性を、同村においても認めることが出来る。つまり、農村住民の居住パターンは農村空間というローカルな空間スケールの文脈にしっかりと埋め込まれていることが確認できる。

第3節　事例農村の住民属性

　事例農村・R村の旧住民の年齢構成をみると（図5-3）、基本的にはいわゆる「富士山型」と呼ばれる開発途上国農村に典型的な多産多死を特徴とする年齢構成であるが、15歳以上の男子住民が同年齢以下の男子住民に比べ少ないという特徴も認められる。これはデリー首都圏への就業・進学に伴う若年男子の人口流出の結果である。女子に関しては、人口移動は婚姻移動によるものがほとんどであり、男子に認められるような若年層の流出は認められない。これは男女別にみると、男子のみが農村の上位スケールであるデリー首都圏と関わりつつあることを強く示唆するものである。

　旧住民において認められる6つのジャーティの社会・経済的属性は以下のとおりである。ヒンドゥー社会の階層性の高いジャーティから記述すると、まずブラーミン（Brahmin）は司祭カーストであり、ヒンドゥー社会では最上位のジャーティである。R村のジャーティ別教育水準に関して、まず非識字者比率をみると、ブラーミンは男子11％、女子34％と村内では最も低く、大学教育を受けた比率は男子14％、女子5％と最も高いことから、同村のなかでは最も教育水準が高いことが分かる（図5-4）。ブラーミンは旧住民人口の10％を占め、地主層としての自作農や、教育水準の高さを反映して、デリーやノイダなどでの公務員（5人）、常勤工場労働者（2人）や民間企業（4人）に就業する男子が多い（表5-2）。

第 3 節　事例農村の住民属性　107

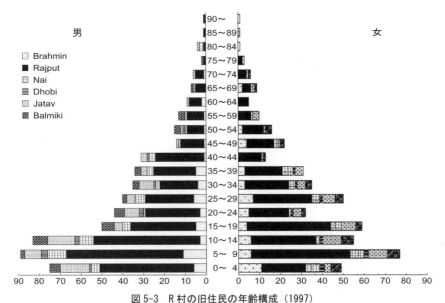

図 5-3　R 村の旧住民の年齢構成（1997）
1997 年現地調査による。南埜・澤・荒木（2003）を修正。

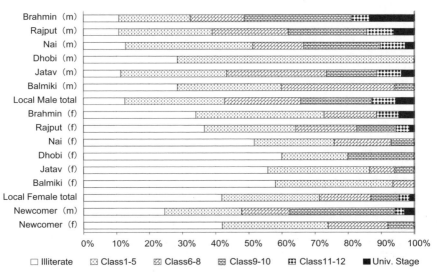

図 5-4　R 村の新旧住民・ジャーティ別教育水準（1997）
未就学児を除く。1997 年現地調査による。

表 5-2　R 村の旧住民のジャーティ別職業構成（1997）

主な職業	Brahmin	Rajput	Nai	Dhobi	Jatav	Balmiki	計
＜自営＞							
自作農	12	84	4		8		108
ミルク仲買人		3					3
小工場経営	1	1					2
コントラクター		1					1
雑貨店経営	1	9					10
理髪店経営			3				3
洗濯業経営				1			1
仕立屋			1		2		3
自営業（その他）	2	4			1		7
＜被雇用者＞							
民間企業（管理・事務）	3	3				2	8
民間企業（庭師）		3		2	1		6
民間企業（門番）	1	3					4
民間企業（清掃）						6	6
民間企業（その他）			1		1		2
公務員（事務）		6					6
公務員（庭師）		1			2		3
公務員（警察官）		2			1		3
公務員（門番）	1	1					2
公務員（清掃）						6	6
公務員（その他）	4	9		1	4	3	21
常勤工場労働者	2	10	6				18
臨時工		5	1	1	2		9
家具職人					2		2
運転手		6	2				8
建設労働者					1		1
店員		5			5		10
医師			1				1
教員	1	2			2		5
＜その他＞							
学生	16	126	18	4	22	12	198
無職	6	55	6	2	15	12	96
男子計	50	339	43	11	69	41	553

（左側に「男子」の縦書きラベル）

第 3 節　事例農村の住民属性　109

	主な職業	Brahmin	Rajput	Nai	Dhobi	Jatav	Balmiki	計
	＜自営＞							
	自作農	1	52	1		3		57
	雑貨店経営		1					1
	仕立屋		1			1		2
	自営業（その他）		1					1
	＜被雇用者＞							
女	民間企業（清掃）						3	3
	公務員（清掃）						1	1
	公務員（その他）		1					1
子	常勤工場労働者			1				1
	店員		1					1
	教員		1					1
	＜その他＞							
	家事	28	94	18	4	26	12	182
	学生	17	93	10	3	18	9	150
	無職	9	35	9	2	7	12	74
	女子計	55	280	39	9	55	37	475
	総計	105	619	82	20	124	78	1028

1997 年現地調査による。南埜・澤・荒木 (2003) を修正。

　2 番目のラージプート（Rajput）は伝統的に地主が多く、自作農を主たる職業とする。同村においては旧住民人口の 60％を占め、地方自治の末端組織である村落パンチャーヤットの議員（パンチャーヤット・メンバー）の選挙（1990 年）では、12 人の議員の内 8 人がラージプートから選出された。このように、ラージプートは政治的にも経済的にも同村の最大の社会集団と見なすことが出来、ドミナントカーストと考えることが出来る。同村では都市に近い立地条件を生かして、生乳生産が盛んになり、ミルク仲買人となる者（3 人）があらわれた。また新住民増加や住民の通勤に伴う収入増加を背景に、所有する農地の一部に雑貨店を立地させ経営を始めたラージプートも多い（9 人）。さらに、村内ではブラーミンと同様に教育水準が高く、ノイダ工業団地などでの常勤工場労働者（10 人）、公務員（19 人）、民間企業（9 人）など、村内では高収入の就業機会を得た男子が多い。また、高学歴男子の一部はデリーやノイダへの進学や就職に伴い、村外に流出している。図 5-3 で示された、15 歳以上男子の人口

流出はその結果である。

　3番目のナーイー（Nai）はサービスカーストであり、UP州では後進諸階級（OBC：Other Backward Classs）に指定されている[34]。同村旧住民の8%を占める。ナーイーは理髪業を伝統的職業としており、同村においてもナーイーのみが理髪店を経営している（3人）。理髪店経営以外に、ノイダ工業団地の常勤工場労働者に就業する男子（6人）が現れた。

　4番目のドービー（Dhobi）もサービスカーストであり、洗濯業を伝統的職業とする。同州では指定カースト（SC）である。同村旧住民人口のわずか2%である。就業者人口も少なく、農地を所有する世帯はなく、洗濯業経営者以外での就業は臨時工（1人）と公務員（1人）が認められる程度である。

　5番目のジャータブ（Jatav）はチャマール（Chamar）の別名であり、同州では指定カーストである。皮革加工が伝統的職業とされていたが、近年は農業労働者や各種の労働者に従事する者が多いとされている。R村旧住民人口の12%を占め、ラージプートに次いで2番目に多いジャーティ集団である。教育水準は、非識字者比率が男子11%、女子56%と男女間の格差が大きい。女子の同比率は旧住民平均の41%よりも高く、初等教育の機会もきわめて制約されていることが分かる。指定カーストのジャータブにおいて、男子にのみ初等教育の機会が徐々に浸透してきていることが分かる。次に述べる同じ指定カーストに属するバルミキよりも教育機会が多い理由として、耕地面積の違いによる経済的な差異が大きく反映したといえる。ジャータブの職業は、耕地面積が10 bigha[35]未満の小規模の自作農（8人）か、留保制度[36]を利用してノイダ工業団地などの公務員（7人）の職を得た男子が多い。その他の就業先には民間企業（2人）や臨時工（2人）がある。

　最後の6番目のバルミキ（Balmiki）は清掃業を伝統的職業としている。同州では指定カーストである。同村旧住民人口の8%を占める。農地を所有する世帯はほとんどない。ジャーティ別教育水準をみると、非識字者の比率が最も高い（男子34%、女子58%）。このように男女ともに初等教育の機会が極めて限定されたため、常勤工場労働者や臨時工の職を得た者は皆無である。清掃業に従事することがほとんどで、ノイダ工業団地の民間企業（清掃）（6人）や

留保制度を利用して公務員（清掃）（6人）の職を得ている。

　R村の旧住民の職業構成と教育水準との関係を示した表5-3によると、大学教育（Univ. stage）を受けた男子は、自作農（6人）以外では、教員（5人）、民間企業（管理・事務）（4人）、常勤工場労働者（2人）、自営業（3人）が多く、農村のなかでは比較的高収入を得る職業に就いている。対照的に、非識字者や初等教育（Class 1-5）のみを受けた男子は、自作農（42人）以外では、公務員（清掃）（6人）、民間企業（庭師）（3人）、民間企業（清掃）（3人）、臨時工（4人）など、低収入の職業に限られている。このように、農外雇用の点で、教育水準と職業および収入との関連性は強い。

　このように、かつては農業労働者であったジャータブとバルミキに関しては、いずれも留保制度を利用して公務員の職を得た者が現れた。また、理髪業（ナーイー）や清掃業（バルミキ）など、ジャーティの伝統的職業に従事する者に加えて、教育水準の比較的高い男子が、新たにノイダ工業団地の常勤工場労働者や臨時工、公務員、民間企業の職を得ることに成功した者もいる。そして、何よりも大きな変化は、同村において農業労働を主たる職業とする旧住民がいなくなったという点である。これはデリー首都圏への通勤者が多くなり、同村内の地主層と農業労働者というローカルな社会関係（支配従属関係）が弱体化したことを意味し、ローカルな文脈に深く埋め込まれていた住民間の社会関係が、上位空間スケールとの関係性を強める中で脱領域化したことを示している。

　一方、新住民は147人で全住民の13％を占め、9つのジャーティから構成される。新住民に関して各ジャーティの人口が少ないため、本章では、上位カースト（Upper）、後進諸階級（OBC）、指定カースト（SC）の3つに区分して論じる。新住民の年齢構成をみると、旧住民とはその様相はかなり異なり、主に25～39歳の夫婦と彼らの子どもによって構成されていることがわかる（図5-5）。平均世帯員数は旧住民が6.4人であるのに対し、新住民は男子単身居住形態が多いことを反映し、4.1人と少ない。彼らは新規住宅（戸建てやアパート）に家族単位で居住するか、男子単身居住者の場合は農家に間借りという形で居住している場合が多い。R村において、新住民用向けに住宅建設が近年進み人口が増え、雑貨店舗も増加した。1997年での雑貨店舗（理髪店を含む）18店

表5-3 R村の旧住民の職業と教育水準 (1997)

主な職業	Illiterate	Class 1-5	Class 6-8	Class 9-10	Class 11-12	Univ. Stage	総計
＜自営＞							
自作農	26	16	21	26	13	6	108
ミルク仲買人	1			2			3
小工場経営				1		1	2
コントラクター			1				1
雑貨店経営	1		1	6	2		10
理髪店経営	1			1	1		3
洗濯業経営	1						1
仕立屋			2	1			3
自営業（その他）			1	4		2	7
＜被雇用者＞							
民間企業（管理・事務）			1	2	1	4	8
民間企業（庭師）	2	1	2	1			6
民間企業（門番）			2	2			4
民間企業（清掃）	1	2	3				6
民間企業（その他）	1			1			2
公務員（事務）			1	2	3		6
公務員（庭師）	1	1	1				3
公務員（警察官）				1	1	1	3
公務員（門番）		1		1			2
公務員（清掃）	4	2					6
公務員（その他）	3	1	7	8	2		21
常勤工場労働者	1		7	8		2	18
臨時工	2	2		4		1	9
家具職人		1	1				2
運転手	2		1	4	1		8
建設労働者					1		1
店員			3	6	1		10
医師					1		1
教員						5	5
＜その他＞							
学生		106	49	14	4	3	176
無職	9	3		2	1		15
男子計	56	136	104	97	32	25	450

第3節　事例農村の住民属性　113

主な職業		Illiterate	Class 1-5	Class 6-8	Class 9-10	Class 11-12	Univ. Stage	総計
	＜自営＞							
	自作農	36	6	12	3			57
	雑貨店経営				1			1
	仕立屋			2				2
	自営業（その他）						1	1
	＜被雇用者＞							
女	民間企業（清掃）	3						3
	公務員（清掃）	1						1
	公務員（その他）	1						1
	常勤工場労働者				1			1
子	店員	1						1
	教員						1	1
	＜その他＞							
	家事	110	19	31	13	8	1	182
	学生		92	17	14	5	1	129
	無職	17	2	1	3		1	24
女子計		169	119	63	35	13	5	404
総計		225	255	167	132	45	30	854

未就学児を除く。1997年現地調査による。

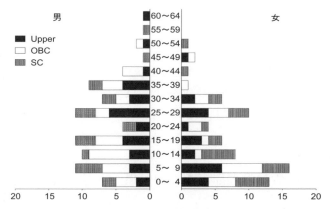

図5-5　R村の新住民の社会階層別年齢構成（1997）
1997年現地調査による。南埜・澤・荒木（2003）を修正。

舗のうち1990年以降に開店したものは14店舗（78%）を占め、その多くは地主層のラージプートが村内の主要道路沿いの農地に小規模な雑貨店舗を建設したものである。

同村の20歳以上の住民の非識字率は、男子22.4%に対して女子は68.3%ときわめて高い。また、ジャーティの階層性に沿う形で、階層が高いほど、教育水準が高いことが確かめられている（南埜1999a）。同村の小学校（Class 1-5）には、公立小学校1校と私立小学校2校が存在する。両者の間には、学校設備、授業内容、授業料、生徒の成績、生徒の性比とカースト構成などにおいて、大きな差異がある。公立小学校では授業料は無償であり、給食や女子への制服支給や、指定カースト（SC）と指定トライブ（ST）の女子生徒への奨学金支給などの就学支援策がある。私立小学校は上記の支援策は適用されず、授業料も必要である。このように公立と私立の学校間では費用は大きく異なる。また、学校設備の整備状況（公立小学校では机や椅子など基本的なものも不足）の違いや、授業言語では公立のHindi Mediumと私立のEnglish Mediumと、大きく異なる。また、私立学校においては、授業開始時間の厳格化が行われている。遅刻の厳禁は生徒のみならず、遅刻した教員に罰金を課す場合もあるなど教員にも厳しい。私立学校は大工場での生産体制で必要とされる時間遵守を訓練する場になっていると考えることも出来よう。

同村の女子小学生において、私立学校と公立学校の通学者数はほぼ同数であるのに対し、男子小学生の63.8%が私立学校に通学していることから（南埜1999a）、教育への投資は経済的上層の男子に多く向けられていることを確認出来る。同村におけるこのような教育格差は、就業格差に直接関わり、次の世代の教育格差とそれに伴う経済格差を再生産しているといえる。

第4節　経済活動の大都市圏への包摂

旧住民のジャーティ別職業構成を示した表5-2によると、まず、男女間に大きな差があることがわかる。女性の就業率（就業者数／（人口－学生数）×

100) はわずか21％であり、男性の就業率の74％を遙かに下回る。幼児・学生や高齢者以外の女性のほとんどは、家事か自家の農業に従事するのを主としている。このように、インド社会における伝統的な性別役割分業をR村においても明瞭に確認できる。

次にR村の経済活動に占める農業の割合をみる。同村における農業従事者の比率（農業従事者/就業者×100）は50％を示すものの、インド農村においては低い部類に入る。農業以外の就業として公務員(16％)、工場労働者(11％)、民間企業(5％)がある。このように、農業は依然同村の主産業ではあるものの、同村の地域経済においては農業が卓越しているとはすでにいえず、都市近郊農村における就業の多様性を認めることができる。

男性においては、農業従事者の比率が41％であり、彼らのほとんどはラージプートに属している。所有耕地面積別農家数を示す表5-4 によると、10 bigha以上の耕地を所有する農家のほとんどはラージプートに属することから、同村の農業の担い手である地主層はラージプートである。

かつて農業が卓越していた同村は近年どのように変化してきたのだろうか。

表5-4 R村のジャーティ別所有耕地面積（1997）

所有耕地面積	Brahmin	Rajput	Nai	Dhobi	Jatav	Balmiki	計
なし		7	4	3	6	11	31
1.0 〜 4.9		16	8		8	2	34
5.0 〜 9.9	11	33	2		6		52
10.0 〜 14.9	1	18					19
15.0 〜 19.9		11					11
20.0 〜 24.9		2					2
25.0 〜 29.9	1						1
30.0 〜 34.9		4					4
35.0 〜 39.9							0
40.0 〜 44.9		2					2
45.0 〜 49.9		1					1
50.0 〜 54.9		2					2
55.0 〜 60.0		1					1
合計	13	97	14	3	20	13	160

単位：bigha，戸　1997年現地調査による。

その考察には、上位の空間スケールであるデリー首都圏と同村との関係を分析することが不可欠である。そこで、デリー首都圏と同村との関係を、まず農業活動の点から考察する。

　同村の地域変化を分析した南埜（1999a）によると、1976年に同村に隣接したヤムナー川の堤防が完成するまで、同村は毎年のように発生する同川の氾濫により、農業は被害を受け続けていたため、同村の経済状況は劣悪であった。ヤムナー川の堤防の完成を前提として、洪水の恐れのなくなった地域にノイダ工業団地が翌年（1977年）に造成された。堤防の完成後は、同村においても洪水の危険性が低減したため、高収量品種、化学肥料の導入が進み、また井戸灌漑が展開するに従い、従来のミレット類（ジョワールやバジラ）から小麦へ作付け品目の変換が可能となり、同村の農業の生産状況が急速に改善した。

　その後1984年にヤムナー川にデリーとノイダを結ぶノイダ橋が完成し、対岸のデリーやオクラ青果物市場への近接性が飛躍的に向上し、同村の農業経営に大きな影響を与えた。同村の農業経済の変化をみると、1986年から1988年までは野菜の作付面積が全体の15%以上を占め、その中心的作物はスイカであった。1989年から1992年までは中心的作物はスイカからダイコンに移行した。1993年から1995年になると野菜栽培は後退期に入り全体の10%未満となった。このように野菜栽培が縮小する反面、増加したのが牛の飼料作物である（荒木1999c、南埜・澤・荒木2003）。ノイダ工業団地の工場が操業し、人口が増加するに従い、生乳の需要が増加した。都市周辺部においては冷蔵施設の整備があまりされていないため、生乳は需要地の近接する地域で生産される必要性がある。その点で同団地に近接するR村は生乳生産において有利となった。しかしながら、同村における生乳生産は自家消費用が主であり、出荷されるのはまだその一部に過ぎないといえる。

　現地調査を行った1997年にはデリー首都圏（デリーやノイダ工業団地）への野菜・生乳の供給がなされるなど、農業の商品経済化が進むとともにR村の農業経営は大きく変容した。具体的には、野菜はデリー市内の卸売市場へトラクターで出荷し、生乳の一部は村内のミルク仲買人を通じてノイダ工業団地

第 4 節　経済活動の大都市圏への包摂　117

とデリーに出荷され始めるなど、農業活動がデリー首都圏というリージョナルスケールの空間に包摂されつつあることがわかる。しかしながら、この傾向は同村における多様な農家層において、一律的に商品経済化を媒介とした首都圏への包摂が進んだのではなく、農業の経営規模により異なる様相を示している。同村の中では経営規模が比較的大規模な農家は、商品作物である野菜栽培の導入が 1970 年代と早く、大消費地であるデリー首都圏との関係が早くから成立していたと考えることが出来る。対照的に、小規模経営農家は、野菜よりも飼料作物・稲・小麦栽培を中心にしている傾向がある。しかも稲・小麦は自家消費用がほとんどであることから、農作物は自家によってほとんど消費されてしまうことが分かる。

　このように、同村の中では経営規模が比較的大規模な農家層は首都圏というリージョナルな農産物市場のなかで、都市近郊農村である利点を生かして、野菜を商品作物として選択し、野菜栽培に特化することにより、農業の収益性を向上させることが可能となった。一方、その子弟（男子）の一部は前期中等教育（Class 10）や後期中等教育（Class 12）、さらには大学を修了・卒業し、デリーやノイダ工業団地で公務員、会社員あるいは常勤工場労働者として農村住民のなかでは比較的高収入を得ることに成功した。このように、農村空間というローカルスケールでの文脈から切り離され（脱埋め込み）、デリー首都圏というリージョナルな空間に包摂された者も多く認めることが出来る。また、農村住民の中では、上記のような教育水準の高い上位カースト以外にも、指定カーストの一部の者は留保制度を利用し、ノイダ工業団地に新たに設立された公的機関や工場に就業が可能になったものが現れた。例えば、指定カーストのジャータブとバルミキは、従来は最低の賃金水準である村内での日雇い農業労働が主な就業であったが、現在ではデリーやノイダ工業団地で臨時工や公務員となる者が現れ、収入を以前よりも向上させている。彼らの一部には日雇いの雇用形態から、シニオリティ（seniority）制度[37]を利用することにより、常勤の雇用形態となることに成功した公務員も認められる。

　このような都市・工業地域への通勤就業の拡大は、従来は村内の指定カーストを日雇い農業労働者として低賃金で雇用していた地主層に大きな転機を

もたらした。つまり、上記のような状況では最低の賃金水準である農業労働者は村内から供給されず、代わりに低賃金で雇用できる農業労働者を村外から雇い入れる必然性が生じた。彼らは、遠くビハール州の洪水常習地域というきわめて貧困な農村地域からの出稼ぎ労働者である。彼らの出身地では農業の生産基盤がきわめて脆弱なため、農業労働者として雇用されることさえ可能でない場合が多い。そのため非識字者の場合、出稼ぎ労働者となる以外には収入の手段はほとんどないといえる。R村における出稼ぎ農業労働者は、ビハール州の同一農村出身の下位カーストの同一ジャーティに属する15歳から35歳の男子であり、全員が土地なし層の非識字者である。このように出稼ぎ労働者の経済的属性は極めて低い。彼らはハリヤーナー州とUP州のいくつかの農村とビハール州の出身農村の間を、地域や農作物によって異なる農繁期にあわせて、季節ごとに集団で移動している。R村においては、雇用主である地主層の所有する簡素な小屋（物置）に集団で10数人が同居し、日当はわずか45ルピー[38]である。しかも、その日当の大部分を出身地の実家（妻子や親兄弟）に送金している。ビハール州の実家の収入のほとんどはこの送金が占めている。

　他方、理髪業・洗濯業を伝統的職業としている2つのサービス・カースト（ナーイ、ドービー）は、従来は同村および近隣村の住民向けのサービス供給に専念していたが、現在はこれらローカルな空間内での供給も一部では認められるが、ノイダ工業団地へのサービス財の供給や同団地への通勤が主となるに従い、リージョナルな空間に包摂されつつあるといえる。

第5節　新住民の流入

　R村の新住民は147人で、人口の18%を占めるに過ぎないが、近年増加傾向にある。新住民のジャーティ別職業構成を示した表5-5によると、男子において工場労働者（常勤工場労働者と臨時工）、建設労働者が多いことがわかる。前者は、近接するノイダ工業団地へ通勤しているのに対し、後者は主に村内お

表 5-5　R村の新住民の職業構成（1997）

	主な職業	Upper	OBC	SC	計
男子	＜自営＞				
	自作農	1			1
	ミルク仲買人	1			1
	雑貨店経営	1			1
	医師	1			1
	建設業経営	1			1
	工具店経営	2		1	3
	＜被雇用者＞				
	農業労働者		2		2
	銀行員			2	2
	常勤工場労働者	4	5		9
	臨時工	1	2		3
	日雇い工場労働者（門番）	1			1
	建設労働者	4	5	2	11
	民間企業（料理人）			1	1
	民間企業（清掃）			1	1
	公務員（事務）	2		1	3
	公務員（清掃）			1	1
	仕立屋	1			1
	運転手			1	1
	店員	1			1
	＜その他＞				
	学生	6	11	6	23
	無職	3	3	5	11
	男子計	30	28	21	79
女子	＜被雇用者＞				
	農業労働者		1		1
	臨時工	1	1		2
	民間企業（清掃）			1	1
	公務員（清掃）			1	1
	＜その他＞				
	学生	8	5	9	22
	主婦	10	8	7	25
	無職	4	6	6	16
	女子計	23	21	24	68

1997年現地調査による。

よび近隣村の建設現場（住宅や店舗）で雇用されている。女性の場合は、新住民においても、旧住民と同様に、主婦や学生、あるいは無職の者がほとんどであり、女子就業率はわずか11％（女子就業者/（女子人口－学生））である。

　前述したように、新住民は主に25〜39歳の夫婦とその子どもによって構成されている。新住民の教育水準を非識字率の点から旧住民と比較すると、旧住民男子12％に対して新住民男子は24％、旧住民女子41％に対して新住民女子は42％であり、女子はほぼ同じであるのに対し、男子非識字率は新住民が高い。このため男子住民において旧住民よりも新住民の教育水準が低いことが分かる（図5-4）。

　これは新住民の職業構成と深く関わっている。一般的に、常勤工場労働者の場合、農村住民よりも教育水準の高い場合が多い。R村の場合、新住民において常勤工場労働者は9人であるのに対し、非識字者の多い建設労働者（11人）、農業労働者（2人）の方が多く、そのため新住民男子の教育水準は相対的に低くなっていると考えることが出来る。さらに、新住民のカースト構成はOBCが33％、SCが31％であり、合計64％と過半数を占める。常勤工場労働者にはOBC、SCやSTの占める割合が低いため、常勤工場労働者が新たな居住地を選択する際にはOBC、SCやSTの居住する地域を忌避する傾向がある。特に、上位カーストに多く認められるベジタリアン（vegetarian）は、OBC、SCやSTに多く認められるノンベジタリアン（non-vegetarian）の近隣に住むことを忌避する傾向にある。この結果、OBCとSCの居住するR村には上位カーストの常勤工場労働者はあまり流入しなかったといえる。そのため、新住民にはOBCとSCが過半数を占め、新住民の平均教育水準は比較的低くなったといえる。このように、R村における新住民は社会・経済的属性の点からみると、等質的な人口集団とはいえず、以下の3つのタイプに区分することが出来る。

　第1番目のタイプは、デリーやノイダ工業団地の男子工場労働者、店舗経営などの自営業者とその家族である。このタイプに属する男子工場労働者の多くは常勤工場労働者で、教育水準は後期中等教育修了（Class12）以上の者が比較的多く、集落周辺部の新規住宅地の一戸建て住宅に家族とともに居住している。

第2番目のタイプは、デリーやノイダ工業団地の工場労働者が単身あるいは家族と居住する世帯である。彼らの教育水準は、第1番目のタイプほどではないものの、比較的高い部類に入る。臨時工が多く、低家賃の住宅を求めて同村の借家に移住した場合が多い。

　最後の第3番目のタイプは、男子単身の日雇い建設労働者の世帯である。前述したように、同村においては新住民用の住宅および小規模店舗の建設が近年進行しており、彼らは村内および近隣村での日雇い建設労働に従事している。彼らには非識字者が多く、教育水準が非常に低い。灌漑設備のない貧困地域の農村出身で、土地なし層の下位カーストに属する者が多い。同じ農村の兄弟、親戚、知人らと一緒に集団で雑居していることもある。

　このように、R村では、デリーやノイダ工業団地の工場へ通勤し、リージョナルな空間との強い関係をもつ比較的教育水準の高い新住民と、それとは対照的に教育水準の低く、下位カーストの占める割合の高い建設労働者が流入したといえる。

第6節　地域社会構造の変化

　上記のような就業構造の大きな変化は、農村内のローカルな社会構造に大きな変化をもたらした。都市化・工業化以前の同村では、村内のジャーティは地主層（ブラーミン・ラージプート）・サービスカースト（ナーイー・ドービー）・農業労働者（ジャータブ・バルミキ）の3つのタイプに明確に分けることが可能であり、かつこれらは相互に労働やサービス財をローカルな空間のなかで交換していた。農業労働に関しては、現金と交換していたのに対し、サービス財（理髪・洗濯）に関しては、職人あるいはサービスカーストに属する世帯が、農業カーストに属する特定の世帯に世襲的に特定の仕事やサービス提供を行い、報酬を現金ではなく穀物などをあらかじめ定められた分量を受け取る伝統的なジャジマーニー（jajmani）制度が認められた（図5-6）。

　このようなローカルな文脈に深く埋め込まれ（embedded）、農村内で閉じら

122　第5章　デリー首都圏内の近郊農村における社会構造の変化

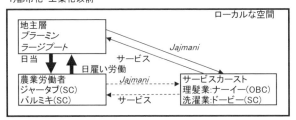

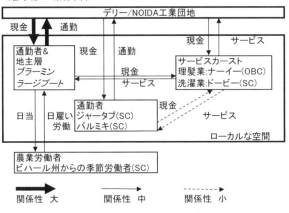

図5-6　R村の社会構造の変化
南埜・澤・荒木（2003）を修正。

れたジャーティ間の社会関係は、インドの伝統的農村の一般的な特徴である相互補完的分業体制の特徴を有していた。しかしながら、都市化・工業化の進展に伴い、住民の就業構造が大きく変化したことにより、この体制は次第に弱体化した。前述したように、堤防の完成や灌漑設備が整備されるに従い、比較的大規模農家である地主層は商品作物を導入し農業の収益性を向上させてきた。それを資源に彼らの息子の一部は中等教育を受け、さらにその一部は大学教育を受け、デリーやノイダ工業団地の公務員や民間企業、あるいは常勤工場労働者や臨時工として就業する機会を得て、収入を向上させることに成功した。対照的に、従来日雇い農業労働者として低収入しか得られなかった者は、ジャータブの場合、ノイダ工業団地での臨時工や留保制度を利用して公務員（庭師や

警察官）に就業する者が現れた。同じくバルミキの場合は、公務員や民間企業のいずれにおいても、彼らの伝統的職業である清掃業に従事している。いずれも、最低賃金である農業労働よりは高い収入を得ることが可能となった。また、サービスカースト（ナーイー・ドービー）に属する者は、顧客は村内や近隣村の特定の世帯に世襲的に限定されることなく、村内の新住民やノイダ工業団地の住民を新たな顧客としてきた。これらのサービス財（理髪・洗濯）は、現金との交換となり、ジャジマーニー制はすでに認められない。

　上位カーストに属する地主層・ラージプートは、村の多数派であり、村内選挙において有利となり、村落のサルパンチ[39]や村落パンチャーヤット・メンバーに選出されることがほとんどであった。その結果、ローカル・エリートとして、農業労働という雇用の分配および補助金（例えば、総合農村地域開発計画、IRDP ; Integrated Rural Development Programme）の分配の決定に直接的に関わっていた。特に、住民が上記の補助金に応募する際には、村のサルパンチやパンチャーヤット・メンバーの意向が決定的に重要であり、彼らの同意がなければ、事実上応募は不可能であった。このように雇用の分配と補助金の分配という2つの利益配分の決定権を資源に、村内のローカルな権力構造が上位カーストを頂点にヒンドゥー社会の階層性に沿う形で形成されていた。これは、ローカルな文脈に住民間の社会関係が深く埋め込まれていたことを示す。

　しかしながら、工業団地での工場の新規操業が進むに従い、村内の農業労働者は、前述したように、デリーやノイダ工業団地などでの臨時工となる者や留保制度を利用して公務員になる者も現れた。このように、地主に雇用される必要性がなくなるに従い、村内の地主層とのローカルな支配従属関係は次第に崩壊した。さらに、村落パンチャーヤットが隣村と合併（1995年）となったが、R村の有権者数が隣村の有権者数よりも少なく、サルパンチをR村から輩出する事が事実上不可能になった。このため、R村のローカル・エリートは補助金の分配を決定する際の絶対的な影響力を失った。これら雇用と補助金という2つの利益配分の権限を失うことで、R村のローカル・エリートの権力は低下した。かわりにR村の権力構造に直接的に影響を与えつつあるのは、リージョナルスケールでのデリーあるいはノイダ工業団地の企業などの資本であり、こ

れら資本は工業化政策の点でナショナルな国家政策、さらにグローバルな経済の点で外国資本の企業と連動していると考えることが出来る。

このように、R村ではかつては農業生産を基盤として一部の地主が指定カーストを農業労働者として雇用し、サービスカーストは村内の住民にサービス財を供給するという、農村というローカルな空間内に閉じた相互補完的分業体制があった。その後都市化・工業化が進むに従い、経済活動が大都市圏という上位のリージョナルスケールに包摂され、ローカルな相互補完的分業体制は次第に弱体化したといえる。また、雇用の分配と補助金の分配という2つの利益配分の決定権を資源に、村内のローカルな権力構造が上位カーストを頂点にヒンドゥー社会の階層性に沿う形で形成されていたが、これも次第に崩壊することとなった。つまり、農村というローカルスケールでの文脈に深く埋め込まれていた住民間の社会関係は、デリー首都圏というリージョナルな空間との関連性を持ち始めることにより、ローカルな文脈から脱埋め込み化（disembedded）され、脱領域化したといえる。しかし同時に、デリー首都圏での雇用に関しては教育水準が決定的な意味を持ち始めたことに伴い、工場労働者を育成する教育機関（例えば工業技術訓練校）へ通学可能な距離か否かや、農村の公立学校・私立学校の整備状況などの新たなローカルな文脈の中に、農村の地域社会が再び埋め込まれた（再領域化）といえる。

第7節　おわりに－デリー大都市圏農村の脱領域化と再領域化

本章では、デリー首都圏内の近郊農村における経済活動と権力構造の変質を、ローカルな農村空間と上位のリージョナルな空間（大都市圏）との関係性の変化から考察した。ローカルな権力構造については、ジャーティ間の社会関係と農村の自治組織や経済的利益の配分との関連性が、どのように変化してきたかに注目し、経済成長期のデリー首都圏内の都市近郊農村における社会・経済システムの変化を、1）経済活動の大都市圏への包摂、2）新住民の流入、3）地域社会構造の変化からそれぞれ明らかにした。これらの変化過程を脱領域化と

再領域化の概念で整理すると以下のようになる。

　先進工業国の資本がグローバルな活動を展開する上で、その生産拠点として開発途上国・インドのデリー首都圏を選定し、ここで近年造成されたノイダ工業団地の近郊農村であるR村においては、住民（男子）がデリーやノイダの工場での工場労働者（常勤工場労働者や臨時工）や、これらの工場やオフィスなどでの門番、庭師、清掃夫など多様な雇用機会を得ることが可能となった。また、R村にはこれら増加した工場労働者や各種労働者への食料や住宅の供給地として機能を付加されることとなった。このためR村は、間接的ではあるが、グローバルな生産空間の末端に包摂され、経済成長を経験しているとみなすことができる。換言すれば、先進工業国の資本による工業生産空間のグローバル化は、開発途上国における外国資本の導入による工業化政策というナショナルな政策の転換と関わり、さらに、工業団地開発というリージョナルな地域開発計画と繋がり、その結果、末端のローカルな農村空間に工場労働者や各種労働者としての雇用機会を供給し、農村空間は工場労働者のみならず、彼らの住宅や食料を供給するという形で関わっているといえる。

　ノイダで工業団地の新規造成、工場の新規操業が進むにつれ、R村の農地の一部は工場労働者用のアパートや雑貨店へと次第に転用された。農地は農作物供給地としてのローカル固有な価値から、工場労働者のための住宅・雑貨店としての価値に意味付けが徐々に変わった。この過程で、農村の土地はローカル固有な文脈から次第に切り離され、脱領域化したといえる。しかし、デリーやノイダ工業団地を核としたリージョナルな空間（デリー首都圏）に、R村が組み込まれる中で、工業団地への近接性、良質な飲料水に関するインフラの整備状況、清浄な空気が得られるか否か、洪水の危険性の有無、さらには旧住民のジャーティ構成といったローカルな住環境が重要視されるようになり、新住民の居住環境という新たなローカルな文脈の中に農村が再び埋め込まれることにより、再領域化が進むのである。

　農業が依然として主な産業であるR村の場合、デリーやノイダ工業団地への近接性を利用して、自給的農業から商品作物の転換を行った農家も認められる。ローカルな需要に対応していた農業はデリーやノイダに対応した農業経営

に変化したといえる。ここでも農村の土地がローカルな文脈から切り離され脱領域化されるのと同時に、市場への近接性、洪水の危険性の有無、適切な土壌・気候・水が得られるか否かという農業に関するローカルな自然環境が一層重要視されることにより、商品作物が決定されるようになる。その結果、農地が新たなローカルな文脈の中に再び埋め込まれることにより、再領域化が進んでいる。

　カーストは世襲的な職業のみならず、生産手段としての農地の大小に大きく関わり、経済の階層性と密接な関係にある。また、上位カーストには比較的規模の大きな農家が多く、彼らは子弟への教育投資が経済的に可能となるため、教育水準とカーストの階層性も密接な関係性をもっている。R村ではカーストの階層性に沿う形で権力関係が形成され、地主層の上位カーストは、その所有する農地での農業労働者の雇用の配分を資源に、土地なし層である下位カーストに絶対的な権力を示していた。また、世襲的に理髪業や洗濯業を職業とするサービスカーストに属する世帯が、農業カーストに属する特定の世帯に世襲的にサービス提供を行うジャジマーニー制度が残るなど、ローカルな相互補完的分業体制が認められていた。このような状況の下、行政末端組織である村落パンチャーヤットにおいて、上位カースト層が意志決定権を握り、補助金などの政治的な利益配分の決定も行っていた。このように、R村では農村の地域社会がかつてはローカルな文脈に深く埋め込まれていたことが確認できた。

　ところが、ノイダ工業団地の造成が進み、さらにヤムナー川に橋が架かり（1984年）、対岸のデリーとの近接性が高まると、R村では工場労働者や事務職などとして通勤する男子住民が増加した。これらの採用には教育水準が決定的に重要となる。そのため、教育水準の高い者の多い上位カーストがこれらの職を得て、経済的に上昇する可能性が高くなるなど、カーストの階層性と経済水準との密接な関係は、教育水準を媒介に再生産されている。その結果、カースト制はR村においては、住民間の経済格差の再生産における重要な装置として機能している事がわかる。

　農村の地域社会に関して、農業生産を基盤にし、地主層を核としたローカル

な文脈に埋め込まれていた地域社会構造は次第に崩れ、工業団地を核とするリージョナルスケールに組み込まれた。その中で、農村の経済は、地域計画を策定する地方政府や、工場の立地や労働者の雇用のあり方を決める資本に次第に決定されながら、ローカル固有な文脈から徐々に切り離されるようになった（脱領域化）。しかし、デリー首都圏での工場などでの雇用に関しては教育水準が決定的な意味を持ち始めたことに伴い、工場労働者を育成する教育機関（例えば工業技術訓練校）へ通学が可能な距離か否かなど新たなローカルな文脈の中に、農村の地域社会が再び埋め込まれた（再領域化）といえる。

以上の考察により、農村の土地は、上位空間スケールに組み込まれながら、利益をどの程度もたらすのかという経済的基準で評価され、順序づけられることにより、ローカルな文脈から次第に切り離されてゆく（脱領域化）ことが分かる。一方、新住民の住宅地に関しては、工業団地への近接性、良質な飲料水に関するインフラの整備状況や清浄な空気が得られるかどうか、さらには旧住民のジャーティ構成といったローカルな住環境、また農業に関しては、農産物市場への近接性、洪水の危険性の有無、適切な土壌・気候・水が得られるか否かという農業に関するローカルな自然環境が、それぞれ重要なローカルな文脈として新たに意味を持ち始めることにより、再領域化が進行するのである。

以上のように、R村は上記の空間スケールのデリー大都市圏の末端の一部に包摂されるなかで、ローカルな文脈から次第に切り離される（脱領域化）のと同時に、再びローカルな文脈が新たな意味を持ち始める（再領域化）ことが確かめられた。

[注]

32）新住民と旧住民の区分は、住民の判断による。基本的には、彼らは1940年代に事例農村に集落移転した際の家族およびその子孫を旧住民、その後の転入者を新住民としている。ただし、旧住民と親戚関係にある者は、旧住民として認識されている。

33）R村のその後の変化について、2014〜2015年に追加調査を行った。その成果に

ついては、澤・森・中篠（印刷中）を参照のこと。

34) 後進諸階級、指定カーストおよび指定トライブは各州が指定するため、構成されるジャーティは州により異なる。

35) 1 bigha ＝約 0.21 ha である。

36) 政府が社会・経済的に保護する必要があると認めた後進諸階級、指定カースト、指定トライブを対象に、教育・雇用・政治に関しある一定比率で優先して採用する制度である。

37) 公的機関に日雇い労働者として一定期間の年月雇用された場合、常勤労働者として雇用される権利が生じる制度である。

38) 1 ルピーは 1997 年時には約 3.2 円である。

39) 村落の自治組織である村落パンチャーヤット・メンバーの長である。

第6章

工業団地開発と近郊農村における
社会構造の変化
－ MP 州 C 村の 10 年間の追跡調査

第1節 はじめに

　インドは 1980 年代以降の経済自由化政策、特に 1990 年代の新経済政策への政策転換以降、急激な経済成長を経験している。インドは、民族資本優先の工業政策を転換して以降、多くは民族資本との合弁企業設立という形ではあるが、先進国資本を積極的に導入して工業化を推進した結果、先進工業国を頂点としたグローバル経済に組み込まれつつある。このようなグローバル化のもと、インド農村はどのように変化しつつあるのであろうか。本章においては、工業団地に近接した近郊農村における社会・経済的変化の過程とその要因をより詳細に考察するため、農村住民の個人単位での変化を分析の対象とする。農村の変化を統計的に把握する上で最小単位のデータは、国勢調査をはじめとする各種統計でも集落単位である。集落単位のデータでは、世帯や個人の変化の集合体として表象されるに過ぎない。さらに、農村の変化は農村住民すべてに等しく認められるものではなく、世帯や個人の属性により大きく異なることが予想される。

　そこで、本章では近郊農村の変化を農村全住民の個人単位での変化から詳細に把握するために、1996 年と 2007 年の 2 回にわたり悉皆調査を行い、全世帯の全住民の追跡調査を行った。外国資本による工場が新規立地した工業団地に近接した農村は、先進国資本の工業生産空間の末端に新たに組み込まれつつあると推測され、グローバル化による脱領域化と再領域化のせめぎ合いが行われているローカルな現場そのものであり、そこでは個人の資質や個人の置かれて

いるローカルな環境が以前にも増して大きな意味を持っていると考えられる。そこで、本章では、農村住民を世帯や個人レベルで追跡調査することにより、これらの過程を詳細に考察することにする。

本章では、工業化の影響を直接受けている工業団地近郊農村において、ローカルな存在の農村空間と時間体系がグローバル化のもと脱領域化かつ再領域化される過程を以下の3つの側面から考察する。まず、①ローカルな存在である農村空間は、工業団地を中心としたリージョナルスケールの空間の一部として組み込まれる。この過程において、農村の空間は経済的基準で評価され、順序づけられることにより、農村独自のローカルな文脈から次第に切り離されてゆく（脱領域化）。その結果、工業団地に近接した農村では工場労働者に就業する住民が増加するなど、就業構造が大きく変化する。しかし、このような就業構造の変化は、農村住民に等しく認められるものではない。そこで本章では、就業構造の変化を性、ジャーティや教育水準といった個人の属性と関連させながら分析を行う。工業団地の労働者が増えるに従い、彼らと家族のための住宅が工業団地に近接した農村に建設されはじめる。これに関しては、工業団地への近接性、良質な飲料水に関するインフラの整備状況や清浄な空気が得られるかどうかといったローカルな住環境が重要なローカルな文脈として新たに意味を持ち始めることにより、再領域化が進行すると予想される。農村住民が農外で雇用される際に重要な個人的属性は教育水準である。そのため本章でも約10年間の変化に関して、教育水準の格差が性、ジャーティを媒介に拡大再生産され、これが農村住民の経済格差の再生産と密接に関わっていることを実証したい。

次に、②工業団地に近接した農村は脱農化が顕著となる場合が多いが、事例農村では農業が重要な役割を果たしている。従来は最寄りの農産物市場のみを指向していたが、遠隔地の大都市の流通圏の広い農産物市場と直接繋がることにより、競争力のある商品作物への転換が行われ、経営が企業化する農家も認められた。つまり、ローカルな需要にのみ対応していた農業は国内市場にも対応した農業経営に変化したといえる。ここでも農村の土地がローカルな文脈から切り離され脱領域化されるのと同時に、農産物市場への近接性、適切な土壌・

気候・水が得られるかという農業に関するローカルな自然環境が一層重要視されることにより、何を作付けするのかが決定されるようになると予想される。その結果、農地が新たなローカルな文脈の中に再び埋め込まれ、再領域化が進んでいることをそれぞれ示したい。

　③グローバル化に伴うローカルな文脈からの引き離しは、空間にとどまらない。脱領域化は「時間と空間の分離」、つまり時間のあり方が空間的な関わりから切り離されることと不可分な関係にある（Giddens 1990）。さらに、グローバル化は「時間と空間の圧縮」（Harvey 1989）と不可分な関係にある。このため、農村の時間体系もグローバル化の進展によって、大きく変化していると考えられる。日の出や日没、宗教的儀礼に基づいた農村独自のローカルな時間体系は、質的な存在から、工場の操業時間の厳密さ、農作業のスケジュール化、学校教育での授業のタイムテーブルの徹底化など、時間管理の厳密化と時間のモジュール化を媒介にして、計量化が可能で分割も可能な存在であるグローバル基準のクロックタイムに次第に組み込まれつつある。これは農村の時間体系が、ローカル固有な意味から、次第に資本にとっての意味に転化することにより、「時間と空間の分離」が進み、その結果、脱領域化が進行したといえる。しかし同時に、宗教的時間の重要性、また農産物市場までの時間距離、時間に厳密な工場や時間厳守を訓練する教育機関の有無や、それらへの通勤や通学が時間的に可能か否かを決定する時間距離という、ローカル固有な文脈が新たに重要な意味を持つことになったと予想される。これらの過程を通じて、農村の時間体系は、再びローカルな文脈に埋め込まれ、再領域化されていることを示したい。

　本章では①～③の脱領域化と再領域化の考察に加えて、④農村経済の発展に関して、工場労働や建設労働を始めとする農外雇用の拡大を指標として分析することは確かに重要ではあるが、このような農業雇用から農外雇用という単線型発展モデルとは異なる農村の発展様式があることを確認したい。この点を農村の地域変化の評価基準と空間スケールとの関連性から考えたい。ローカルな空間である農村の地域変化に関して、研究者は農村の外部者の立場から、特に上位の空間スケールの視点から地域変化や住民の評価を行うこ

とが多いといえる。そこでは、農村変化の外部要因として都市化や工業化などが挙げられ、これら外部要因に対して順応できたか否か、またその順応様式はどのようなものかという観点から、農村や農村住民に対して評価を行ってきたといえる。そのなかでは特に、経済水準の向上がきわめて重要な判断基準となっているのが一般的である。しかしながら、当事者である農村住民自身による評価は、元来このような外部者による価値観と必ずしも一致するとは限らないことを本章では確認したい。つまり、地域変化に関する農村住民の評価基準に関して、確かに経済水準の向上は重要ではあるものの、それ以外の例えばジャーティ間の権力関係や補助金の分配方法など、村内のローカルポリティックスの観点も重要であることを示したい。これらの考察を通じて、農村空間と時間体系のみならず、農村住民の地域変化に関する価値観自体も、上位空間での価値観である経済的水準の重要性が増すことにより脱領域化が進むが、その一方で、同時にローカルな住環境や自然環境（大気汚染や飲料水汚染の有無）、さらに経済的果実や政府補助金の分配を巡るローカルポリティックスというローカルな文脈などに再び埋め込まれながら、再領域化が進んでいることを示したい。

　本章の事例農村は、MP（Madhya Pradesh）州インドール（Indore）市の大都市圏郊外に立地したピータンプル（Pithampur）工業成長センターに近接するインドール県（District）C村であり、1996年11月〜12月に面接調査票を用いて全住民の第1回目の悉皆調査を行い、その11年後の2007年2月と10月に1996年にデータを記入した面接調査票を用いて全住民の第2回目の悉皆調査を追跡調査として行った。なお、事例村落の選択に当たっては、ピータンプル工業団地への通勤圏内村落の中から選定したが、工業化への多様な対応形態を分析するため、上位カーストから最も下位の指定カースト・指定トライブまでの多様な社会階層を含むマルチ・カースト社会を構成する村落を選定した。

第 2 節　事例地域の概観

（1）MP 州インドール大都市圏とピータンプル工業成長センターの概要

　インド中央部に位置する MP 州は、インドの中でも所得の低いヒンディベルトに位置する。州都はボパール（Bhopal）であるが、州内で人口が最大の都市は、インドール（約 160 万人、Census of India 2001）である。インドールは商業中心地であると同時に、繊維産業、大豆を中心とした食品加工業、鉄鋼業などの工場が古くから集積する。インドール大都市圏の後背地は、州南西部のビンディヤ山脈と丘陵部に貧困層の多い指定トライブが卓越する低開発地域である。低開発地域の地域格差を是正する目的で、インドール県に隣接するものの当時無工業県であったダール（Dhar）県に工業成長センターが政策的に誘導された。このようにして新規造成された大規模工業団地がピータンプル工業成長センターである。

　ピータンプル工業成長センターはインドール市から約 30 km に位置し、1,960 ha の面積に 1986 年当時、インド最大の工業団地として造成された。「インドのデトロイト」を目指し、日本を含む外国資本とインドの民族資本との合弁という形で自動車メーカーが新規立地し、それに伴うタイヤ工場など自動車製造業の下請け工場の新規立地を軸として開発計画がなされた。同センターには、1986 年以降自動車製造業の他にも、鉄鋼業・繊維工業・大豆を中心とした食品加工業、その後ダイヤモンド加工業・製薬業を中心とした多数の工場が新規立地した。2007 年現在、大規模・中規模工場が 122、小規模工場が約 450 立地し、約 45,000 人の労働者を雇用している。それ以外にも、工場労働や工場から派生した建設や運搬に関する雑業労働などの新たな農外雇用機会が創出され、労働市場が大きく再編成された。このように多くの労働者が流入した同センターの周辺では、工場労働者のための住宅が建設されると同時に、雑業労働者の居住するスラムも形成され、人口は約 6,800 人（Census of India 2001）となった。また、生産者サービス業や食堂・露天商などが多数立地した。その結果、工場や多様なサービス業の労働力需要や野菜や牛乳な

どの生鮮食料の需要が増加した[40]。同センターの工場労働者のための住宅団地として造成されたハウジング・コロニーにおいて、1996 年から 2007 年にかけての居住者の属性の変化について調査した由井（2009）は、1996 年時における借家層のほとんどが 2007 年には転出したのに対して、持ち家層は定着傾向にあると報告した。両者の違いは、借家層は臨時工を始めとする短期間雇用の労働者が主であり、失業や転職に伴い移動することが多いのに対し、持ち家層は常勤工場労働者とその家族が中心であり、移動することが少ないためであると考えられる。

このように、ピータンプル工業成長センターは当時無工業県であったダール県に新規造成され、外国資本を中心とした自動車産業を軸として工場が誘致された。しかしながら、熟練工場労働者の供給と安定した電力の供給と交通インフラにおいて不十分なため、近年のインドの自動車産業は、これらのインフラが整った大都市圏のデリー首都圏、チェンナイ・ベンガルール、プネ・ナーシック・オウランガバードの 3 大クラスターへの集積が進み、ピータンプル工業成長センターのインドでの重要性は低下しつつあるといえる。この背景には、先進国からの投資先としてインドの価値が高まるにつれ、資本はインドの中でもインフラ、市場、税制、労働力などが整備された大都市圏・地域へと流動する傾向がある。輸送機関の高速化と IT の発展、および立地規制が政策的に緩和されることにより、空間的障壁が重要でなくなるにつれ、立地条件に関してリージョナルスケールでの脱領域化が進んだ。これに応じて、資本、特に FDI の誘致をするために、州政府などがインフラの整備などを行い、産業振興策が積極的に行われている。このように、資本を引きつけるような魅力のある「場所」を生産することにより、資本をめぐる都市間競争（Harvey 1989）が高まった結果、優位性の劣るピータンプル工業成長センターのインドでの重要性は低下したといえる。

(2) MP 州の学校教育制度と教育格差

雇用の変化に関しては、労働者の教育水準の変化とも密接に関連すると考え

られる。そこで、まず MP 州の教育水準の変化とその要因について考察を行う。

インドにおける学校教育制度は、州によって若干異なる部分があるが、MP 州を含む多くの州では、8 年間の無償の義務教育である基礎教育、4 年間の中等教育とその後の高等教育の 3 つから構成されている（各教育段階の日本語訳については、佐々木（2011）に従った）。基礎教育は、5 年間（Class 1-5）の初等教育（Primary School）とその後の 3 年間（Class 6-8）の後期初等教育（Middle School）から構成され、生徒の年齢はおおむね 6 歳（Class 1）から 13 歳（Class 8）である。中等教育は、2 年間の前期中等教育（Class 9-10）（High School）とその後の 2 年間の後期中等教育（Class 11-12、あるいは 10＋2 と呼ばれることもある）（Higher Secondary School）から構成される [41]。前期中等教育および後期中等教育に関しては、それぞれ最終学年時に修了試験（ボード試験）に合格する必要がある。高等教育は、3 年間の大学、その後の大学院によって構成される。なお、初等教育の段階から、留年生（repeater）も存在するので、高学年になるほど年齢と学年は一致しない場合が増える。

インドの教育水準に関して、男女間格差、州や都市・農村などの地域間格差、宗教間格差、カーストなどによる社会階層間格差、富裕層・中間層や貧困層などの経済階層間格差、年代間格差などが指摘されている。そして、これらの教育水準の格差は、社会経済的格差の再生産において決定的な役割を果たしており、インド政府や各州政府にとり教育格差の是正は社会統合を進める上で重要なタスクとなっている。

そこで、本節において、MP 州の教育水準の格差に関して、全インドと比較しながら考察を行う。まず、1951 年以降 2001 年までのインドの 50 年間の都市農村別・男女別識字率の変化を示した図 6-1 によると、インド全体の平均識字率は 1951 年の 18.3％から 2001 年には 65.4％と一貫して上昇していることが分かる。しかしながら、男女間格差と都市農村間格差が大きな状況は 50 年間一貫として固定化されたままであり、男子の都市住民と女子の農村住民との識字率の差は、1951 年（45.6％、4.9％）から 2001 年（86.7％、46.7％）にかけていずれも 40 ポイントのまま変わらず、これらの格差は 50 年経てもなお大きい。独立直後の 1951 年から 1961 年にかけては、男女とも都市住民の識字率

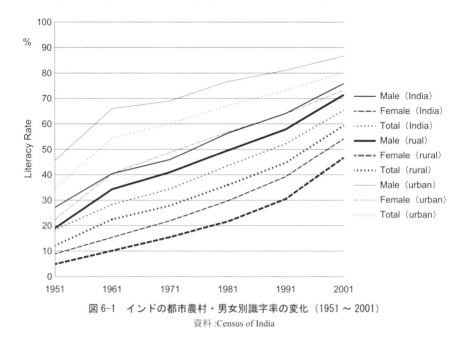

図 6-1 インドの都市農村・男女別識字率の変化（1951〜2001）
資料:Census of India

が向上するものの、農村住民の識字率の上昇は少なく、独立後の教育機関の整備は都市を中心に進められたことを裏付ける。これとは対照的に、1991年から2001年にかけては、女子を中心とした農村住民の識字率の向上が特徴的であり、ようやく農村女子にも初等教育の機会が浸透してきたことが分かる。この要因として、中村（2006）は1990年代以降、農村で学校建設が進んだことを挙げている。インド政府は1992年に全国教育政策を改正し、女子教育の重視と初等教育の質の向上を唱えた。これに従い、1994年には地方主体の包括的な教育改革を目指した、県初等教育計画（DEEP: District Primary Education Program）を導入し、女子の識字率が全国平均よりも低い特定の県のいくつかを対象に小学校の整備を行った。この計画は MP 州を含む全国で18州の合計600の県で実施され、90年代のインドにおける識字率の向上に大きく寄与した。

　上記のような男女間格差と都市農村間格差に加え、職業別格差も指摘されてきた。2000年の NSS（National Sample Survey）の調査結果に基づき識字率の

格差について統計的分析を行った Govindra and Biswal（2006）によると、世帯主の職業タイプ別に識字率が最も低いのは、都市では日雇い労働者世帯 59.3%（男性 68.2%、女性 49.5%）、農村では農業労働者世帯 42.6%（男性 53.5%、女性 31.2%）であった。いずれもそれぞれの地域において、最も低賃金で不安定な雇用形態である。以上の考察から、教育機会に恵まれた都市居住の富裕層男子と、教育機会から排除された農村居住の貧困層女子との大きな格差・分断があることが確認できる。このため佐々木（2011）が指摘するように、教育の格差が労働市場と密接な関係がある限り、学校教育が社会経済的格差の再生産において、極めて重要な役割を果たしているといえる。

インドの教育格差に関して、州間格差が大きいことは従来から指摘されてきた（Dreze and Loh 1995）。2001 年の識字率を高い州から示した表 6-1 によると、第 1 位のケーララ州（90.92%）から最下位のビハール州（47.53%）まで、約 2 倍もの格差がある。下位の州には、MP 州も含むいわゆる BIMARU（Bihar, Madhya Pradesh, Andhra Pradesh, Rajasthan, Uttar Pradesh）（ヒンディー語で「病気」の意味）の各州が並び、従来から指摘されている教育水準の州間格差は、依然として大きな地域格差問題として残されていることが確認できる。

本章で扱う MP 州の識字率に関して、男女間格差と社会階層間格差について考察を行う。MP 州の識字率は、1991 年 44.7%（男子 58.5%、女子 29.8%）から 2001 年には 64.1%（男子 76.8%、女子 50.3%）と上昇し、男女間格差も 1991 年の 28.7 ポイントから 2001 年には 26.5 ポイントに縮小した。このような MP 州の女子の識字率の向上に関しては、特に農村の初等教育の女子への浸透が要因としてあげられ、その背景には MP を含む 18 の州における DEEP 計画、女子への制服の支給、さらに女子に限定されないが、学校給食制度の導入などが指摘されている（牛尾 2001）。

MP 州の男女別識字率を指定カースト（SC）・指定トライブ（ST）別に示した表 6-2 によると、まず、識字率の男女間の格差はインド平均よりも MP 州平均の方が大きく、また社会階層の最も低いとされている ST の女子の識字率が 28.4% と最も低いことが分かる。つまり、MP 州は識字率の点で、インド平均より低い部類に属するともに、男女間の格差もインド平均より大きく、女子へ

表 6-1 インドの州別男女別識字率と州別順位（2001）

Ranking	States / Union Territories	Persons	Males	Females	Gender Gap
1	Kerala	90.92	94.20	87.86	6.34
2	Mizoram	88.49	90.69	86.13	4.56
3	Lakshadweep	87.52	93.15	81.56	11.59
4	Goa	82.32	88.88	75.51	13.37
5	Delhi	81.82	87.37	75.00	12.37
6	Chandigarh	81.76	85.65	76.65	9.00
7	Pondicherry	81.49	88.89	74.13	14.76
8	Andaman & Nicobar Islands	81.18	86.07	75.29	10.78
9	Daman & Diu	81.09	88.40	70.37	18.03
10	Maharashtra	77.27	86.27	67.51	18.76
11	Himachal Pradesh	77.13	86.02	68.08	17.94
12	Tripura	73.66	81.47	65.41	16.06
13	Tamil Nadu	73.47	82.33	64.55	17.78
14	Uttaranchal	72.28	84.01	60.26	23.75
15	Gujarat	69.97	80.50	58.60	21.90
16	Punjab	69.95	75.63	63.55	12.08
17	Sikkim	69.68	76.73	61.46	15.27
18	West Bengal	69.22	77.58	60.22	17.36
19	Manipur	68.87	77.87	59.70	18.17
20	Haryana	68.59	79.25	56.31	22.94
21	Nagaland	67.11	71.77	61.92	9.85
22	Karnataka	67.04	76.29	57.45	18.84
23	Chhatisgarh	65.18	77.86	52.40	25.46
24	Assam	64.28	71.93	56.03	15.90
<u>25</u>	<u>Madhya Pradesh</u>	<u>64.11</u>	<u>76.80</u>	<u>50.28</u>	<u>26.52</u>
26	Orissa	63.61	75.95	50.97	24.98
27	Meghalaya	63.31	66.14	60.41	5.73
28	Andhra Pradesh	61.11	70.85	51.17	19.68
29	Rajasthan	61.03	76.46	44.34	32.12
30	Dadra & Nagar Haveli	60.03	73.32	42.99	30.33
31	Uttar Pradesh	57.36	70.23	42.98	27.25
32	Arunachal Pradesh	54.74	64.07	44.24	19.83
33	Jammu and Kashmir	54.46	65.75	41.82	23.93
34	Jharkhand	54.13	67.94	39.38	28.56
35	Bihar	47.53	60.32	33.57	26.75
	INDIA	65.38	75.85	54.16	21.69

単位：％　Gender Gap＝Males－Females　資料：Census of India 2001.

表 6-2　MP 州の男女別識字率（2001）

	Persons	Male	Female	Gender Gap
MP SC	58.6	72.3	43.3	29.1
MP ST	41.2	53.6	28.4	25.1
MP	64.1	76.8	50.3	26.5
Inida SC	54.7	66.6	41.9	24.7
India ST	47.1	59.2	34.8	24.4
Inida	65.4	75.9	54.2	21.7

単位：%　資料：Census of India 2001.

の教育が浸透しつつあるにもかかわらず、MP 州の ST 女子の教育機会は依然として極めて制約されていることが分かる。

　以上のように、教育の格差を識字率という点で分析すると、都市農村間格差と男女間格差の 2 重の悪条件にあった農村女子の改善傾向が 1990 年代以降認められ、初等教育が農村女子にようやく浸透してきたことが分かる。しかしながら、社会階層の点で最下層に位置付けられる SC や特に ST において、女子の教育機会は依然として極めて限定されていることも確かめられた。このように農村女子への初等教育の浸透は近年認められるが、中等教育以降はどのような状況なのかを、年齢層別に在学生の性比（男子在学生数 / 女子在学生数）を示した図 6-2 で考察を行う。インド全体で高学年（年齢が上がる）ほど、在学生の性比が上昇していることから、女子の教育機会は学年が上がるに従い制約されていることが分かる。MP 州はインド平均よりも在校生の性比が高く（男子学生の割合が高い）、さらに SC や ST の在学生はその MP 州平均よりも性比が高い。このため、MP 州の女子の教育に関し、初等教育の浸透が進むものの、学年が上がるに従い、女子の教育機会は制約が一層厳しくなる傾向があり、その制約は SC や ST の女子においては、さらに厳しいということがわかる。

　本章の事例農村の位置するインドール県（District）には 100 万都市であるインドール市を含むため、識字率（2001 年）は 75%と州平均 64%よりも高い値を示す。しかし、事例農村の位置するデパルプル・サブディストリクト

(Depalpure Sub-district) においては 55% にとどまり、州平均よりもかなり低いことが分かる。しかも、インドール県の農村地域（District Indore-Rural）においては、識字率の男女間格差が 34.4 ポイントとインドール県の都市地域（District Indore-Urban）よりもきわめて大きく（表 6-3）、事例農村周辺を含む農村地域においては、女子の教育機会が 2001 年現在においてもきわめて限られていることが再確認できる。

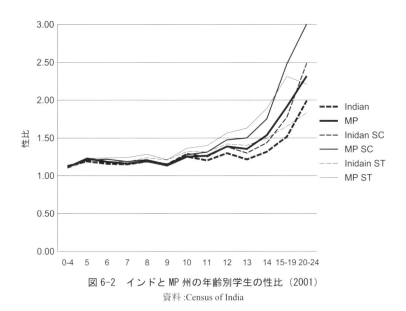

図 6-2　インドと MP 州の年齢別学生の性比 (2001)
資料 : Census of India

表 6-3　インドール県の都市農村別男女別識字率 (2001)

	Males	Females	Gender Gap
India	75.9	54.2	21.7
MP	76.8	50.3	26.5
District Indore	84.6	64.8	19.8
District Indore-Urban	88.7	75.2	13.5
District Indore-Rural	74.2	39.8	34.4

単位　%　資料 : Census of India 2001.

(3) C村の住民属性

　事例村落のC村は、ピータンプル工業成長センターから北東約3kmに位置し、旧住民のなかで工業団地への通勤者が増加するとともに、工場労働者を中心とした新住民の流入を経験するなど、工業化の強い影響下にある（図6-3）。また、これに対応する形で農業経営形態も変化しつつある。同村において、旧住民は全住民の約95％（2007年）を占める。彼らはすべてヒンドゥー教徒であり、ヒンドゥー社会におけるヒエラルキーの順に、最上位カーストのブラーミン（Brahmin）、3つの後進諸階級（OBC）のカティ（Khati）、パンチャル（Panchal）、ナーイー（Nai）、3つの指定カースト（SC）のチャマール（Chamar）、バグリ（Bagri）、バライ（Balai）、指定トライブ（ST）のビール（Bhil）の合計8つのジャーティから構成される。このように、最上位カーストから最下位の指定カースト・指定トライブから構成されるこの村落は、マルチ・カースト社会であることがわかる（表6-4）[42]。ジャーティごとの居住分布を示した図6-4によると、ヒンドゥー寺院の傍に最上位カーストのブラーミンが居住し、その周囲の土地条件の良い場所にドミナントカーストのカティが居住している。一方、指定カーストのチャマール、バグリやバライは、カティの居住区

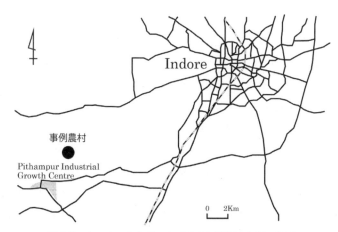

図6-3　カルナータカ州における事例農村・C村の位置

表 6-4　C村のジャーティ別世帯・人口の変化（1996〜2007）

	1996年				2007年			
	世帯数	男子人口	女子人口	合計人口	世帯数	男子人口	女子人口	合計人口
旧住民								
ブラーミン	6	12	10	22	5	13	12	25
カティ	92	349	312	661	102	383	352	735
パンチャル	1	2	2	4	1	3	3	6
ナーイー	4	8	12	20	4	10	9	19
チャマール	30	69	69	138	31	88	82	170
バグリ	17	48	50	98	16	52	43	95
バライ	2	7	7	14	2	13	13	26
ビール	41	118	107	225	41	140	151	291
旧住民計	193	613	569	1182	202	702	665	1367
新住民計	22	35	17	52	24	52	36	88
合計	215	648	586	1234	226	754	701	1455

1996年および2007年の悉皆調査による。

とは反対側の土地条件の悪い場所に居住し、指定トライブのビールは、村内で最も土地条件が悪い場所に居住する。これらの指定カーストと指定トライブと上・中位カーストとは飲料水の井戸も別々であることが特徴である。このように、ジャーティによる住み分け（segregation）が顕著に認められ、井戸を中心に生活空間が若干閉鎖的になっているといえる。

　C村の社会集団の多様性と変化を1996年と2007年に行った世帯・個人単位の悉皆追跡調査に基づいて分析する。まず住民を旧住民と新住民（1994年以降の新規転入者で、旧住民の親類を除くという住民による定義に従う）に二分し、それらの特徴と変化を考察する。1996年から2007年にかけて、旧住民は11年間で16%増加した。これに対し新住民が約70%と大幅に増加することから、工業団地に通勤する新住民が増加し、工業団地の影響が強化されていることが分かる。同期間の男女別年齢構成の変化に関して、旧住民の場合、性比（男子人口／女子人口）は1.08から1.06へとほとんど変わらず、また年齢構成に関しても大きな変化は認められない。他方、新住民では2.06から1.44と大きく減少し、さらに男子単身世帯比率が36%から17%に半減するなど、1996年

第 2 節　事例地域の概観　143

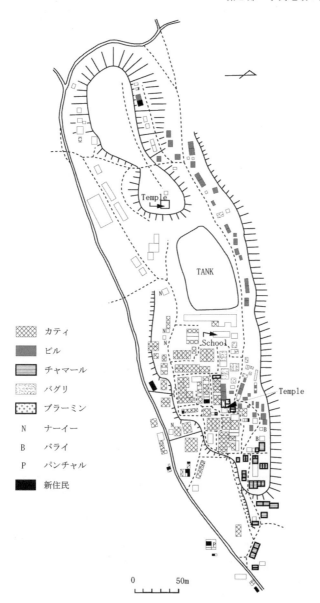

図 6-4　C 村のジャーティ別居住分布（1996）
1996 年現地調査による。出典：南埜（1997）

時の20歳代の男子単身、あるいは20歳代の夫婦と子ども世帯中心の年齢構成から、2007年には男子単身世帯が少なくなり、20〜30歳代の夫婦と子ども世帯が卓越した年齢構成に変化した（図6-5・図6-6）。

　次に、人口移動の観点から、上記の11年間のC村への転入者とC村からの転出者について考察する。まず転入者に関しては、旧住民の転入者は期間中合計119人中、男性1人を除く全員が婚姻による女性の転入であり、その60％を15〜19歳層が占める。一方、新住民の転入者（66人）の性比は1.5となり男子が多い。期間中に転入した新住民の男子就業者24人中、工場労働者が19人（常勤工4人、臨時工15人）と80％を占める。1996年当時には男子工場労働者が単身、あるいは家族単位での転入という移動形態であったが、次第に家族単位で転入の形態が増えた。

　次にC村からの転出者に関して考察を行う。11年間の転出者（204人）のうち、旧住民は80％（163人）を占める。まず旧住民の転出理由に関して女性の婚姻移動が全体の70％を占める。一方、転出した旧住民全体の17％（28人）を占める男性転出者に関しては、仕事（就職・転職）による移動はわずか12人で、旧住民転出者全体の7％に過ぎない。さらに、このうち移動先での就業の内訳をみると、工場労働者はわずか2人にとどまり、他は建設労働者と野菜売りなどの低賃金で不安定なものとなっている。このように、C村からピータンプル工業成長センターやインドール市内へ移動した旧住民の内、工場労働の職を得て経済的上昇の機会を得た者は、ごくわずかであることが確かめられた。転出新住民（41人）のうち男性は65％（27人）を占め、勤務していたピータンプルの工場の閉鎖や短期雇用の終了のため、出身地に戻る場合が33％を占めている。

　以上のように、転出者に関しては、女性の婚姻移動によるものが過半数を占める。男性転出者の場合は、新・旧住民いずれも経済的上昇の機会となる場合はごく少数に限られ、むしろ新住民の男性工場労働者の失業や短期雇用の終了後、代わりの雇用先がなく出身地へ戻らざるを得ないなど、経済的に下降する場合が多いといえる。

第 2 節　事例地域の概観　145

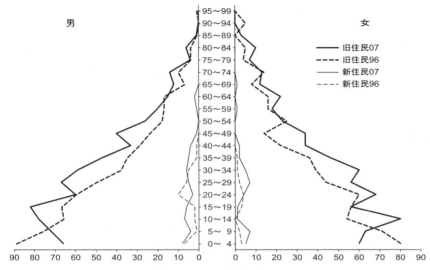

図 6-5　C 村の新旧住民別年齢構成の変化（1996 〜 2007）
1996 年および 2007 年の現地調査による。

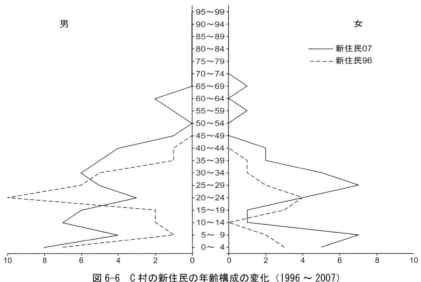

図 6-6　C 村の新住民の年齢構成の変化（1996 〜 2007）
1996 年および 2007 年の現地調査による。

(4) C村の新住民の属性

　新住民の属性について、職業構成、教育水準と居住形態の変化の観点から考察を行う。はじめに、新住民の職業構成に関して、1996年は男子就業者全員がピータンプルの工場労働者であり、その過半数は常勤工場労働者であった（表6-5）。工場労働者は20歳代が66％を占めており、男子単身の工場労働者が卓越していた。

　ところが、新住民の男子就業者の中での工場労働者比率は1996年の100％から2007年の78％に低下した。男子就業者の内訳をみると、常勤工場労働者は減少し、臨時工が増加した。他方、常勤工場労働者よりも低賃金の建設労働者・農業労働者が増加したことから、新住民の雇用の不安定化と低賃金化を指摘することが出来る。また、男子就業者の年齢構成は10～60歳代まで幅広く分布し、常勤工場労働者は30～40歳代、臨時工は10～40歳代、建設労働者は20～30歳代がそれぞれ中心である（表6-6、表6-7）。

　一方女子の職業に関しては、両年次とも農業労働者が最多である（表6-8、

表 6-5　C村の新住民の職業の変化（1996～2007）

職業	1996年			2007年		
	男	女	合計	男	女	合計
自作農					1	1
農業労働者		4	4	2	12	14
常勤工	13		13	5		5
臨時工	11		11	19	1	20
建設労働者			0	4	2	6
仕立屋		1	1			0
家主			0	1		1
主婦		7	7		7	7
無職	1		1		1	1
学生	3	2	5	12	5	17
未就学	7	3	10	9	7	16
合計	35	17	52	52	36	88

1996年と2007年の現地調査による。

第2節　事例地域の概観　147

表6-6　C村の新住民男子の職業と年齢層（1996）

主な職業	5～9	10～14	15～19	20～24	25～29	30～34	35～39	40～44	合計
常勤工場労働者			1	2	5	4		1	13
臨時工				8	1	1	1		11
学生	1	2							3
無職			1						1
合計	1	2	2	10	6	5	1	1	28

1996年現地調査による。

表6-7　C村の新住民男子の職業と年齢層（2007）

主な職業	5～9	10～14	15～19	20～24	25～29	30～34	35～39	40～44	45～49	55～59	60～64	合計
農業労働者		1						1				2
建設労働者					2	1			1			4
常勤工場労働者						1	1	1		1	1	5
臨時工			3	3	3	4	4	2				19
家主											1	1
学生	3	6	3									12
合計	3	7	6	3	5	6	5	4	1	1	2	43

2007年の現地調査による。

表6-8　C村の新住民女子の職業と年齢層（1996）

主な職業	5～9	10～14	15～19	20～24	25～29	30～34	35～39	40～44	50～54	55～59	合計
仕立屋							1				1
農業労働者			1		1	1				1	4
主婦			2	4	1						7
学生	2										2
合計	2		3	4	2	1	1			1	14

1996年現地調査による。

表 6-9　C 村の新住民女子の職業と年齢層（2007）

主な職業	5～9	10～14	15～19	20～24	25～29	30～34	35～39	40～44	55～59	65～69	合計
自作農								1			1
農業労働者		1			3	4	2	2			12
建設労働者				1	1						2
臨時工					1						1
主婦			1	3	2	1					7
無職									1		1
学生	4										4
合計	4	1	1	4	7	5	2	2	1	1	29

2007 年の現地調査による。

表 6-9）。新住民女子の農業労働者数は、旧住民女子の農業労働者数に比べると 6％（1996 年）～ 14％（2007 年）に過ぎないが、4 人（1996 年）から 12 人（2007 年）に増加し、新住民女子にとっては数少ない重要な雇用であることが分かる。

次に、新住民・旧住民それぞれの教育水準に関する同期間の変化に関して、学校教育が最終的に終了する年齢層である 20 歳代男性のなかで、大学あるいは ITI（Industrial Training Institute: 工業技術訓練校）の卒業者が占める比率に着目して比較考察を行った。その結果、旧住民の同比率は両年時とも 5％と変化がないのに対し、新住民に関しては常勤工の減少に対応するように、1996 年の 31％から 2007 年には 0％へと急減した。この変化の要因の一つとして、1996 年当時新住民が居住したアパートは新築であり、比較的高収入で高学歴の常勤工場労働者が居住していたのに対し、2007 年にかけてこれらのアパートは経年劣化とともに、徐々に低賃金の労働者のための住宅となったからだといえる。他方、新築アパートへの工場労働者・雑業労働者の流入が認められる。また、2007 年にかけて、村内の旧住民の農業労働者が減少し、その不足分を補うために、村外からの農業労働者の流入も認められる。

次に、新住民の居住形態について考察を行う。1996 年当時、新住民世帯の 22 世帯中、19 世帯が借家（アパート）であった。2007 年では新住民の 24 世帯中、1 世帯を除くすべてが借家（アパート）に居住している。新住民の居住

年数は平均 3.3 年であり、短期間に転出していることが分かる。新住民のほとんどが MP 州の Dhar 県内や Dewas 県などの近隣県から転入している。新住民の経歴をみると、1996 年当時の新住民は、農村出身の男子が学卒後、単身でピータンプル工業団地へ労働者としての職を求めて移動していた。ITI 卒などの比較的高学歴者の場合は常勤工場労働者に、またそれ以下の学歴の場合は臨時工や日雇い工場労働者としての職を得て、彼らの一部が工業団地の賃貸住宅よりも安い賃貸住宅を求めて近隣農村である C 村へ転入していた。臨時工の場合は雇用期間が短期間に限定されるため、雇用先を求めて工業団地を転々とする場合や、雇用されない場合は出身地への U ターン移動が頻繁に認められた。新住民で男子単身の工場労働者の多くは、妻子を出身地域から呼び寄せていたが、収入が低いままで安定していない場合は妻子を出身地に残していることも多かった。

　このような男子の単身移動を可能にしているのは、妻子を合同家族（Joint Family）である実家に預けることができたからである。合同家族とは、結婚後も複数の男兄弟とその家族が一つの家に同居し、財産、生計、祭司を共同にして生活する家族形態であり、子どもたちも親世代が共同して育てるのが一般的である。彼らの居住期間は約 3.3 年と短く、その後常勤工場労働者として安定した収入が確保できた場合は、高家賃だが良質のピータンプルの賃貸住宅へ移動することが可能となった。2007 年時には、前述したように、C 村のアパートは経年劣化するに伴い、低賃金で働く臨時工、建設労働者や農業労働者のための住宅へと徐々に変化した。さらに、男子工場労働者の単身居住ではなく、夫婦と子どもという家族形態での居住が主となった。ピータンプル工業成長センターでの工場閉鎖や短期雇用の終了後、引き続きピータンプルで新たな就業先を見つけることが困難な場合が多いため、工場労働者の新住民は出身農村に戻らざるを得ない場合が次第に多くなるなど、経済的には下降傾向にあるといえる。

　新住民が借家の探索する際には知人や親戚などからの個人的情報に依存しているのが一般的である。家主も特に借家の宣伝広告なども行っていない。また、不動産の広告媒体も存在しない。このような状況が開発途上国でみられる連鎖人口移動（chain-migration）を可能にしている。入居先の決定に際しては、事

例村落においては低家賃と、工業団地と比較して生活環境（空気・飲料水）の良さを高く評価している。他には、入居しようとする借家入居者のジャーティ構成を重視している。特に、菜食主義者の場合には非菜食主義者や指定カーストや指定部族の入居者がいないことも条件となっている。

以上考察したように、工業団地の新規造成・操業が進むにつれ、C村では脱農化が進行すると同時に、農地は新住民の工場労働者用のアパートや店舗へと次第に転用された。農地は周辺地域への農作物供給地としてのローカル固有な価値から、工場労働者のための住宅・店舗としての価値に意味付けが徐々に変わったといえる。この過程で、農村の土地はローカル固有な文脈から切り離され、脱領域化したといえる。しかし、工業団地を核としたリージョナルな空間に、農村が組み込まれる中で、工業団地への近接性、飲料水の整備状況や清浄な空気が得られるかどうかといった、ローカルな住環境が重要視されるようになった。その結果、新住民の居住環境という新たなローカルな文脈の中に農村が再び埋め込まれることにより、再領域化が進むのである。

第3節　就業構造と教育水準の変化と社会階層

本節では、a) C村における旧住民のピータンプルの工業労働市場への包摂、b) これに伴う従来の農業労働市場への影響の2点を視座に、1996年から2007年にかけての旧住民の就業構造の変化と社会階層との関係を、教育水準の変化と関連付けながら分析する。そこで、最初に、C村の最大の産業である農業の変化について考察した後、1996年の旧住民の教育水準、職業構成とジャーティの関連性について明らかにし、その後1996年から2007年にかけての教育水準の変化と職業変化に関して考察を行う。

(1) C村における農業の変化

C村の1996年から2007年にかけての農業経営の変化について分析を行った

荒木（2009a）によると、1996年当時、農家の収入は大豆と小麦に依存し、野菜栽培はあくまでも自家消費用が主であり、一部の野菜が近隣の定期市に自らで搬入して少額の収入を得ていたに過ぎない。大豆と小麦の出荷先はインドールの穀物市場であり、村内で消費される部分も多かった。1996年から2007年にかけての農作物の変化に関しては、雨期作の大豆と乾季作の小麦という農業的土地利用の基本的なパターンは大きく変わっていないものの、カリフラワーやジャガイモ、タマネギ、ニンニクなどの野菜栽培の増加を指摘している（図6-7、図6-8）。また、これらの野菜栽培は、大豆や小麦に比べ単位当たりの収益が高いと主に、農業労働者の雇用も多く必要とするなど、農村経済に与えた影響は多いことを指摘している。2007年におけるC村の野菜栽培に関して、小規模経営農家（農地規模が5 Bigha以下）[43]は、野菜栽培が自給的であり、一部を近隣の定期市に直接搬入し販売するに過ぎない。中規模以上の経営農家の多くは、大豆と小麦を中心としながら野菜栽培を行い、出荷先はインドール市場が主である。一方、比較的大規模農家の中で野菜栽培農家に特化する農家が現れた。野菜栽培に特化した農家は市場価格の変動にあわせて、出荷先をデリーやムンバイの市場をその都度選択し、直接トラックで運搬することが可能となった。それを可能にさせているのが自家所有のトラック、携帯電話と農作物買い付け人であり、市場の価格を知る上でタイムラグがなくなりつつある。農作物買い付け人は、デリーやインドールの商人や卸売業者であり、各地の農村を巡って農作物の買い付けを行うが、取引農家に市場の価格を教え、必要があれば出荷用のトラックの手配も行う（荒木2009b）。

　以上の荒木（2009b）の考察から、経営規模の拡大ではなく、市場価格に対応した出荷先の選択を行う経営戦略が農家の経済的上昇を支えていることがわかる。携帯電話による市場価格の即時的な情報収集とトラックによる迅速な運搬手段の確保が、野菜栽培に特化した農家が1企業家として最大の利潤を選択する為の条件となっている。また同時に、野菜栽培に特化した農家は近くの地方都市の卸売市場ではなく、デリーやムンバイなど大都市の市場での価格変動に常に翻弄されることにもなった。このような過程で、野菜流通圏の「時間と空間の圧縮」が進んだ。さらに、農作物の買い付け人がナショナルやリージョ

152　第6章　工業団地開発との近郊農村における社会構造の変化

ナルな農産物の流通圏と、ローカルな存在である農村を直接つなぐ媒介者として重要な役割を果たしていると読み解くことが出来る。青果物の流通がインド全土的に拡大した技術的な条件は高速輸送機関と冷蔵（コールドストレージ）の普及である（荒木 2009b）。各地方都市を核としたリージョナルな流通圏が

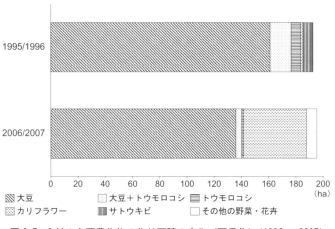

図6-7　C村の主要農作物の作付面積の変化（雨季作）（1996〜2007）
荒木（2009b）のデータにより作成。

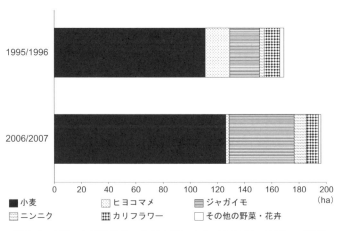

図6-8　C村の主要農作物の作付面積の変化（乾季作）（1996〜2007）
荒木（2009b）のデータにより作成。

インド各地に多数存在し、互いには排他的であったが、農作物の長距離輸送が技術的に容易になり、「時間と空間の圧縮」が進行するに従い、複数のリージョナルな流通圏を傘下に置きながら、ナショナルスケールの流通圏が形成されつつある。その結果、デリーやムンバイなどの大都市を中心とした農作物の流通圏が次第に巨大化し、ナショナルスケールの流通圏となりつつあるといえる。これに伴い、従来は市場に近い近郊農村のみが野菜生産の主たる産地となっていた状況から、大都市から遠隔に位置するＣ村もナショナルな流通圏の末端に次第に組み込まれた状況に変化したといえる。

(2) Ｃ村における教育機関の状況

Ｃ村では1956年に公立小学校（Class 1-5）が設立され、これが教育の中心となっている。1996年当時、教室は2つで、電気・飲料水設備・トイレ・運動場・図書館・生徒用のいすと机が全くないなど、学校設備上の問題を多く抱えていた。同小学校のスクールレポートによると、2006年当時は、1996年に比べ生徒の出席率が向上し、出席生徒が増え、公立小学校は手狭で劣悪な状況に置かれていた。4人の教員が2つの教室で合計204人（男子81人・女子123人）の生徒に授業を行わなければならない状況であった。計算上は1教室に102人の生徒を収容しなければならなかった。義務教育にもかかわらず、この小学校の生徒の出席率は当時約50％であったため、1教室に50人程度の出席数ではあるが、それでも教室はきわめて窮屈な状況であった。教室の絶対的な不足以外にも、電気・飲料水設備・トイレ・運動場・図書館・生徒用の椅子と机が全くない状況は変わらず、設備上の問題を多く抱えていた。生徒の学習上の問題に関しては、留年生や卒業出来ない生徒も多く、最高学年の5年生の在校生50人中11人（22％）は留年生であった。このような劣悪な教育環境を改善するために、州政府により2007年に同学校の増築と設備の整備が行われた。収容容量を大きく超えた生徒数に対応すべく、教室を2つから5つに増築し、教員も4人から6人に増員された。電気設備と運動場がないという問題は解決されなかったが、飲料水設備・女子トイレ・図書室（110冊）が新たに整

備された。さらには、無償の給食制度が新たに導入された結果、生徒の出席率が大きく改善された。このような改善は、以下に述べる全国初等教育完全普及計画（SSA：Sarva Shihiksha Abhiyan）によるものであり、これによる補助金 8,000 ルピー[44]が C 村の公立小学校に投下された結果である。

　中村（2006）は、2000 年以降のインド農村における識字率の改善の要因として、2002 年の憲法改正による初等教育の義務化と、それを具体化した全国初等教育完全普及計画（SSA）の 2 つを挙げている。インドは 1951 年に制定した憲法において、14 歳までの無料かつ義務的な教育を 10 年以内に実現するようにという努力規定をもうけていたが、実際には前述したとおり、農村や女子において識字率が低く、教育機会はきわめて限定されていた。2002 年の憲法改正は、6 歳から 14 歳までのすべての児童の教育（Class 1-8）を義務化したものであり、州がその主体となることを規定している。このような理念に基づき、6 歳から 14 歳までのすべての児童の完全就学を目的とした制度が SSA である。

　村内の生徒の通学先は、公立小学校以外にも、村内の私立小学校 1 校と村外の私立小学校 1 校がある。公立小学校と私立小学校 2 校との間には、学校設備、授業内容、授業料、生徒の成績、生徒の性比とカースト構成などにおいて、大きな差異がある。私立小学校は 2 校とも年間 1,600 〜 2,000 ルピーの授業料が必要であり、村外の私立小学校の場合は、それに加えスクールバス代が月に 400 ルピー必要となる。また、公立小学校では無償である授業料と給食や女子への制服支給や、SC と ST の女子生徒への奨学金支給（150 ルピー/ 月）などの就学支援策は私立学校には適用されない。このように公立と私立の学校間では、教育にかかる費用負担は大きく異なる。また両者の間では、学校設備（机や椅子など基本的なものも含む）の整備状況の違いや、授業言語では公立の Hindi Medium と私立の English Medium と、大きく異なる。また、公立学校とは異なり私立学校においては、授業開始時間の厳格化が行われ、遅刻の厳禁は生徒のみならず、教員にも課されている。大工場での生産体制で必要とされる時間遵守を訓練する場になっていると考えることが出来よう。一方、生徒の成績に関して、5 年間で小学校（Class 1-5）を卒業できるのは、

表 6-10　C 村の旧住民の公私別小学校通学者数（2007）

	公立小学校	私立小学校	合計
男子	51	36	87
女子	78	20	98
合計	129	56	185

2007 年現地調査による。

私立小学校ではほぼ 100% であるのに対し、C 村の公立小学校では約 59%（2007年）にとどまり、毎年多くの留年生や中退者を生み出すなど、大きな格差がある。

住民による小学校への評価に関しても、公私間で大きな差異が認められる。特に公立小学校の学校施設・授業内容・教員の資質・生徒の成績への評価がきわめて低いのが特徴的である。その結果、特に上位カーストなど比較的経済的に豊かな階層においては、子どもを私立小学校に通学させる傾向が強く、さらにその傾向は男子生徒に対してより強く認められる。このため、公私別の小学生の性比に関しては、公立小学校の 0.65 に対して、私立小学校は 1.8 となり、私立小学校には男子生徒、公立小学校には女子生徒が多い傾向となる（表6-10）。

次に、1996 年と 2007 年における旧住民の教育水準の状況を、性とジャーティと関連させながら分析を行う。

（3）1996 年における旧住民の教育水準

1996 年当時の旧住民の教育水準についてみると、インド農村の一般的特徴と同じく、男女間の教育水準の格差がきわめて大きい（図 6-9）。事例村落の女性において、非識字者（未就学者をのぞく、以下同様）が約 75% を占め、男性の約 30% に比べ、初等教育（小学校）（Class 1-5）を受ける機会さえ、きわめて少なかったことがわかる。また、後期中等教育(Class 11-12)や高等教育(ITIや大学等）を受けた者は、男性であわせて約 5% であるが、女性にはほとんど

156 第6章 工業団地開発との近郊農村における社会構造の変化

存在せず、いずれの教育水準の段階においても男女間格差がきわめて大きかった。このような男女間格差に加えて、ジャーティによる教育水準の格差も歴然としていた。例えば男子において、地主層を形成するブラーミンとカティ

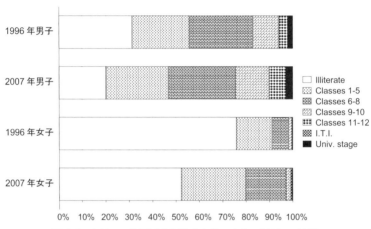

図6-9 C村の旧住民男女別教育水準の変化（1996〜2007）
1996年および2007年の現地調査による。

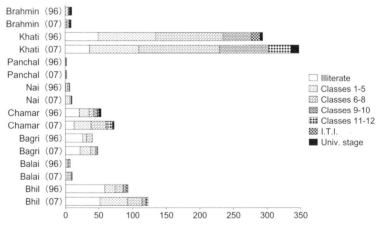

図6-10 C村の旧住民男子のジャーティ別教育水準の変化（1996〜2007）
1996年および2007年の現地調査による。

第3節　就業構造と教育水準の変化と社会階層　157

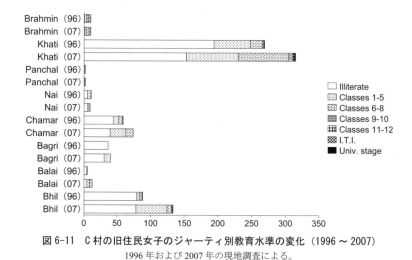

図6-11　C村の旧住民女子のジャーティ別教育水準の変化（1996〜2007）
1996年および2007年の現地調査による。

は後期中等教育（Class 9-10）を受けている比率が高く、一部には大学進学者もいるなど、事例村落では教育水準が最も高い（図6-10）。対照的に、指定カーストのバグリや指定トライブのビールは、男子においても非識字者の比率が過半数を占め、初等教育を受ける機会さえ、きわめて少ないといわざるを得なかった。

このように、1996年の教育水準は男女間格差に加えて、ジャーティ間格差がきわめて大きいといえる。特に下位カースト女性の非識字者比率は、いずれも指定カーストのバグリとバライは100％、ビールは約90％と極めて高く、女性や下位カーストにおいて初等教育の教育機会すらほとんどないという状況であった（図6-11）。このような教育の格差と職業との関連性はどのようなものであったかを次に考察する。

(4) 1996年における旧住民の職業構成

C村における1996年当時の各ジャーティの経済状況を、まず生産手段である農地の面積規模と職業構成から概観する。農地の経営面積規模をジャーティ

表 6-11　C村のジャーティ別経営耕地面積（1996）

	Brahmin	Khati	Panchal	Nai	Chamar	Bagri	Balai	Bhil	Total
50.0 〜		2							2
40.0 〜 49.9		1							1
30.0 〜 39.9		2							2
20.0 〜 29.9		4							4
10.0 〜 19.9		24							24
5.0 〜 9.9		29			2		2		33
4.0 〜 4.9		9						4	13
3.0 〜 3.9	1	11			2	1		4	19
2.0 〜 2.9	4	5		1	1	1		2	14
1.0 〜 1.9		2			4	3		8	17
0.1 〜 0.9					2				2
なし	1	3	1	3	19	12		23	62
Total	6	92	1	4	30	17	2	41	193

単位：世帯数、Bigha　1996年現地調査による。出典：澤（1997）

ごとに示した表6-11によると、10 Bigha[44]以上の大規模農家はカティが独占し、地主層を形成している。他方、土地なし層や5 Bigha未満の零細農家はパンチャル、ナーイー、チャマール、バグリ、ビールであり、ジャーティによる農業経営規模の格差が歴然としている。

　続いてジャーティごとの主な職業構成をみると、まず男子において、ブラーミンには自作農と店舗経営、トラック運転手、常勤工場労働者が卓越することが分かる（表6-12）。カティには自作農が卓越し、その他にトラック運転手や常勤工場労働者が多い。パンチャルには大工、ナーイーには理髪業とそれぞれジャーティ固有の伝統的職業に従事する場合が最も多い。指定カーストのチャマールには農業労働者と日雇い工場労働者、バグリには農業労働者と日雇い工場労働者、バライには自作農と工場労働者がそれぞれ卓越する。最後に、指定トライブのビールには農業労働者と工場や建設・運搬などの不定期な雑業労働者が多くなっている。他方、女性に関しては、どのジャーティにおいても共通して主婦が卓越する（表6-13）。それ以外には、カティに自作農、バグリ・ビールには農業労働者が比較的多いなど、主婦あるいは世帯主の手伝いという労

表 6-12　C村の旧住民男子の職業とカースト（1996）

	Brahmin	Khati	Panchal	Nai	Chamar	Bagri	Balai	Bhil	Total
＜自営＞									
自作農	4	168			3	1	5	14	195
靴修理職人					1				1
大工			1						1
コントラクター経営者		2			1				3
店舗経営者	1								1
仕立屋		1				1			2
理髪店				6					6
＜被雇用者＞									
農業労働者					15	15		29	59
建設労働者					3			3	6
常勤工場労働者	1	18			9	1		1	30
臨時工		7			1	4		6	18
運転手	2	1				1		1	5
運搬労働者								2	2
専門職					1				1
教員					1				1
使用人								1	1
公務員						1			1
＜その他＞									
家事					1			1	2
学生	3	101	1	1	17	9	2	16	150
無職		13			1	4		10	28
合計	11	311	2	7	54	37	7	84	513

1996年現地調査による。未就学者を除く。澤（1997）を修正。

形態が一般的であり、工場労働者はまれである。

　各職業と年齢との関連について述べると、自作農は10～80歳代、農業労働者は10～60歳代までとそれぞれ非常に幅広い年齢層に分布するのに対し、常勤工場労働者は男子20歳代が63％、臨時工は10～20歳代が61％を占めるなど、工場労働者は年齢（10～20歳代）と性（男性）において極めて選択的であることが分かる（表6-14、表6-15）。

　前述したように、事例村落における地主層・自作農としてブラーミンとカティ

表6-13 C村の旧住民女子の職業とカースト (1996)

	Brahmin	Khati	Panchal	Nai	Chamar	Bagri	Balai	Bhil	Total
＜自営＞									
自作農	4	140		1	1	3		13	162
マット制作職人						1			1
店舗経営者	2								2
仕立屋					1				1
＜被雇用者＞									
農業労働者		1		2	13	19		28	63
臨時工								1	1
＜その他＞									
主婦	1	61	1	3	26	1	2	15	110
学生	3	46	1	5	10			4	69
無職	1	29		1	5	11		17	63
合計	10	277	2	11	55	34	5	78	472

1996年現地調査による。未就学者を除く。澤（1997）を修正。

の2つのジャーティがある。なかでもカティは旧住民人口の過半数（約56%）を占め、選挙に際してもC村の過半数の得票を得ることが容易なため、村の地方自治機関である村落パンチャーヤットの長であるサルパンチ（sarpanch）を輩出してきた。これらのことから、カティは村の社会・経済的な支配層であるドミナントカーストであるといえる。地主層が日雇い農業者であるチャマール、バグリとビールを雇用し、パンチャルが村のサービスカーストとして、地主層の農機具を整備し、ナーイーが理髪業を営むということから、農業を核として、地主・農業労働者・サービスカーストという、村内でのローカル文脈に深く根ざした相互補完的分業体制が成立していることが分かる。

それに加えて、20歳代男子住民を中心として、旧住民の一部がピータンプル工業成長センターの工場労働者として雇用されていることが分かる。ピータンプルの工業化に伴う工業労働市場の展開は近郊農村の労働市場に大きな影響を与え、これに伴い農村住民の分化が進んでいる。工場労働者は、①エグゼクティブ、②スタッフ、③常勤工場労働者、④臨時工、という4つの異なる雇用体系・賃金体系の階層に区分されている。前者の2階層は高賃金が特徴であり、

第3節　就業構造と教育水準の変化と社会階層　161

表6-14　C村の旧住民男子の職業と年齢層（1996）

主な職業	0~4	5~9	10~14	15~19	20~24	25~29	30~34	35~39	40~44	45~49	50~54	55~59	60~64	65~69	70~74	75~79	80~84	85~89	95~99
<自営>																			
自作農			4	22	30	26	18	19	16	19	11	12	8	3	4	2	1		
靴修理職人													1						
大工									1										
コントラクター経営者						1		1	1										
仕立屋					1		1	1											
理髪店						1	1	1					1	1	1				
<被雇用者>																			
農業労働者				6	7	10	10	7	5	3	5	3	2		1				
建設労働者				1	1	3		1											
常勤工場労働者			1		14	5	4	3	2		1								
臨時工			1	6	3	1	4	2	1										
運転手					2	1	1		1										
運搬労働者						2													
専門職					1														
教員									1										
使用人				1															
公務員									1										
<その他>																			
家事														1					
学生	8	58	58	26	1							2	5	2	4	2	3	1	1
無職			1	4							1			7	10	4	4	1	
合計	8	58	66	66	60	50	38	35	29	24	18	17	17	7	10	4	4	1	1

1996年現地調査による。

表 6-15 C村の旧住民女子の職業と年齢層 (1996)

主な職業	0〜4	5〜9	10〜14	15〜19	20〜24	25〜29	30〜34	35〜39	40〜44	45〜49	50〜54	55〜59	60〜64	65〜69	70〜74	75〜79	80〜84	90〜94	合計
<自営>																			
自作農			8	24	23	19	20	21	13	7	13	6	4	2	1	1			162
店舗経営者				1								1							1
仕立屋							1								1				2
マット制作職人																1			1
<被雇用者>																			
農業労働者		1		7	14	9	9	9	3	5	2	2	1	1					63
臨時工			1																1
<その他>																			
主婦			4	17	23	16	9	6	6	2	8	5	6	4	2	1		1	110
学生		39	24	4															69
無職	2	12	17	3							2	2	5	1	11	1	5	4	63
合計	2	52	54	56	60	44	39	36	22	14	25	16	16	8	14	4	5	5	472

1996年現地調査による。

これらに属するのは大学・大学院卒などの高学歴男子である。また、常勤工場労働者は大学卒やI.T.I.（工業技術訓練校）卒や後期中等教育卒（Class 12）を受けた男子が多いのに対し、臨時工は初等教育卒（Class 5）または後期初等教育卒（Class 8）の男子が多いというように、教育水準により階層がある程度規定されている。このうち、C村の旧住民では、後者の低次2階層にのみ関わっているに過ぎない。低次2階層においても、常勤工場労働者には最上位カーストのブラーミンとC村のドミナントカーストのカティ、そして指定カーストの奨学金制度や留保制度（Reservation System）[46]を活用したチャマールのなかで、中等教育や高等教育を受けた男子が雇用された。

そこで、C村における就業構成と学歴との関連を考察すると、男子において以下のことが分かる（表6-16）。自作農の場合、非識字者から大学卒業者まで広く分布することから、生産手段である農地所有の有無が決定要因であり、学歴は決定要因とはならないことが再確認できる。また、農業労働者の87％が非識字者であり、農地を所有せず、初等教育の機会が制約された住民の大多数が賃金の最も低い農業労働者として生計を立てざるを得ないことが分かる。工場労働者に関しては、常勤工場労働者と臨時工の両者の違いは勤務形態と賃金の違いにあるが、工場での採用に関しては教育水準と密接に関係する。常勤工場労働者は前期中等教育（Class 10）以上の者が47％と約半数を占めるのと対照的に、臨時工は前期中等教育（Class 10）未満の者が83％を占める。このように、C村の旧住民男子において、教育水準の高い者が常勤工場労働者となる機会を得る一方、教育機会のなかった者は、農業労働者とならざるを得ず、前期中等教育までは臨時工、後期中等教育以上は工場労働者の職を得る傾向がある。教育水準の高低が就業可能な職業に直結し、それが個人の経済水準を規定していることが分かる。

旧住民女子の就業構成と学歴との関連性をみると（表6-17）、女子の非識字者は83％と圧倒的であり、主婦を除くと、自作農か農業労働者である。自作農の場合は夫も自作農、農業労働者の場合は夫も農業労働者であり、本人の学歴よりも農地所有の有無が決定要因となっていることが分かる。

他方、カティや指定カーストのチャマールやバグリおよび指定トライブの

表 6-16　C村の旧住民男子の職業と教育水準（1996）

主な職業	Illiterate	Class 1-5	Class 6-8	Class 9-10	Class 11-12	I.T.I.	Univ. Stage	総計
＜自営＞								
自作農	55	33	62	31	11		3	195
靴修理職人	1							1
大工			1					1
コントラクター経営者	1		2					3
店舗経営者			1					1
仕立屋			1	1				2
理髪店	1	2	2	1				6
＜被雇用者＞								
農業労働者	51	2	4	1	1			59
建設労働者	3	1	1	1				6
常勤工場労働者	2	6	8	5	4	1	4	30
臨時工	6	4	5	1	2			18
運転手	1		2	2				5
運搬労働者			2					2
専門職	1							1
教員							1	1
使用人	1							1
公務員	1							1
合計	124	48	91	43	18	1	8	333

1996年現地調査による。

ビールのうち初等教育から前期中等教育を受けた男子の一部が工業労働市場の最下層である臨時工や日雇いの建設労働者の職を得ている。しかし、非識字者はピータンプルを中心としたリージョナルな労働市場に包摂されることなく、最低賃金水準のローカルな農業労働市場にとどまらざるをえず、農村住民にとっては高賃金であると見なされている工業労働者への上方移動の可能性はきわめて低い。このほか、農業カーストのカティのなかでも比較的大規模な農家は商品作物の野菜や大豆等を生産する商業的農業経営に特化し、また、カティやバグリの一部の農家は、ピータンプルにおける生乳需要増加に対応する形で、乳牛を中心とした家畜経営に特化し、工業化に適応した農業経営を行っていた。さらに、一部には、ピータンプルの日雇い工場労働者や建築・運搬労働者の労

表6-17　C村の旧住民女子の職業と教育水準（1996）

主な職業	Illiterate	Class 1-5	Class 6-8	Class 9-10	Class 11-12	Univ. Stage	総計
＜自営＞							
自作農	132	13	16	1			162
店舗経営者	1			1			2
仕立屋	1						1
マット制作職人	1						1
＜被雇用者＞							
農業労働者	62		1				63
臨時工	1						1
＜その他＞							
主婦	85	14	5	4	1	1	110
合計	283	27	22	6	1	1	340

1996年現地調査による。

務請負人として高収入をあげる場合も認められる。また、このような工場労働者として雇用されるのは男子にほぼ限定され、女子の雇用はきわめて限られている。

　以上1996年の旧住民の就業構造に関する考察から、C村においては地主層の自作農（カティが中心）が土地を所有しない農業労働者（チャマール・バグリ・ビールが中心）を雇用するという、ジャーティの階層に対応したローカルな領域内での支配従属関係が最も重要な社会関係を形成していることが分かる。また、村のサービスカーストとして、地主層の農機具をパンチャルが整備し、ナーイーが理髪業を営んでいる。つまり、ここでは農業生産を核とし、ローカルな文脈に深く埋め込まれた相互補完的分業体制が成立していることが分かる。その一方で、近隣の工業団地の造成と新規操業に伴い、工場労働者として雇用される旧住民が現れた。旧住民男子の中で教育水準の高い者が常勤工場労働者となる機会を得る一方、教育機会のなかった者のほとんどは、農業労働者とならざるを得ず、後期初等教育修了（Class 8）までは臨時工、後期中等教育修了（Class 12）以上は常勤工場労働者の職を得ている場合が多いといえる。このように工場労働者としての就業機会は、性（男子）と年齢（10～20歳代）と教育水準においてきわめて選択的であり、工業化は住民内での経済格差を拡大再生産さ

せることが分かる。またこのようなピータンプルでの就業機会の増加により、C村の住民は地主（雇用者であり、どの農業労働者をどのくらい雇用するかを決める）と農業労働者（被雇用者で、地主に雇用されることが村で生存する唯一の方法）というローカルな文脈の権力関係から徐々に切り離された結果、脱領域化が徐々に進んでいることが確かめられた。

(5) 1996年から2007年にかけての教育水準の変化

1996年から2007年にかけての住民の社会・経済的変化を考察する上で、就業上の変化を考察することは不可欠の作業である。前述したように職業は教育水準と密接な関係を示しているため、本項でまず教育水準の変化を考察し、次項で職業の変化を考察する。

1996年から2007年にかけての旧住民における教育水準の変化に関する大きな特徴は、男女ともに教育水準の向上である。男子の非識字者比率は、1996年の31%から20%に、女子は76%から52%とそれぞれ改善したことから、初等教育の機会は増大したといえる。そこで、教育レベルの1996年から2007年までの11年間の変化について、最初に男女別に概観した後、ジャーティ別に考察し、最後に本人の教育水準と両親の教育水準や職業との関連性を分析することにより格差が世代間で再生産されているのか否かの検討を行う。

まず、男子において、初等教育（Class 1-5）は24%から26%へ、後期初等教育（Class 6-8）は27%から29%へと、11年間であまり変化はないものの、前期中等教育（Class 9-10）は11%から14%へ、後期中等教育（Class 11-12）は4%から7%への上昇が認められ、中等教育の機会が浸透してきたと見なすことが出来る（図6-9）。一方女子に関しては、初等教育が15%から28%に、後期初等教育が7%から17%に大きく上昇するものの、前期中等教育は1%から2%に、後期中等教育は0%のままであることから、初等教育と後期初等教育の教育機会の浸透にとどまっていることが分かる。このように、C村において全般的には教育機会が拡大していることが分かるが、男女間格差は依然として大きい。

第3節　就業構造と教育水準の変化と社会階層　167

しかし、上記で確認された教育機会の拡大はすべてのジャーティに同様に認められるのだろうか。それともジャーティごとに異なる様相を示すのだろうか。そこで、住民の最終学歴を分析するために、学校教育が最終的に終了する20歳代の住民に着目して、旧住民の教育水準の11年間の変化に関する傾向を分析する。20歳代住民の非識字者比率は、男子の場合1996年の約22％から2007年には約5％へ17ポイント、女子の場合は約75％から約33％へと42ポイントそれぞれ減少した。女子において、初等教育の普及による非識字者比率の減少は特筆に値する（図6-12）。

20歳代男子に関して、1996年は後期中等教育が約9％を占めていたが、2007年には約13％となり、教育段階別にみた伸び率では最大幅を示す。一方、20歳代女子に関して、1996年では非識字者が約75％と圧倒的であったが、2007年には非識字者は1/3に大幅に減少した。初等教育と後期初等教育がそれぞれ1/3となり、男女間格差は依然として大きいものの、女子の教育水準の改善が特に初等教育において顕著であることが確かめられる。

次に、このような教育水準はジャーティとどのような関連性があるのかを考察する。C村における8つのジャーティのうち、1996年と2007年の両年とも20歳代男性、女性がそれぞれ10人以上いるジャーティであるカティ、チャマー

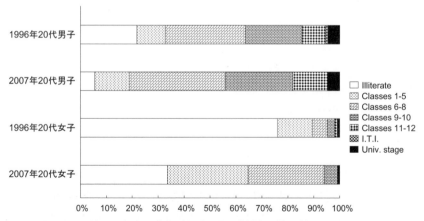

図6-12　C村の旧住民20歳代における男女別教育水準の変化（1996〜2007）
1996年および2007年の現地調査による。

168 第6章 工業団地開発との近郊農村における社会構造の変化

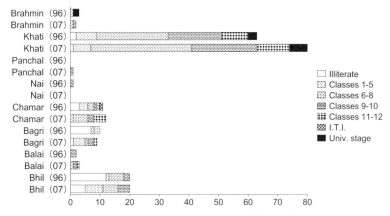

図 6-13 C村の旧住民20歳代男子におけるジャーティ別教育水準の変化（1996～2007）
1996年および2007年の現地調査による。

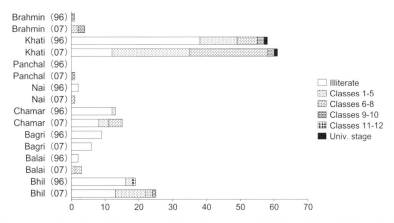

図 6-14 C村の旧住民20歳代女子におけるジャーティ別教育水準の変化（1996～2007）
1996年および2007年の現地調査による。

ル（指定カースト）、ビール（指定トライブ）の3つの示差的なジャーティに着目して考察を行う。

　最初に、C村における地主層でかつドミナントカーストであるカティの20歳代の男子に関して、11年間で非識字者比率が3%（2人）からほぼ0%（1人）になるのと同時に、初等教育が11%から8%へと減少、後期初等教育は38%

第 3 節　就業構造と教育水準の変化と社会階層　169

から 43％に、前期中等教育は 29％からかわらず、後期中等教育は 14％から 18％に、高等教育（大学）は約 5％から約 10％へとそれぞれ上昇した。この結果、カティの 20 歳代男子は 2007 年にはほぼ半数が前期中等教育以上となった。また大学進学者は村内ではカティのみであり、C 村においては最高の教育水準を示すとともに、かつ高等教育の上昇率が高いという特徴を示している。次に 20 歳代のカティ女子に関する大きな特徴は、11 年間で非識字者比率が 66％から 20％にと大幅に改善したことである。また、初等教育が 19％から 38％へと倍増、後期初等教育が 10％から 38％にそれぞれ上昇した。これらのことから、村の 20 歳代女子のなかではカティは最高の教育水準を示すとともに、その向上も著しいことが分かる。

　2 番目に、指定カーストであるチャマールの 20 歳代男子に関して、11 年間で非識字者比率が 27％（3 人）から 0 人になるのと同時に、初等教育が 27％から 8％に減少する一方で、後期初等教育が 18％から 42％に、前期中等教育が 9％から 17％、後期中等教育が 9％から 33％へと上昇し、教育機会の拡大が初等教育レベルではなく、次のステップである後期初等教育レベルに達していることが分かる。一方、チャマールの 20 歳代女子に関しては、非識字者比率が 92％から 53％へと大きく改善された。また、初等教育が 8％から 20％に上昇し、1996 年には該当者がいなかった後期初等教育が 2007 年には 27％（4 人）となるなど、初等教育が徐々に浸透し始めたことが分かるが、依然として女子に関しては、非識字者の比率が過半数のままである。

　3 番目に、指定トライブであるビールの 20 歳代男子に関して、11 年間で非識字者比率が 60％（12 人）からに 25％（5 人）に大きく改善されたのと同時に、初等教育は 5％（1 人）から約 30％（6 人）に上昇した。ビールの 20 歳代女子に関して、非識字者比率が 84％から 52％へと改善され、初等教育は約 10％から約 35％に向上した。このように、前述のチャマールの女子と同様に、ビールの女子においても初等教育が徐々に浸透し始めたことが分かるが、依然として各教育水準の中では非識字者の比率が過半数のままである。

　カティ男子とチャマール男子において、非識字者比率の低下、初等教育比率の低下、後期初等教育以上の比率の向上が認められることから、両ジャーティ

における男子の教育機会の拡大は、初等教育段階は終了し、次の後期初等教育レベルに達していることが分かる。これに対して、カティ女子、チャマール女子とビールの男女は、いずれも非識字者比率の低下と初等教育比率の上昇が認められることから、教育機会の拡大は初等教育レベルで止まっていることが分かる。このことは、教育水準の改善が住民に均等に行われているのではなく、上位・中位カーストの男子（ここではカティとチャマール）とそれ以外の者との教育格差が拡大再生産されていることを明確に示すものである。

このようにC村において、特に女子や下位カーストの初等教育の機会が11年間で非常に改善していることを指摘できるが、それには前述したSSA（全国初等教育完全普及計画）による以下の3つの要因が考えられる。①公立小学校での無償の給食制度（Mid-day meal scheme）の導入が貧困世帯の多い下位カーストにとり、子どもの小学校出席への経済的インセンティブとなった。②公立学校に通学する女子学生に対して、制服の無償化が行われた。③指定カーストと指定トライブの女子学生に対する奨学金制度（150ルピー給付）の、3つが大きな要因として指摘できる。このように、初等教育機会に恵まれない女子や指定カーストと指定トライブに対して、州政府による経済的支援策がとられ、その効果が確実に現れているということが分かる。

次に、親の世代で認められた教育格差は子ども世代では平準化されつつあるのだろうか、それとも拡大されつつあるのだろうか。また、子ども世代の教育格差に関して両親の職業はどのような影響があるのだろうか。そこで、2007年当時の学生の通学先（公立・私立別の教育水準）を男女別にジャーティ、父母の職業・教育水準との関連性について考察を行う。C村においては、公立小学校（Class 1-5）と1998年に新たに設立された私立学校（Class 1-8）が立地し、工業団地近郊農村であるC村に私立教育が次第に浸透してきていることが分かる。隣村には、公立学校（Class 1-10）が立地し、C村の村内で小学校を卒業した生徒の一部が徒歩で通学している。また、村外の幹線道路沿いに私立学校（Class 1-12）があり、スクールバスで学生が通学している。前述したように、公立小学校と私立小学校2校との間には、学校設備、授業内容、授業料、生徒の成績、生徒の性比とカースト構成などにおいて、大きな差異がある。

第3節　就業構造と教育水準の変化と社会階層　171

まず、公立学校（Class 1-12）と私立学校（Class 1-12）の学生数の男女別比率をみると、私立学校の占める割合は、男子学生55％、女子学生29％と男性が高く、ここでも男女間の教育格差を認めることができる。そこで、男女別にジャーティと通学先の公立・私立との関連性を考察したい。ジャーティ別に男子学生の通学先を示した図6-15によると、私立学校を選択した比率は上位カーストのブラーミン100％、カティ約85％であるのに対し、下位カース

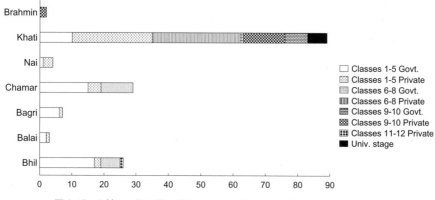

図6-15　C村の旧住民男子学生におけるジャーティ別学生通学先（2007）
2007年現地調査による。

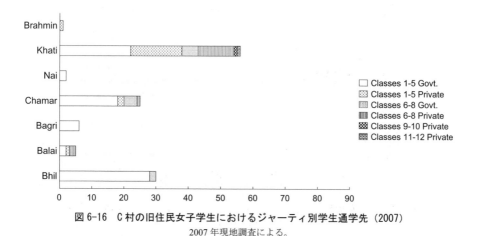

図6-16　C村の旧住民女子学生におけるジャーティ別学生通学先（2007）
2007年現地調査による。

172 第6章 工業団地開発との近郊農村における社会構造の変化

トのバグリやビールは約10%であるなど、公・私立学校選択とカーストとの関連性が歴然としている。この関連性は女子学生でも認められる（図6-16）。また、私立学校を選択した比率が高く、教育水準が高いカティに関しても、男子学生の私立学校比率は約85%と極めて高いが、女子に関しては約50%にすぎないなど、男女間格差が明確に認められる。このようなことから、上位カーストの男子は前期・後期中等学校（Class 9-12）、さらには大学などの高等教育への進学率が高く、しかも小学校の段階から私立学校を選好する傾向が強く、これと対照的に、下位カーストの女子は、前期・後期中等学校への進学率が低く、小学校においても私立学校の選択がほとんどないことが明確にわかる。

　後期初等教育（Class 6-8）と前期／後期中等教育（Class 9-12）における公立学校と私立学校の選択は初等教育段階（Class 1-5）の公私選択がその後の学校の公私選択に決定的に影響することが確かめられたので、小学校段階の公立／私立の選択とジャーティ、両親の職業や学歴との関連性について考察を行う。まず、ジャーティとの関連性を示した図6-17によると、上位カーストのカティは男女とも私立学校の選択比率が高く（男子70%、女子40%）、対照的

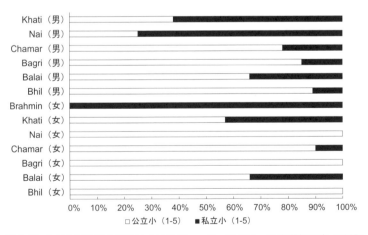

図6-17　C村の旧住民小学生におけるジャーティ別公立・私立選択比率（2007）
2007年現地調査による。

に指定カーストのバグリ（男子15%、女子0%）、指定トライブのビール（男子10%、女子0%）はともにきわめて低い。このように、小学校段階の公私選択とジャーティとの関連性を確かめることができる。

次に、小学校の公私選択と父親・母親の学歴と職業との関連性について考察を行う。はじめに父親の学歴との関係を示した図6-18によると、公立小学校の生徒の父親の学歴は、非識字者比率が高い（男子学生30%、女子学生40%）。これに対して、私立小学校の生徒の父親に非識字者は一人もいない。これは父親が非識字者の子どものなかに、私立小学校に通う者は全くないことを意味している。また、私立小学校の生徒の父親は中等教育以上の学歴を有する者が約20%であり、公立小学校の生徒の父親の約5%と比べ非常に高く、高学歴の父親が子どもを私立学校に通わせる傾向にあることが分かる。また、母親の学歴との関係を示した図6-19によると、高学歴の母親と私立小学校の生徒との関係性も高いことが分かる。

最後に、小学校に通学しなかった7～14歳層の非識字者と父親の学歴との関連をみると、男子（9人）中、非識字者の父親が6人、女子（11人）中、非識字者の父親が7人であり、親子での非識字者の継承性が高いことが分かる。同じく、父親の職業との関連では、男子（9人）中、農業労働者の父親が6人、女子（11人）中、農業労働者の父親が4人であり、それぞれ最大となっている。このことから、7～14歳層の非識字者は、父親が非識字者で農業労働者であることが最も多く、初等教育機会の剥奪が世代を越えて再生産されていることが分かり、それには世帯の貧困が深く関わっているといえよう。

以上のことから、1996年から2007年にかけてのC村の旧住民の教育水準の変化に関して、以下のようにまとめることが出来る。20歳代の旧住民の11年間の教育水準の変化に関して、①全体的には男女ともに教育水準の向上が認められる。②特に女子の非識字者比率の改善が大きく、女子における初等教育の浸透が顕著である。これはSSAの効果と考えることが出来る。③しかしながら、後期中等教育と高等教育はほとんどが男性であるなど、男女間の教育水準の格差は依然として大きいままである。④また、男子の中でも、ドミナントカース

174 第6章 工業団地開発との近郊農村における社会構造の変化

トであるカティ男子のみが、2007年にはすでに初等教育の改善段階は終了し、次の後期初等教育の改善の段階に達している。このように、11年間の教育水準の変化に関し、男女間およびジャーティ間の格差も依然として大きく、しかも格差が拡大再生産されている。⑤新たに設立された私立小学校は地主層や富

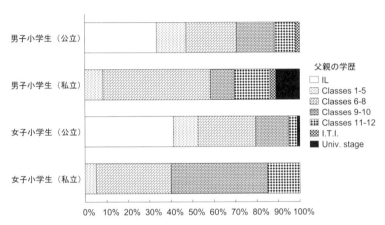

図6-18 C村の旧住民における公立・私立小学生別父親の学歴（2007）
2007年現地調査による。

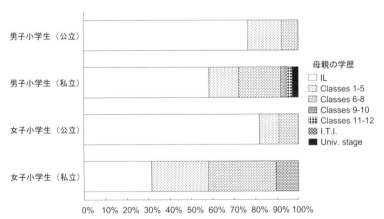

図6-19 C村の旧住民における公立・私立小学生別母親の学歴（2007）
2007年現地調査による。

裕層の男子を中心に生徒を集めている。ここでは、小学校段階の公・私立学校の選択とジャーティの階層性との関連性を確かめることができる。⑥高学歴の父親・母親が子どもを私立学校に通わせる傾向にあることが分かる。⑦初等教育機会の剥奪が世代を超えて再生産されていることが分かり、それには世帯の貧困が深く関わっていることが分かる。

(6) 1996年から2007年にかけての職業の変化

　前項で考察した教育水準と関連付けながら、本項では1996年から2007年にかけてのC村の旧住民の職業の変化を考察する。まず大きな変化として、ピータンプル工業成長センターで勤務する常勤工場労働者・臨時工の増加が認められる（表6-18）。また、村内においてミルク仲買人、店舗経営者、運搬業経営者および運転手の増加が認められる。そこで、2007年において主な職業として、就業者が4人（旧住民全体の0.3％）以上の次の13の職業（a 自作農・b ミルク仲買人・c 農業労働者・d 家畜の世話・e 運搬業経営者・f 運転手・g 常勤工場労働者・h 臨時工・i ペンキ屋・j 建設労働者・k コントラクター経営者・l 店舗経営者・m 理髪店）を主な職業とする旧住民に関して、1997年時の職業からの変化を分析することにより、C村の就業構造の変化とその要因を教育水準と関連付けながら考察する。

a　自作農（男子195人から199人、女子162人から197人）

　男女ともに全就業者に占める割合が圧倒的に高いのは自作農である（男子1996年56％、2007年48％、女子1996年70％、2007年68％）。11年間に男女ともに自作農の比率が若干低下したものの、C村において農業が最も重要な産業であることには変わりがない（表6-18、表6-19、表6-20）。また、自作農に占めるカティの割合は、男女合計で86％（1996年）、89％（2007年）と圧倒的であり、C村の農業の中核をカティが担っている状況にも変化はない。自作農の年齢構成を見ると、住民全体の年齢構成を反映して、20代〜40代を中心として、15歳から79歳まで広く分布していることが分かる（表6-21、表

176　第6章　工業団地開発との近郊農村における社会構造の変化

表6-18　C村の旧住民男女別職業構成の変化（1996～2007）

主な職業	男 1996	男 2007	女 1996	女 2007
<自営>				
自作農	195	199	162	197
ミルク仲買人		8		
靴修理職人	1			
大工	1	1		
コントラクター経営者	3	5		
医者		1		
運搬業経営者		7		
ガス代理店経営者		1		
店舗経営者	1	7	2	1
仕立屋	2	2	1	1
ペンキ屋		5		
マット制作職人			1	
理髪店	6	4		
<被雇用者>				
農業労働者	59	65	63	83
家畜の世話		8		2
建設労働者	6	6		1
オフィス事務職		3		
工場事務職		1		
常勤工場労働者	30	35		
臨時工	18	37	1	
運転手	5	15		
運搬労働者	2	2		
雑業労働者		2		1
コントラクター		1		
専門職	1			
教員	1	2		
店員				2
使用人	1			
公務員	1	1		1
<その他>				
主婦			110	124
家事	2	1		
学生	150	171	69	136
無職	28	43	63	63
合計	513	633	472	612

1996年と2007年の現地調査による。

表 6-19　C村の旧住民男子の職業とカースト（2007）

主な職業	Brahmin	Khati	Panchal	Nai	Chamar	Bagri	Balai	Bhil	合計
＜自営＞									
自作農	1	183			3	2	2	8	199
ミルク仲買人		8							8
コントラクター経営者		3			2				5
運搬業経営者	2	5							7
ガス代理店経営者	1								1
店舗経営者	1	2			3			1	7
医者				1					1
大工			1						1
仕立屋		1				1			2
ペンキ職人					5				5
理髪業				4					4
＜被雇用者＞									
農業労働者		1			6	21	2	35	65
家畜の世話							1	7	8
工場事務職		1							1
常勤工場労働者	2	15	1		9		1	7	35
臨時工		13			4	7		13	37
建設労働者					3			3	6
運搬労働者						1		1	2
雑業労働者					1			1	2
運転手		5			2	1		7	15
コントラクター					1				1
オフィス事務職		3							3
公務員						1			1
教員					2				2
＜その他＞									
家事								1	1
無職		17		1	3	8	1	13	43
学生	3	97	1	4	29	7	4	26	171
合計	10	354	3	10	73	49	11	123	633

2007年現地調査による。未就学者を除く。

178 第6章 工業団地開発との近郊農村における社会構造の変化

表6-20 C村の旧住民女子の職業とカースト (2007)

主な職業	Brahmin	Khati	Panchal	Nai	Chamar	Bagri	Balai	Bhil	合計
＜自営＞									
自作農	1	171		1	6	1	7	10	197
店舗経営者	1								1
仕立屋		1							1
＜被雇用者＞									
農業労働者		4		1	22	22		34	83
家畜の世話								2	2
建設労働者					1				1
雑業労働者					1				1
店員	2								2
公務員	1								1
＜その他＞									
主婦	4	63	2	2	12	1		40	124
無職		26		3	7	10		17	63
学生	3	64		2	26	6	5	30	136
合計	12	329	2	9	75	40	12	133	612

2007年現地調査による。未就学者を除く。

6-22)。自作農の教育水準の構成をみると、男子において非識字者から大学卒業者まで広く分布するため、教育水準ではなく、生産手段である農地所有の有無が自作農を成立させる決定要因であるという1996年に認められた関係を、2007年においても再確認できる（表6-23）。C村の女子に関しては、1996年から2007年にかけて初等教育の機会が著しく増大したにもかかわらず、就業先は自作農か農業労働者がほとんどであり、農外雇用の拡大はほとんどなかった（表6-24）。女性が自作農の場合は夫も自作農であり、また後述するように、女性が農業労働者の場合は夫も農業労働者である。本人の学歴よりも農地所有の有無が決定要因となっている関連性は、1996年と同様に固定化されたままである。

1996年に自作農であった者は、11年後どのような職についているのだろうか。2007年時にも引き続き自作農であった者は、男子78.3％、女子88.3％であり、自作農に関しては農地や水牛などの家畜という生産手段を有しているの

表6-21 C村の旧住民男子の職業と年齢 (2007)

主な職業	0〜4	5〜9	10〜14	15〜19	20〜24	25〜29	30〜34	35〜39	40〜44	45〜49	50〜54	55〜59	60〜64	65〜69	70〜74	75〜79	80〜84	85〜90	合計
<自営>																			
自作農				10	25	26	27	22	19	19	16	15	5	8	5	2			199
ミルク仲買人					1	1	2	1	1	1	1	1							8
大工																			1
コントラクター経営者				1		1	1				1								5
医者																			1
運搬業経営者					1		1	2		1	1								7
ガス代理店経営者						3	1												1
店舗経営者					2		2			2				1					7
仕立屋							1	1		1									2
ペンキ屋					1	2	2												5
理髪店								1	2							1			4
<被雇用者>																			
農業労働者		5		12	4	4	7	10	8	7	3	1	2		2				65
家畜の世話		4		2								1	1		1				8
建設労働者				2				4											6
オフィス事務職				1	1		1												3
工場事務職																			1
常勤工場労働者				7	7	16	5	3	2	1	1								35
臨時工				13	8	8	6	1		1									37
運転手				2	4	4	2	1		2									15
運搬労働者						1	1	1		1									2
雑業労働者						1		1											2
コントラクター											1								1
教員																			2
公務員																			1
<その他>																			
無職		2	4	6					1	4	1	2	7	4	5	2	5	1	44
学生	6	62	65	33	5														171
未就学	60	8																	68
合計	66	72	78	82	59	67	59	47	33	40	26	20	15	12	14	4	6	1	702

2007年現地調査による。

180　第6章　工業団地開発との近郊農村における社会構造の変化

表 6-22　C村の旧住民女子の職業と年齢層 (2007)

主な職業	0~4	5~9	10~14	15~19	20~24	25~29	30~34	35~39	40~44	45~49	50~54	55~59	60~64	65~69	70~74	75~79	80~84	85~90	合計
<自営>																			
自作農				12	28	29	26	22	20	21	17	6	10	3	3				197
店舗経営者														1					1
仕立屋					1														1
<被雇用者>																			
農業労働者			2	5	12	13	11	18	7	8	2	3	1	1					83
家畜の世話			2																2
建設労働者							1												1
雑業労働者							1												1
店員									1				1						2
公務員										1									1
<その他>																			
主婦／家事			8	24	25	13	20	6	5	3	2	4	4	4	2	2	1	1	124
無職		1	8	8	2	1	1		1	1	2	5	6	3	8	5	9	2	63
学生	10	59	60	7															136
未就学	50	3																	53
合計	60	63	80	56	68	56	60	46	34	34	23	18	22	12	13	7	10	5	665

2007年現地調査による。

第 3 節 就業構造と教育水準の変化と社会階層

表 6-23 C 村の旧住民男子の職業と教育水準 (2007)

主な職業	Illiterate	Class 1-5	Class 6-8	Class 9-10	Class 11-12	I.T.I.	Univ. Stage	総計
＜自営＞								
自作農	33	29	74	39	21		3	199
ミルク仲買人		1	3	3	1			8
大工			1					1
コントラクター経営者		1	3		1			5
医者							1	1
運搬業経営者				6	1			7
ガス代理店経営者							1	1
店舗経営者	1	2	3	1				7
仕立屋			1	1				2
ペンキ屋			3		2			5
理髪店		2	2	2				4
＜被雇用者＞								
農業労働者	44	11	9	1				65
家畜の世話	5	3						8
建設労働者	3	1	2					6
オフィス事務職				2			1	3
工場事務職							1	1
常勤工場労働者		3	10	12	6	1	3	35
臨時工	6	7	13	10	1			37
運転手	6	2	6	1				15
運搬労働者	1		1					2
雑業労働者		1	1					2
コントラクター		1						1
教員				1			1	2
公務員	1							1
合計	100	64	132	74	36	1	11	418

2007 年現地調査による。

で、職業の変化が後述する他の職業に比べ少ないことが大きな特徴である（表 6-25、表 6-26）。自作農男子（1996 年）からの転職先（2007 年）としては、ミルク仲買人（3 人、2%）、所有農地を手放し農業労働者となった者（4 人、2%）、ピータンプル工業成長センターでの臨時工（5 人、3%）、野菜などを市場まで

表 6-24 C村の旧住民女子の職業と教育水準 (2007)

主な職業	Illiterate	Class 1-5	Class 6-8	Class 9-10	Class 11-12	Univ. Stage	Unknown	総計
＜自営＞								
自作農	120	29	40	3		1	4	197
店舗経営者	1							1
仕立屋			1					1
＜被雇用者＞								
農業労働者	74	6	3					83
家畜の世話	2							2
建設労働者	1							1
雑業労働者	1							1
店員		1	1					2
公務員			1					1
＜その他＞								
主婦	62	23	25	7	2	1	4	124
合計	261	59	71	10	2	2	8	413

2007年現地調査による。

トラックで運搬する運搬業経営者 (5人、3%) に過ぎず、C村が工業団地に近接するものの、自作農にとっては工業団地での労働者へ転職した者は2%と、わずかである。

次に、2007年までに自作農に新規参入した男子 (62人) の内訳をみると、1996年に学生もしくは未就学者であった者が47人 (76%) と大多数を占める。次いで多いのは、常勤工場労働者から自作農になった者が7人 (11%)、その次が臨時工からが4人 (6%) となる。いずれの工場労働者も1996年当時は、賃金が月1,000〜1,500ルピー程度にとどまる。これは工場労働者の賃金としては低く、学歴も前期中等教育程度にとどまるなど、工場労働者としての資質はよいとはいえない状況であった。このため、1996年には常勤工場労働者であったものの、勤務する工場の閉鎖により伴い失業し、他の工場に就業できずに自作農となったのである。

第3節　就業構造と教育水準の変化と社会階層　183

表6-25　C村の旧住民男子の職業の変化（1996〜2007）

2007年→ 1996年↓	<自営> 自作農	靴修理屋	大工	ミルク仲買人	コントラクター経営者	医者	運搬業経営者	ガス代理店経営者	店舗経営者	仕立屋	ペンキ屋	理髪店	<被雇用者> 農業労働者	家畜の世話者	建設労働者	オフィス事務職	工場事務職	常勤工場労働者	臨時工	運転手	運搬労働者	コントラクター	教員	公務員	<その他> 家事	学生	無職	総計
<自営>																												
自作農	137	3					5			1			4	1	1			1	5	1		1					15	175
靴修理屋			1						1																			1
大工																												1
コントラクター経営者					2															1								3
仕立屋										2																		2
理髪店												3															1	4
<被雇用者>																												
農業労働者	3			1							1		32					2	2	2	2						8	49
建設労働者	7	3							1		1		1	1	3					1	1							5
常勤工場労働者	4	1						1	1		3		3				1	9	1									30
臨時工				1									3					3	4	2	1							16
運搬労働者	1																			2	1							4
専門職											1		1															2
使用人																					1							1
公務員																								1				1
<その他>																												
学生	44	1		2		1			2			1	3		2		2	21	19	6	2		1	2		30	2	136
無職													3						2								7	13
未就学	3		1									1		6	2		1	1	4						1	141	10	188
合計	199	8	1	5	2	1	7	1	2	5	4	18	65	8	6	3	1	35	37	15	2	2	1	2	1	171	43	633

1996年と2007年の現地調査による。両年時とも村内に居住している者に限る。
1996年時に誕生していない者、2007年には死去していた者を除く。

表 6-26　C 村の旧住民女子の職業の変化（1996 ～ 2007）

2007年 1996年	<自営> 自作農	店舗経営	仕立屋	<被雇用者> 農業労働者	家畜の世話	建設労働者	雑業労働者	店員	公務員	<その他> 主婦・家事	学生	無職	合計
<自営>													
自作農	126			3				2	1	1		9	142
店舗経営者		1											1
仕立屋				1									1
<被雇用者>													
農業労働者	3			37		1				3		8	52
臨時工				1									1
<その他>													
主婦・家事	15			17	1					49		9	91
学生	1									7	3	5	16
無職				1						2		19	22
未就学	52		1	23	2					62	133	13	286
合計	197	1	1	83	2	1	1	2	1	124	136	63	612

1996年と2007年の現地調査による。両年時とも村内に居住している者に限る。
1996年時に誕生していない者、2007年には死去していた者を除く。

b　ミルク仲買人（男子0人から8人）

　上位カーストに多く認められる菜食主義者にとって、動物性タンパク質の摂取源として牛乳はきわめて重要である。2007年当時においてもインドールおよびその周辺では冷蔵施設が十分には普及していない。生乳は腐りやすく、短時間で消費地に運搬する必要があり、消費地に近い地域で生産されている。このような理由から、工業団地に近接したC村は、工業団地に勤務する労働者とその家族向けの生乳の供給地として次第に重要な意味を持つこととなった。1996年において、ミルク仲買人を主な収入源とする住民はC村にはいなかったものの、自作農のかたわら行っていた者は5人で、いずれも村内の生乳をピータンプルの食堂へ直接売却していた。2007年においては、ミルク仲買人を主

な収入源とする住民は8人に増加し、その前職は自作農（3人）、常勤工場労働者（3人）である。いずれもカティの中規模農家で生乳生産農家の男子に限られる（表6-18、表6-19）。年齢は、20〜50歳代まで広く分布し、自作農の年齢構成と一致する（表6-21）。前職が常勤工場労働者の場合、学歴は後期初等教育・前期中等教育（Class 6-10）にとどまり（表6-23）、賃金も1,000〜1,500ルピー程度であったなど、工場労働者としての資質は高いとはいえず、その後の工場の閉鎖などに伴い、工場労働者としての職を失った。その後ミルク仲買人を始めた。収入は、2,000〜5,000ルピー／月で前職の工場労働者よりも高いことがほとんどである。親戚のミルク仲買人からノウハウを習得するとともに、買い付け先の村内の生乳生産農家に関する情報はすでに十分持っている。さらに顧客の所在地であるピータンプル工業成長センターでの勤務経験があり、ミルク仲買人に関する将来の有望性も顧客の特性も認識しているため、新規参入への障壁は低かったと考えることができる[47]。

　このように、C村においては、工業団地への近接性というローカルな条件を反映して、生乳が重要な商品となっている。このため生乳生産農家の一部がミルク仲買人を始めその数は増加したものの、生乳生産量はそれに見合うだけの増加はしなかったので、ミルク仲買人1人当たり生乳取扱量が減少することになった。これは収入の減少に直結するため、ミルク仲買人に関して過当競争が生じている。ミルク仲買人の一部は、このような過当競争を解消し、自らの生乳取扱量を増加させるため、村内の農家の一部に資金を貸し付けながら、雌の水牛を購入させる者も現れた。これはミルク仲買人と生乳生産農家とのローカルな支配・従属関係を新たに作り出すこととなった。また同時に、ミルク仲買人がリージョナルな集乳圏とローカルな存在である農村を直接つなぐ媒介者として重要な役割を果たしていることが分かる。この現象は、ローカルな空間であるC村がピータンプル工業団地やインドールを核とするリージョナルな空間に組み込まれる中で、新たなローカルな社会関係を作り出すことによる再領域化であるといえる。

c 農業労働者（男子 59 人から 65 人、女子 63 人から 83 人）

　2007 年に農業労働を主な収入源とする者は、指定トライブのビール（男子 35 人、女子 34 人）と指定カーストのバグリ（男子 21 人、女子 22 人）とチャマール（男子 6 人、女子 22 人）が主力となっている。農業労働者とジャーティとのこのような密接な関連性は 1996 年から変化は認められない（表 6-19、表 6-20）。地主層が所有する農地において、指定カースト（バグリ・チャマール）と指定トライブ（ビール）を農業労働者として雇用するという、農業に基盤を置いたローカルな支配従属関係は維持されたままであることが分かる。そのため、農業が最も重要な C 村において、この支配従属関係こそがローカルな社会関係の基本である。農業労働者の年齢構成は、10 〜 70 歳代と幅広く分布し、住民全体や自作農の年齢構成と同様である（表 6-21、表 6-22）。このことから、C 村において農業があらゆる年齢層においても重要な産業であることを確認できる。

　また、農業労働者の学歴に関しては、男性については非識字者の比率が 1996 年の 87％から 2007 年には 68％に減少し、これに対応して初等教育（Class 1-5）は 3％から 17％に、後期初等教育・前期中等教育（Class 6-10）は 8％から 15％にそれぞれ増加した（表 6-23）。これは教育水準を高め、工場労働者（臨時工）として最低限必要な教育水準を次第に獲得しつつあるものの、工場労働者として雇用されたことのない労働者が C 村に多数存在することを意味している。女子の農業労働者の場合は夫も農業労働者であり、本人の学歴よりも農地所有の有無が決定要因となっている関連性は、1996 年と同様、固定化されたままである。

　さて、1996 年の農業労働者のうち 2007 年においても引き続き農業労働者であったのは男子 32 人（54％）、女子 37 人（59％）である（表 6-25、表 6-26）。彼ら／彼女らは 11 年後も村内で最も低賃金でかつ不安定で、上位カーストに従属的な雇用体系に置かれたままである。2007 年までに農業労働者から転職した者は、高齢のため無職となった 8 人を除くと、自作農 3 人、臨時工 2 人、運転手 2 人となり、農外雇用はわずか 4 人（7％）に過ぎない。このことから、工業団地の経済的効果は農業労働者にとって極めて限定的でしかも不安定なも

のであることが確認できる。

　一方、2007年までに農業労働者へ転職した者（男子8人、女子4人）と、新規に就業した者（男子24人、女子41人）の内訳をみると、男子の場合、前職が自作農であった4人はいずれも小規模農家が農地を失った場合であり、バライ（指定カースト）とビール（指定トライブ）が多くを占める。前職が臨時工であった3人は学歴がClass 5（初等教育）以下の者が多く、賃金も約1,000ルピー/月と臨時工の中でも低く、工場労働者としての資質は非常に低いといえる。学生から農業労働者となった場合、小学校を卒業することなく農業労働者となった者が多く、臨時工となる教育水準を満たしていない。農業労働者の日当は、1996年時の35ルピー（男子）から2007年には50ルピーに若干上昇したものの、臨時工や常勤工場労働者の賃金と比較すると、村内において不安定で最低の賃金水準のままである。

　このように、C村の農業労働者は、1996年・2007年両時点において、指定カーストと指定トライブが主な状況は変わらない。彼らの教育水準に関して、1996年から2007年にかけて、非識字者の比率は男子が86％（1996年）から67％（2007年）に、女子は同じく98％から89％にそれぞれ低下した。しかし依然として非識字者が圧倒的に多い状況であり、農業労働者と下位カーストとの密接な関連性は固定化されたままである。また、工業団地に近接しているにもかかわらず、農業労働者には農外雇用の機会はきわめて限定的であることが分かる。

d　家畜の世話（男子0人から8人、女子0人から2人）

　1996年に家畜の世話をすることを主な収入源とする者はいなかったが、2007年にはいずれも10歳代男子8人、女子2人が家畜の世話をして収入を得ている（表6-21、表6-22）。指定トライブのビール10人中9人であり、いずれも農地を所有していない（表6-19、表6-20）。非識字者か小学校中退者（Class1-2）にとどまるなど、児童労働力として家計をサポートするため、小学校に通うことが出来なくなった（表6-23、表6-24）。収入はわずか500〜1,200ルピー/月程度に過ぎない。両親は農業労働者としてカティの所有する農地を耕作し、子どもが村内のカティの所有する牛・水牛や自宅のヤギなどの家畜の

世話をすることによりかろうじて生計を立てており、C村の中でも最貧困層と考えることができる。

前述したように、生乳生産は工業団地に近接したC村においては、現金収入を得る上で重要な収入源となっている。しかしながら、大型動物である牛や水牛は高額で、しかも牧草を大量に必要とするため牧草地を所有している必要がある。そのため、零細農や農地を所有しない住民にとっては乳牛の飼育は選択肢とはなりえない。一方、ヤギは乳を得ることができる上、肉を食用とすることが可能である。上位カーストは菜食主義がほとんどなので、肉食を目的とするヤギを飼育することができないが、下位カーストの多くは非菜食主義であるため、ヤギの飼育が可能となっている。また、牛や水牛の場合、ローンで購入する場合が多く、病死すれば債務のみが残され、経済的に困窮してしまう恐れがある。一方、小型動物であるヤギは、購入金額も安い上に、繁殖力が高く、病死した場合の経済的リスクは比較的小さいといえる。このため、牛や水牛の飼育がハイリスク・ハイリターンとすれば、ヤギの飼育はローリスク・ローリターンである。非菜食主義の下位カーストで、かつ貧困層である場合に、ヤギは購入可能な家畜であるとともに、経済水準の低い家計を安定化させる機能を持っているといえる。この職業も前述した農業労働者同様、地主層との支配・従属関係がC村というローカルな空間で成立している。

e　運搬業経営者（男子0人から7人）

運搬業の経営を主な職業とする住民は、1996年にはいなかったが、2007年には20～30歳代の男子7人となった（表6-18、表6-21）。2人がブラーミンで、5人がカティであり、いずれも自作農世帯に属する（表6-19）。その内訳は、1996年当時スクールバスの運転手として雇用されていた者が独立して三輪オートを購入して運搬業の経営を始めた者（1人）と、前職が自作農（5人）と新規学卒者1人であった（表6-25）。2007年における顧客の所在地の約半数がピータンプル工業団地の工場や店舗などで、残りの約半数がC村である。後者の場合は、村で生産された野菜などを市場に運んでいる。野菜の出荷先は、1996年ではC村から最も近いインドールの農産物市場が主であったのが、農

産物の流通圏の拡大に伴い2007年にはデリーやムンバイなど大都市の農産物市場が重要な役目を果たすこととなった。このように、C村において野菜の出荷先が遠隔地になるに従い、長距離輸送の需要が大きくなり、運搬業経営者と次に述べる運転手が増加した。月収は3,000～5,000ルピーであり、C村ではかなり高いといえる。

　C村の農業生産が最近接のインドールの農産物市場のみならず、遠隔地で大規模な流通圏を持つデリーやムンバイなどのリージョナルな農産物市場に組み込まれる中で、トラックによる長距離輸送は「時間と空間の圧縮」をもたらした。その結果、村内の農産物を市場価格の変動に即応して、出荷先や出荷時期を決定し、好条件の農産物市場に迅速に運搬する仕事が、運搬業経営者と後述する運転手が担うこととなった。

f　運転手（男子5人から15人に）

　前述した運搬業の活況は、必然的に運転手の増加をもたらしている。C村において、運転手を主な職業とする住民は、1996年から2007年にかけて男子5人から男子15人へと急増している（表6-18）。彼らは20～30歳代がほとんどであり、ジャーティ別にみると、指定トライブのビールが7人と最大である（表6-19、表6-21）。このため、C村の下位カースト男子における就業者数に関して、農業労働者に次いで運転手は重要な職業となった。前述の運搬業経営者に雇用されている場合と、ピータンプル工業成長センターの運搬業者や工場に雇用されている場合がある。

　1996年に運転手であった者でその後死亡した1名を除く4名の内、2007年にも運転手であったのは半数の2人である。転職した2人のうち1人は、失業し自作農に戻った者であり、もう1人はブラーミンの自作農で、今までの貯金と子どもが常勤工場労働者で得た収入をもとに車両を購入し運搬業の自営を始めた（表6-25）。

　新規に運転手となった者は、新規学卒者や前職が農業労働者や建設労働者で、いずれもビールで2007年時は20～30歳代である。運転手の平均月収は約2,000ルピーで、農業労働者や建築労働者に比べ高い。また、1996年当時

学生もしくは未就学者であった場合は、いずれも小学校中退・卒業程度の指定カースト・指定トライブの者であり、彼らにとって、運転手の職業は農業労働者以上の収入が得られる重要なものとなっていることが分かる。

以上のことから、工業団地に近接したC村において、指定カーストに代表される、農地を所有せずかつ教育水準の低い者にとり、運転手は農業労働者や建築労働者よりも高収入の得られる重要な雇用機会である。これは工業団地の存在と、農産物の輸送の長距離化の影響であることが分かる。また、運転手こそがC村における「時間と空間の圧縮」を現場で支えていると言うことが出来る。

g　常勤工場労働者（男子30人から35人）

1996年、2007年のいずれの時点においても、工業労働市場は、①エグゼクティブ、②スタッフ、③常勤工場労働者、④臨時工の、4つの異なる雇用体系・賃金体系の階層に区分されている。前者の2階層に属するのは大学卒業者などの高学歴男子である。常勤工場労働者は大学卒、I.T.I.（工業技術訓練校）卒や前期・後期中等教育を受けた男子、臨時工は前期中等教育卒業（Class 10）未満の男子というように、教育水準により階層がかなりの程度規定されている。このうち、C村の新・旧住民は後者の低次2階層（③、④）にのみ関わっているに過ぎない（表6-5、表6-18）。これら低次2階層においても、常勤工場労働者には最上位カーストのブラーミンとドミナントカーストのカティ、そして指定カーストながら奨学金制度や留保制度（Reservation System）を活用したチャマールのうち中等教育や高等教育を受けた男子が中心である（表6-12、表6-14、表6-16、表6-21、表6-23）。工場労働者に関しては、まず新住民と旧住民に分け、さらにそれぞれを常勤工場労働者と臨時工の合計4つに区分して11年間の変化を論じたい。なぜなら、工業団地に近接するC村において、その経済的影響が最も大きいのが工場労働者としての雇用状況であり、その状態を分析することがC村住民の経済的変化を考察する上で重要なためである。まず、新住民の工場労働者に関しては、前述したように、常勤労働者と臨時工の合計の人数は両年とも45人程度で変化がないものの、臨時工が11人から19人に増加

第 3 節　就業構造と教育水準の変化と社会階層　191

したことから、新住民における工場労働の雇用の不安定化と低賃金化を認めることが出来る（表 6-5）。

　一方、旧住民に関して、常勤工場労働者を主な職業とする者は男子 30 人から男子 35 人と 16％増加した（表 6-18）。そこで、この間の変化を分析するために、まず、1996 年時点の工場労働者の 2007 年における職業と、2007 年の工場労働者の 1996 年時点での就業状況の 2 つについて考察を行う。

　まず、1996 年当時常勤工場労働者であった者（男子 30 人）のうち、2007 年も引き続き常勤工場労働者であった者はわずか 9 人（30％）にとどまる。彼ら 9 人の教育水準は、大卒 2 人、ITI 卒 1 人であり、C 村において最も教育水準が高く、賃金は約 4,000 ルピー / 月であり、村内の最高賃金水準となっている。ジャーティ構成をみると、カティなどの上位カーストが卓越するのではなく、指定カーストのチャマールが約半数を占めることは注目に値する（表 6-19）。これは指定カーストの住民が留保制を利用して教育水準を向上させた成果を示すものである。他方、常勤工場労働者から他の職業へかわった 21 人の 2007 年の職業構成をみると、自作農 7 人とミルク仲買人 3 人で、1997 年時の常勤工場労働者の 1 / 3 を占める。C 村においてミルク仲買人は生乳農家でもあり、彼らはいずれも工場労働から自家の生業に戻ったカティの男子であることを意味する。他の転職先としては、ガス代理店経営者 1 人、店舗経営者 1 人であり、工場勤務で蓄えた資金をもとに店舗経営を開始する者が現れたことが分かる。前者は、2007 年時で 30 歳代の大卒のブラーミン男子で、常勤工場労働者の月収 2,000 ルピー（1997 年）は、ガス代理店経営を行うことで 5,000 ルピー（2006 年）へと大幅に増加した。後者は後期初等教育（Class 8）を終了した 30 歳代のカティ男子で自家は自作農で、前者と同様の収入増加を達成した。ガス代理店経営に関しては、専門知識を理解するため大卒程度の学歴が必要であるのに対し、後者の村内の店舗経営（ドカン）に関しては、顧客は村内のいわゆる顔なじみであり、重要なのはローカルなネットワークであるため、後期初等教育程度の学歴でも対応が十分可能である。

　2007 年の常勤工場労働者の 1996 年当時の就業状況についても考察を行う。1996 年当時から常勤工場労働者であった 9 人は、すでに述べた。2007 年まで

に新規に常勤工場労働者となった者(26人)の80％は1996年当時学生であった。彼らの最終学歴は少なくとも前期中等教育以上であり、その内訳をみると、大学卒業者1人を含む後期中等教育以上が5人（23％）となり、村内の職業の中でも高学歴者の割合が最も高い。常勤工場労働者に転職した者の前職(1996年)は、臨時工3人、自作農1人で合わせても、2007年の常勤労働者の約10％に過ぎない。以上のことから、ピータンプルの常勤工場労働者として新たに職を得て、経済的に上昇することが可能となった住民は、1996年に他の職業に就いていた既卒者ではなく、村内では高学歴な新規学卒の男子がほとんどであることがわかる。

h 臨時工（男子18人から37人、女子1人から0人）

臨時工を主な職業とする旧住民は、1996年から2007年にかけて19人から37人へと約2倍に急増している（表6-18）。1996年の臨時工（19人）のうち、2007年にも引き続き臨時工であるのはわずか4人（男子）で21％に過ぎず、その場合においても勤務先の工場は同じではない。彼らは初等教育程度の教育水準にとどまり、平均月賃金は1996年の1,000ルピーから2007年に2,000ルピーと倍増したものの、両時点とも常勤工場労働者よりは低賃金となっている。彼らの多くは2007年現在30歳代であるため今後の教育水準の向上は見込めず、今後も常勤工場労働者となる可能性はきわめて低いといえる（表6-21、表6-25）。1996年の臨時工から2007年までに離職した者は、自作農に戻った者4人（21％）、農業労働者となった者4人（21％）、運搬労働者1人（5％）で、いずれも1996年当時よりも収入が悪化した。他方、収入が上昇した者は常勤工場労働者の3人（14％）に過ぎない。

一方、2007年までに新たに臨時工となった者（33人）のうち、1996年に自作農であった者（5人、15％）は、すべて後期初等教育（Class8）か前期中等教育（Class 10）の学歴を有する30歳代のカティ男子である。また、新規学卒者は23人（70％）となり、学歴は後期初等教育か前期中等教育がほとんどであり、前述した常勤工場労働者よりも低いことが再確認できる。

以上のことから、工業化の進展は近隣農村の工場労働者の増加をもたらした

ものの、C村で新たに常勤工場労働者の職を得た者は、比較的高学歴の新規学卒男子（大卒や前期・後期中等教育修了）にほぼ限定され、常勤工場労働者への転職は一部の臨時工に限られ、その影響は教育水準と性においてきわめて選択的であることが分かる。また、新たに臨時工の職を得た者の半数は、前期中等教育修了の男子であり、ここでも同様に教育水準と性において、職業選択的であることが再確認できる。さらに、臨時工は常勤労働者より賃金が低いだけではなく、雇用期間が短く、雇用が極めて不安定である。そのため、工業生産のフレキシブル化に対応した労働力といえるが、1996年と2007年の両時点とも10～30歳代男子に雇用が限定されることから、性と教育水準のみならず、年齢の点においても雇用が選択的であることが分かる。この結果、学卒後に臨時工の職を得た場合においては、その後30代以降に離職し、経済的に下降せざるを得ない傾向を認めることが出来る。このようなことから、上位の空間スケールとしてのピータンプル工業団地を中心としたリージョナルな空間と直接関わり、経済的上昇を経験したのは、農村住民の中では比較的教育水準の高い新卒男子のみであることが分かる。

このように、工業化による工場労働者の雇用機会の拡大は、近郊農村においては既卒者ですでに他の職業に就いている者ではなく、比較的高学歴な男子新卒者にほぼ限定されていることが確認できた。

i ペンキ屋（0人から男子5人）

ペンキ屋を主な職業とする住民は、1996年にはいなかったが、2007年には5人となった。いずれもチャマールに属する20～30歳代の男子である。彼らの半数は後期中等教育を修了（Class 12）しており、指定カーストであるチャマールの中では教育水準が高いといえる（表6-18、表6-21、表6-23）。2007年にペンキ屋を主な職業とする5人の内3人は、1996年当時はピータンプルの常勤工場労働者であった（表6-25）。2007年までにピータンプルの工場でペンキ屋としての職を得て、月に1,500～3,000ルピーの収入を得ていることから、ペンキ屋は常勤工場労働者に近い経済的属性を持つことが分かる。

j 建設労働者（男子6人から6人、女子0人から1人）

建設労働者を主な職業とする住民は、1996年から2007年にかけて、増減はほとんどない。建設労働者は指定カーストのチャマールと指定カーストのビールによって構成され、教育水準に関しては非識字者が最も多い（表6-18、表6-19、表6-20、表6-23、表6-24）。建設労働の日当は農業労働とほぼ同等であり（30～50ルピー）、いずれもC村住民の最低賃金水準であり、両者の仕事の需要に応じて両方を兼業する場合も多い。1996年の建設労働者（6人）のうち、2007年にも引き続き建設労働者であったのは半数の3人であり、他は運転手（1人）、店舗経営者（1人）で残りは死亡者（1人）である。年齢は10歳代から30歳代のみに限定され、他の職業従事者よりも若いのが特徴である。これは、野外での激しい肉体労働のためであると考えられる。

2007年までに新たに建設労働者となった者（3人）のうち、自作農（1人）以外は、1996年当時未就学者であったが、小学校に通うことなくそのまま建設労働に従事することになった者である。農村住民にとって、建設労働者は農業労働者と同等に不安定で、かつ低賃金である。建設労働は指定カーストと指定トライブのための重要な就業ではあるものの、賃金の上昇の恩恵を受けているとはいえない。しかしながら、地主層と農業労働者という農村でのローカルな文脈に深く埋め込まれた支配従属関係からは脱することが可能となった。これは地主層が自分の農地での農業労働者の雇用を資源としたローカルな権力を次第に失っていく過程であり、農村でのローカルな文脈に埋め込まれた支配従属関係が次第に崩壊していく過程として重要である。

k コントラクター経営者（男子3人から5人）

コントラクター経営を主な職業とする住民は、1996年の男子3人から2007年には5人と増加した（表6-18）。彼らは村内で労働者数の多いカティとチャマールの2つのジャーティに属しており、所属するジャーティの男子労働者に工場や建設現場での仕事を配分・管理を行う際の手数料を収入としている。年齢は10歳代から50歳代と幅広く、教育水準は後期初等教育（Class 8）が3人

(60％)を占め（表 6-19、表 6-21、表 6-23)、高度な教育水準ではなく村内でのローカルな人脈と派遣先との人脈がコントラクターになるための重要な資源となっている。1996 年のコントラクター経営者（3 人）のうち、2007 年も同職の者が 2 人であり、残りは運転手（1 人）となった。2007 年までに新たにコントラクター経営者となったのは、新規学卒者 2 人と農業労働者 1 人であった（表 6-25）。

　コントラクターは臨時工や建設労働者の手配を通じて、ピータンプルを中心としたリージョナルな労働市場とローカルな存在である農村とを直接つなぐ媒介者として重要な役割を果たしている。

Ⅰ　店舗経営者（男子 1 人から 7 人、女子 2 人から 1 人）

　店舗経営を主な職業とする住民は、1996 年の 3 人から 2007 年に 8 人と大きく増加している（表 6-18）。1996 年の 1 店舗はその後閉店し、2007 年までに新たに 9 店舗が新設された。いずれもドカンと呼ばれる日常品を扱う雑貨店であり、顧客のほとんどが村内住民である。店舗経営による月収入は、2007 年において 2,000 〜 5,000 ルピー程度となり、臨時工から常勤工場労働者と同等の収入を得られる場合もあるなど、収入の面で、村内では重要な産業となっている。教育水準の点では、初等教育（Class 5）か後期初等教育（Class 8）程度であり、20 〜 40 代の男性がほとんどである（表 6-21、表 6-22、表 6-23、表 6-24）。ジャーティ構成はブラーミン、カティ、チャマール、ビールであり、C 村のジャーティとほぼ同様の構成となっており、店舗はジャーティごとの居住地域に立地し、顧客も新住民を除けば同じジャーティに属する旧住民が多い（表 6-19、表 6-20）。前職は自作農や常勤工場労働者であるか、新規学卒者であり、前職よりは収入を向上させていることが多い。店舗経営は、店舗用に土地と立ち上げ用の資金を必要とするものの、大規模な土地を必要としない。仕入れ先との折衝や接客にはある程度の学歴が必要ではあるものの、むしろ経験やノウハウ的知識の方が重要となる。このため、ジャーティの階層性と商店経営との密接な関係は認められない。このため土地所有の規模や教育水準と直接関係のない産業が成立するに従い、カースト制は社会階層の再生産機能を徐々に失い

つつあることが確かめられる[48]。

m 理髪店（男子6人から4人）

　理髪店を主な職業とする住民は、ジャーティによる職業上の制約からナーイーに限定される。新規参入者も彼らの息子に限定されている。2007年には40歳代男子が中心で、教育水準は初等教育（Class 5）か後期初等教育（Class 8）である（表6-18、表6-19、表6-21、表6-23）。事例村落よりも、多くの顧客が期待できるピータンプル工業団地へ移動して理髪店を経営する場合も認められるが、同団地では同業者間の競争が激しく、そこでの店舗経営に失敗して村に戻った事例も認められる。しかし理髪店から他の職業に転職した者は、C村では認めらない。

　職人あるいはサービスカーストに属する家が、農業カーストに属する人に世襲的に特定の仕事やサービス提供を行い、報酬を現金ではなく穀物などをあらかじめ定められた分量を受け取るのが伝統的なジャジマーニー制度である。C村の理髪業におけるジャジマーニー制では、顧客1人当たり年間20 kgの小麦と交換する契約形態であり、理髪師1人当たり約60人程度の顧客と契約していた（1996年当時）。これらの穀物の一部は自家で消費し、余剰分を売却して現金を得ていた。契約期間は契約者の理髪に関する要求にはすべて応じなければならない契約である。この村の理髪店におけるジャジマーニー制は2007年においても維持されている。

　さて、このように職業別に分類することで、農村住民の社会関係が村内のローカルな文脈に深く埋め込まれていたことが分かる。しかし、近年の工業労働市場の展開や農産物の流通圏の拡大に応じて、徐々に工業団地やデリーやムンバイなどの農産物市場などリージョナルさらにはナショナルな空間との関係性が強くなってきた。これは、C村がローカルな文脈から徐々に切り離され（脱領域化）ながら、同時に農村のローカルな文脈が再び大きな意味を持ちながら、そのローカルな文脈にC村が再び埋め込まれる（再領域化）プロセスといえる。これらのプロセスの中で、同一ジャーティ内でも多様に分化しつつあるといえる。

なお、ジャーティごとにC村住民の1996年から2007年までの約10年間の追跡調査を行ったサンプル世帯の社会経済的変化の詳細と10年間の変化に対する住民の評価については、補遺で詳述する。

第4節　おわりに－C村の脱領域化と再領域化

　本章はMP州ピータンプル工業成長センターに近接するC村を事例に、1996年から2007年にかけての11年間の変化に関して、全世帯・全住民を追跡調査した結果である。C村は工業生産空間の末端に組み込まれつつあり、脱領域化と再領域化のせめぎ合いの現場そのものであった。C村の11年間の社会・経済的変化は以下のようにまとめることが出来る。

　1）ピータンプルの工業化に伴う工業労働市場の展開は近郊農村の労働市場に大きな影響を与え、これに伴い農村住民の分化が進んだことが確かめられた。工業労働市場は、①エグゼクティブ・②スタッフ・③ワーカー（常勤工場労働者）・④テンポラリー（臨時工・日雇い工場労働者）の雇用体系・賃金水準の異なる4階層に区分されている（岡橋1997）。前者の2階層は、大学卒業者などの高学歴者であり、ワーカーはI.T.I.や中等教育を受けた者、テンポラリーは初等教育以上を受けた者というように、教育水準により階層がある程度規定されている。このうち、C村では、ピータンプル工業成長センターで勤務する工場労働者の増加が認められるが、彼らは③常勤工場労働者と④臨時工の低次2階層にのみ関わっているに過ぎない。常勤工場労働者には最上位カーストのブラーミンとドミナントカーストのカティ、そして指定カーストながら奨学金制度や留保制度を活用したチャマールのうち、それぞれ大卒か中等教育を受けた男子の一部が採用されている。その一方、カティや指定カーストのチャマール・バグリと指定トライブのビールのうち初等教育以上を受けた男子の一部は工業労働市場の最下層であるテンポラリーの階層に包摂された。しかし、教育機会のなかった非識字者は工業労働市場に包摂されることなく、最低賃金水準のローカルな農業労働市場にとどまらざるをえず、上方への社会移動は極めて困難と

なっている。

　このように、工業化の進展は近隣農村の工場労働者の増加をもたらしたものの、新たに常勤工場労働者の職を得た者は、村内では比較的高学歴な新規学卒男子（大卒や前期・後期中等教育修了）にほぼ限定され、常勤工場労働者への転職者は一部の臨時工に限られるなど、その影響は教育水準と性においてきわめて選択的である。また、新たに臨時工の職を得た者の半数は、前期中等教育修了の男子であり、ここでも同様に教育水準と性において職業選択的であることが再確認できる。さらに、臨時工は常勤労働者より賃金が低いだけではなく、雇用期間が短く、雇用が極めて不安定である。そのため、工業生産のフレキシブル化に対応した労働力といえるが、1996年と2007年の両時点とも10～30歳代男子に雇用が限定されることから、性と教育水準のみならず、年齢の点においても雇用が選択的であることが分かる。この結果、学卒後に臨時工の職を得た場合においても、その後30代以降に失職し、経済的に下降せざるを得ない傾向にある。

　以上のように、工業化による工場労働者の雇用機会の拡大は、近郊農村においては既卒者やすでに他の職業に就いている者ではなく、比較的高学歴な男子新卒者にほぼ限定されていることが確認できた。このほか、農業カーストのカティのなかで大・中規模経営農家の一部は野菜栽培に重点を置いた企業家的経営に特化した。また、カティやバグリの農家には、ピータンプル工業団地における生乳の需要が増加したことに対応して、乳牛を中心とした家畜経営に特化する者も生じた。さらに、借家経営、ピータンプルの日雇い工場労働者や建築・運搬雑業労働者のコントラクターとして高収入をあげる場合もある。コントラクターは臨時工や建設労働者の手配を通じて、ピータンプルを中心としたリージョナルな労働市場とローカルな存在である農村とを直接つなぐ媒介者として重要な役割を果たしている。農業労働者からピータンプルでの建設労働者や日雇い工場労働者へと転職し、若干ながら経済的上昇を果たした者もいる。その結果、村内住民の農業労働者が不足し、地主層は村外から農業労働者を新住民として受け入れ、彼らは村内に新たに建設されたアパートに家族単位で居住している。

2) 農業経営の分化が認められた。①全体傾向として、脱農傾向が認められる。比較的高学歴な新卒男子の一部がピータンプル工業成長センターでの工場労働者となり、また農業労働者の一部が同センター周辺で雑業労働者の職を得ている。

② 1996 年から 2007 年にかけての農作物の変化に関しては、雨期作の大豆と乾季作の小麦という農業的土地利用の基本的なパターンは大きく変わらないものの、野菜栽培が増加した。比較的大規模農家の中で野菜栽培農家に特化する農家が現れた。野菜栽培に特化した農家は市場価格の変動にあわせて、出荷先をデリーやムンバイの市場をその都度選択し、直接トラックで運搬することが可能となった。それを可能にさせているのが自家所有のトラック、携帯電話と農作物買い付け人であり、市場の価格を知る上でタイムラグがなくなりつつある。農作物買い付け人は、デリーやインドールの商人や卸売業者であり、各地の農村を巡って農作物の買い付けを行うが、取引農家に市場の価格を教え、必要があれば出荷用のトラックの手配も行う（荒木 2009b）。このように、経営規模の拡大ではなく、市場価格に対応した出荷先の選択を行う経営戦略が農家の経済的上昇を支えている。携帯電話による市場価格の即時的な情報収集とトラックによる迅速な運搬手段の確保が、野菜栽培に特化した農家が 1 企業家として最大の利潤を選択する為の条件となっていることが分かる。これが同時に野菜流通圏の「時間と空間の圧縮」をもたらした条件となっているといえる。

農作物の買い付け人がナショナルやリージョナルな農産物の流通圏と、ローカルな存在である農村を直接つなぐ媒介者として重要な役割を果たしていることが分かる。青果物の流通がインド全土的に拡大したが、その技術的な条件は高速輸送機関と冷蔵（コールドストレージ）の普及である（荒木 2009b）。各地方都市を核としたリージョナルな流通圏がインド各地に多数存在し、互いには排他的であった状況が、農作物の長距離輸送が技術的に容易になり、「時間と空間の圧縮」が進行するに従い、複数のリージョナルな流通圏を傘下に置きながら、ナショナルスケールの流通圏が形成されつつある。その結果、デリーやムンバイなどの大都市を中心とした農作物の流通圏が次第に巨大化し、ナショナルスケールの流通圏となりつつあるといえる。これに伴い、従来は市場

に近い近郊農村のみが野菜生産の主たる産地となっていた状況から、大都市から遠隔に位置する農村もナショナルな流通圏の末端に次第に組み込まれる状況に変化したといえる。

③工業団地への近接性というローカルな条件を反映して、生乳がC村の重要な商品となっている。ミルク仲買人の数は増加したが、生乳生産量はそれに見合うだけ増加はしなかった結果、ミルク仲買人1人当たり生乳取扱量が減少した。これはミルク仲買人の収入の減少に直結し、過当競争が生じている。ミルク仲買人の一部は、このような過当競争を解消し、自らの生乳取扱量を増加させるため、村内の農家の一部に資金を貸し付けながら、水牛の購入させる者も現れた。これはミルク仲買人と生乳生産農家とのローカルな支配・従属関係を新たに作り出すこととなった。また同時に、ミルク仲買人がリージョナルな集乳圏とローカルな存在である農村を直接つなぐ媒介者として重要な役割を果たしていることが分かる。この現象は、ローカルな空間であるC村がピータンプル工業団地やインドールを核とするリージョナルな空間に組み込まれる中で、新たなローカルな社会関係を作り出すことによる再領域化であるといえる。

3）新築アパートでの新住民の増加が認められる。①ピータンプル工業成長センターで勤務する工場労働者・雑業労働者の流入が認められる。②村内の農業労働者の減少に伴い、村外から農業労働者の流入が認められる。

4）サービスカーストについては全般的にあまり変化がないが、サービスの対価に現金経済化が一部認められる。①理髪業（ナーイー）は10年前からあまり変化は認めらない。村内の顧客へのサービスの対価は現金でなく、穀物のままであり、農村のサービスカーストにおける伝統的ジャジマーニー制がそのまま存続している。②農機具大工（パンチャル）のジャジマーニー制は、1996年当時に認められた穀物との交換形式から、穀物＋現金という形に移行した。

5）1996年から2007年にかけての旧住民の教育水準の変化を以下のようにまとめることが出来る。C村の20歳代の旧住民の11年間の教育水準の変化に関して、①全体的には男女ともに教育水準の向上が認められる。②特に女子の非識字者比率の改善が大きく、女子における初等教育の浸透が顕著である。これはSSAの効果と考えることが出来る。③しかし、後期中等教育と高等教育

はほとんどが男子であるなど、男女間の教育水準の格差は依然として大きいままである。④また、男子の中でも、ドミナントカーストであるカティ男子のみが、2007年までにはすでに初等教育の改善段階は終了し、次の後期初等教育の改善の段階に達している。このように、11年間の教育水準の変化に関し、男女間およびジャーティ間の格差も依然として大きく、しかも格差が拡大再生産されている。⑤新たに設立された私立小学校は地主層や富裕層の男子を中心に生徒を集めている。ここでは、小学校段階の公・私立学校の選択とジャーティの階層性との関連性を確かめることができる。⑥高学歴の父親・母親が私立の小学校に子どもを通学させる傾向が強い。⑦初等教育機会の剥奪が世代を超えて再生産されていることが分かり、それには世帯の貧困が深く関わっている。

　6）指定カーストと指定トライブへの貧困緩和政策の効果が認められる。従来からの教育上の様々な補助金や留保制度に加え、村内での居住環境が最悪であった指定カーストと指定トライブに対して、地方政府が住宅を供給した。これにより居住環境の改善が認められる。

　7）インフラの整備が進んでいる。①小学校への通学者の増加に対応して、SSAからの補助金により公立小学校校舎の増築が行われた。また、新たに私立学校が設立された。②共同の水道がひかれ、井戸水にのみ依存していた1996年よりも水道の普及が進んだ。③携帯電話が地主層や自作農を中心に普及しはじめ、各地の農産物市場の価格変動が分かるようになった。

　8）ピータンプルの工業化に対する農村住民の評価に関して、以下の3つのカテゴリーが認められる。①教育水準の比較的高い男子が多くを占める工場労働者は非常に肯定的である。環境汚染（飲料水と大気）を批判するものの、それ以上に彼らの就業の機会を直接与え、経済的上昇をもたらした点を高く評価している。②上位カーストが中心の地主層も肯定的な評価をしている。環境汚染（地下水水と大気）を批判するものの、工業団地での生乳と野菜の需要増加によってもたらされた収入増加を高く評価している。一方、これとは対照的に③下位カーストが中心の農業労働者はきわめて否定的である。彼らの多くは、教育水準が低く、工場労働者となる可能性がきわめて低く、今後も経済的上昇は期待できない。そのため、環境汚染（飲料水と大気）をもたらすだけと考え、

工業団地の開発を厳しく批判している。

　9）下位カーストにおいて、村のローカルポリティックスに関する評価が非常に低い。指定カーストのバグリと指定トライブのビールは、地主層であるカティの経営する農地での日雇い農業労働が主な収入源となっている。ピータンプルの工業化によって若干その日当は上昇したことを評価する者もいるが、その一方、法定賃金以下に押さえられていることに関して地主層のカティに対して強い不満を抱いている者も多い。また、貧困層向けの補助金が本来の対象ではないカティにより独占されたり、新規の生乳生産農家の知識不足につけ込んだミルク仲買人（カティ）との不公平な契約を結ばされたりすることに関する不満はきわめて大きい。しかし、バグリとビールはその不平をドミナントカーストとして事例村落で権力を握るカティに対しても、また警察にも言えない状況である。このため、工業化の進展に関しては、村内の住民の雇用機会がピータンプルで増加する可能性がある点で高く評価する一方、村内のローカルポリティックスに関する評価は非常に低い。

　10）ピータンプル工業団地の新規造成・操業が進むにつれ、C村では脱農化が進行すると同時に、農地は工場労働者用のアパートや店舗へと次第に転用された。農地は周辺地域への農作物供給地としてのローカル固有な価値から、工場労働者のための住宅・店舗としての価値に意味付けが徐々に変わった。この過程で、農村の土地はローカル固有な文脈から切り離され、次第に脱領域化したといえる。しかし、工業団地を核としたリージョナルな空間に、農村が組み込まれる中で、工業団地への近接性、良質な飲料水に関するインフラの整備状況や清浄な空気が得られるかどうかといった、ローカルな住環境が重要視されるようになり、新住民の居住環境という新たなローカルな文脈の中に農村が再び埋め込まれることにより、再領域化が進んだ。

　工業団地に近接したC村の場合、全般的には脱農化が進行するものの、それとは異なり一部の野菜生産農家は、従来は最寄りの流通圏の狭い農産物市場のみを指向していた農業が、遠隔地の大都市の流通圏の広い農産物市場と次第に直接繋がることにより、競争力のある商品作物への転換が行われ、農業経営が企業化する場合も認められる。つまり、ここではローカルな需要にのみ対応

していた農業は国内市場に対応した農業経営に変化したといえる。ここでも農村の土地がローカルな文脈から切り離され脱領域化されるのと同時に、農産物市場への近接性、適切な土壌・気候・水が得られるか否かという農業に関するローカルな自然環境が一層重要視されることにより、商品作物が決定されるようになる。その結果、農地が新たなローカルな文脈の中に再び埋め込まれることにより、再領域化が進んでいる。

　以上の考察により、農村の土地は、上位空間スケールに組み込まれながら、利益をどの程度もたらすのかという経済的基準で評価され、順序づけられることにより、ローカルな文脈から次第に切り離されてゆく（脱領域化）ことが分かる。一方、新住民の住宅地に関しては、工業団地への近接性、良質な飲料水に関するインフラの整備状況や清浄な空気が得られるかどうかといったローカルな住環境、また企業的農業に関しては、農産物市場への近接性、適切な土壌・気候・水が得られるか否かという農業に関するローカルな自然環境が、それぞれ重要なローカルな文脈として新たに意味を持ち始めることにより、再領域化が進行するのである。

　11)　ローカルな文脈からの引き離しは、空間にとどまるものではない。脱領域化は、社会的行為からの「時間と空間の距離化」や「時間と空間の分離」、つまり時間のあり方が地域的な関わりから切り離されることとして指摘される（Giddens 1990, 吉原 1994, 1996, 2004）。さらに、グローバル化は「時間と空間の圧縮」によって特徴付けられている。ここでは特に、農村のローカルな時間がどのようにグローバル基準の時間に組み込まれていくのかを考察しながら、C村の脱領域化と再領域化のせめぎ合いをまとめる。

　工業団地に近接した農村・C村の経済活動が農業から工場労働へ移行するに従い、季節や農事暦に埋め込まれ、農作業を基本としていた時間体系から、資本の回転率を向上させ、生産上の合理性を追求した工場での厳密な勤務時間体系へと日常生活の依拠すべき時間体系が変化した。それに伴い日常生活の中での時間もクロックタイムに支配されはじめ、時間の細分化や社会生活のタイムテーブル化と数字化（Lash and Urry 1994）と表現できる変化が生じ、それにより時空間のルーチン化が進むことをC村において確認できる。さらに、工場

の減価償却期間を圧縮するため、ピータンプルの工場での勤務が2交代制や3交代制へと移行し、従来は労働力の再生産としての機能しかなかった夜の時間が生産時間に組み込まれるようになった。農村におけるクロックタイムの支配は、工場での勤務体系や労働者向けの店舗の営業時間のみではなく、教育現場にも影響を与えている。C村において、学生や教員の遅刻に関して以前より依然としてきわめて寛容な公立学校がある一方、これとは対照的にきわめて厳しい私立学校が村や周辺地域に新規立地した。私立学校では、英語で教育することのみならず、時間厳守の訓練により、都市での公務員、事務職や工場労働者となることが可能な人材を育成しており、農村の地主層の子弟などを中心に生徒を集めている。このように時空間がローカルな文脈から切り離されることにより、脱領域化が進行する。一方、季節や農事暦に埋め込まれた時間体系であった農作業も、例えば、生乳農家はミルク仲買人の集乳時間により1日の作業時間・生活時間にいわば楔が打たれ、これにより1日のリズムが次第にルーチン化された。大規模野菜生産農家の場合は、携帯電話により遠隔地の農産物市場の価格変動を即時に知り、よりよい条件での出荷が可能となった。しかしそれは同時に次第に最大の利益を生む行動を取らざるを得なくなり、日々の価格変動により出荷先が決定され、それに従い農産物市場の時間にあわせて出発時間が決定されるなど、より遠隔地の地域との関係性が強まることにより、次第に脱領域化する。しかし、その一方では、多くの農家では、太陽暦のカレンダーとヒンドゥー暦のカレンダーの両方を併せ持ち、祭礼に関する時間や暦は従来どおり重要視されるなど、宗教・伝統に基盤を置くローカルな時間と合理性に基づく時間体系である近代の時間（クロックタイム）が農村でせめぎ合いながら併存する特徴がある。

　このように農村の時間と空間が質的な存在から数量的な存在へ徐々に変換したが、これもローカル固有な意味からグローバルな資本にとっての意味に転化することを通じて脱領域化したといえる。しかし同時に、宗教的時間の重要性、また農村において時間に厳密な工場（例えば外資系大規模工場）や時間厳守を訓練する教育機関（例えば私立学校）の有無や近接性という新たなローカルな文脈の中に農村の時間と空間は再び埋め込まれることにより再領域化している

といえよう。

　「時間と空間の圧縮」が進むにつれて、ローカルな存在である農村は、リージョナルな空間であるインドール都市圏やピータンプル工業団地を中心とした労働市場、生乳圏、さらにはナショナルな空間での農産物流通圏の末端として組み込まれることにより、脱領域化と再領域化が進むことが確かめられた。これら上位空間スケールとローカルスケールの農村とを経済的に直接結びつける媒介者として重要な役割を果たすのが、コントラクター、ミルク仲買人と農産物仲買人である。また、「時間と空間の分離」において、ローカルな空間の農村と上位空間スケールとの関連性を時間体系の上でつなぐのがクロックタイムの浸透であり、それは教育機関、特に私立学校、工場における厳密な時間管理の導入が大きな役割を果たしているといえる。

　農村経済の発展に関して、工場労働や建設労働を始めとする農外雇用の拡大を指標として分析することは確かに重要ではあるが、このような農業雇用から農外雇用という単線型発展モデルとは異なる農村の発展様式があることを確認したい。これに関連して、農村の地域変化の評価基準と空間スケールとの関連性について考察を行った。ローカルな空間である農村の地域変化に関して、人文地理学の研究者は、農村の外部者の立場から、特に上位の空間スケールの視点から地域変化や住民の評価を行うことが多いといえる。そこでは、農村変化の外部要因として都市化や工業化などが挙げられ、これら外部要因に対して順応できたか否か、またその順応様式はどのようなものかという観点から、農村や農村住民に対して評価を行ってきた。そのなかでは特に、経済水準の向上がきわめて重要な判断基準となっているのが一般的である。しかしながら、当事者である農村住民自身による評価は、元来このような外部者による価値観と必ずしも一致するとは限らないことを本章では確認した。つまり、地域変化に関する農村住民の評価基準に関して、確かに経済水準の向上が重要ではあるものの、それ以外の例えばジャーティ間の権力関係や補助金の分配方法など、村内のローカルポリティックスの観点も重要であることを示した。これらの考察を通じて、農村空間と時間体系のみならず、農村住民の地域変化に関する価値観自体も、上位空間での価値観である経済的水準の重要性が増すことにより脱

領域化が進むが、その一方で、同時にローカルな住環境や自然環境（大気汚染や飲料水汚染の有無）、さらに経済的果実や政府補助金の分配を巡るローカルポリティックスというローカルな文脈などに再び埋め込まれながら、再領域化が進んでいることが分かった。

[注]
40) ピータンプル工業成長センターについては、岡橋（2003a, 2003b）、岡橋・友澤（1997）、作野（1997, 2003a, 2003b）、友澤（1991, 1997, 2003b）、南埜（1997b, 2003）、由井（1997, 2003a）、Minamino（2008）、Okahashi（2008a, 2008b）、Sakuno（2008）、Tomozawa（2008b）、Yui（2008）を参照のこと。
41) インドでは州によって異なる教育制度上で、個人の教育水準を比較するためには、Class の概念を用いて個人の教育年数を比較するのが一般的である。第 3・4 章のカルナータカ州はこの制度とは異なる。
42) C 村の 1996 年当時の状況に関しては、荒木（1997）、澤（1997, 1998, 1999a, 2005）、澤・荒木（2003）、南埜（1997a）、Sawa and Araki（2008）を参照。2007 年の C 村の宗教空間については、相澤（2008）を参照。
43) 面積単位の Bigha はインド国内において地域により異なる。事例村落では、1 Bigha=0.25275 ha である。
44) 調査時期のルピーの交換レイトは、1 ルピー =3.2 円（1996 年）、3.15 円（2007 年）である。
45) 面積単位の Bigha はインド国内において地域により異なる。事例村落では、1Bigha=0.25275ha である。
46) 留保制度とは、政府が社会・経済的に保護する必要があると認めた後進諸階級、指定カースト、指定トライブを対象に、教育・雇用・政治に関し、ある一定比率で優先して採用する制度である。
47) 事例農村のミルク仲買人の経営の実態については、荒木（2008）を参照。
48) 事例農村の店舗経営に関しては、荒木（2008）を参照。

第7章

グローバル化とインド系移民社会の空間の再編成

－グローバルシティ・東京を事例に

第1節　はじめに

　インド社会はインド国内にとどまるものではない。インド系移民は、中国系移民、ユダヤ系移民とともに世界三大移民と称され、国連の報告によると、2015年時点の移民の数は2億440万人であり、そのうちインドは1,600万人で最大の移民送出国となっている[49]。インド系移民は、単に移住地のホスト社会の経済の一部を担うだけの存在ではなく、成功した彼らの一部はインドの産業や不動産などに積極的に投資をするなど、現在のインドの経済成長と密接に関わっている。そのため、グローバル化した経済のなかでインドの経済成長を考察する上で、もはやインド系移民の存在を無視することは決して出来ないといえる。

　このようにインドから外国へと越境する移民達は、ホスト社会と出身地の両方と深く関わりながら、どのような社会と空間をつくりあげてきたのであろうか、またそれは経済のグローバル化とどのような関わりがあるのだろうか。インドは経済自由化が進められた1980年代以降、特に1991年の「新経済政策」への転換以降、先進国からの外国資本導入により急激な経済成長を経験した。これは先進国を頂点としたグローバル化経済にインドが組み込まれつつあると、とらえることが出来る。同時に、従来は商人や単純労働者が中心であったインド系移民社会も、現在はIT技術者の急増により大きく再編成されている。さらに、成功した彼らの一部がインドのIT産業や不動産に出資を行ったり、帰国し大手IT企業を起業した場合もある。これらは経済のグローバル化によ

る空間の再編成と、不可分な関係にあると考えられる。

　Sassen（2001）によれば、経済のグローバル化が進み、金融業などの企業活動が多国籍化し、異なる法律・会計システム・商慣行・文化の地域に分散するほど、企業の中枢部の機能はその多様性に応じて多様化した統合システムを構築せざるを得ない。これら企業中枢部の膨大な業務の一部（会計・法律・広報・プログラミングなど）はアウトソーシングされ、これらに対応して、生産者サービス業が大企業の周辺に集積する。その結果、経済活動がグローバルに展開し分散が進むほど、中心での統合・集中が進むという「分散と集中の二重性」が生じることを指摘した。このような経済のグローバル化に際し、サッセンは資本が展開される具体的な場としてニューヨーク、ロンドン、東京などのグローバルシティをとらえた。これは生産都市から中枢管理機能に特化した都市であり、同時に国内経済の中心から世界経済の中心へと転換した都市である。ここには多国籍企業の中枢管理機能が置かれ、金融業をはじめ高賃金で働くエリートたちが活躍する場であるが、対照的にサッセンは余剰労働力として失業者を多く抱えると同時に、先進国の労働者が就きたがらない建設現場や下請け工場などで低賃金で働く移民労働者の場であり、賃金格差が拡大していることを明らかにした。

　このように、グローバル経済下では、資本の流動性が高まると同時に、人の流動性も加速化されている。国境を越えてグローバルスケールで移動する移民が増大するに従い、彼らの日常生活空間としての集住地というローカルな「場所（place）」が出現してきた。グローバルシティ・東京においても、IT産業の急速な拡大に伴い、インド系IT技術者が急増した結果、新たなインド人集住地が形成されるに至った。この新たなインド人移民社会の形成には、インターネットがきわめて重要な役割を果たしている。インターネットは「時間と空間の圧縮」（Harvey 1989）を進める新しい情報手段であり、現在のグローバル化した経済の不可欠なインフラとなっている。従来の通信手段において時間やコストなどが距離と関連していたのに対し、インターネットでは両者の関係性がなくなりつつあるばかりでなく、時間もコストもほとんどかからないため、通信における時間と空間の意味が失われつつある。「場所」とは、個人や集団の

情緒的感情のつながりの対象（場所愛）や資本蓄積にも必要なものとして、その具体性・個別性が強調された存在であり、例えば人口や人口増減率、産業構成比率などの、数値で表現することが不可能な存在として捉えるものである。また「場所」は、人々によって作り上げられたという意味で社会的構築物であるが、同時に「場所」は人々の行動や思考の舞台であるので、その可能性を広げるとともに制約も行うものである。本章では特に移民達の集合的アイデンティティを再生産させる装置が備わり、愛着があり、住み続けたい空間的広がりを「自分達の場所（own place）」と表記する。

　本章の目的は、先進工業国へと越境するインド系移民の社会と空間の再編成のプロセスを分析することより、開発途上国から先進国への移民社会・空間と経済のグローバル化との関連について明らかにすることである。具体的には、近年のインド国内のIT産業の成長、日本国内のインド系IT企業の成長とグローバルシティ・東京でのインド系IT技術者の移民の増大に着目しながら、先進工業国へと越境するインド系移民の創り上げる社会・空間が、グローバル化した世界に組み込まれながら再編成される過程の分析を行う。その際には、空間スケールの階層性に留意し、ナショナル、リージョナル、ローカルの3つのスケールにおいて、それぞれ脱領域化と再領域化の概念を用いて考察する。本章は、先進工業国における移民労働者の受け入れの是非についての議論（あるいは外国人労働者、犯罪、社会統合におけるコストに関する議論）などに共通する、ホスト社会からの視点のみに立ち、移民を自分とは異なる他者としてみなしたエスニシティ研究ではない。移民（在日インド人）がホスト社会から自分達とは相容れない異質な存在として認識されるというエスニックな状況のなかで、どのように「自分達の場所」をローカルスケールで作りあげてきているのかに焦点をあてて考察するものである。

　本章の主たる論点は、次の2点である。1つ目は、越境した移民達は、先進工業国で「自分達の場所」をローカルスケールでどのように作りあげてきているのだろうか。それは、越境することにより彼らの社会やアイデンティティのあり方にどのような変化をもたらしてきたのだろうか。2つ目は、東京のインド人社会はきわめて新しい移民社会であるが、彼らの新しいコミュニティを形

成する上で、近くにいる者との対面接触（face to face contact）に加え、遠くにいる者や未知の者同士を直接結ぶことにより「時間と空間の圧縮」をもたらすインターネットが重要な役割を果たしている。このような新しいエスニックコミュニティの成立においてインターネットはどのような役割を果たしているのだろうか。そしてそれは、「自分達の場所」を創造することにどのように関わっているのだろうか。

上記の問題意識の下、インド系移民社会の空間的再編成とグローバリゼーションとの関連を、第2節ではナショナルスケール、第3節ではリージョナルスケールでそれぞれ「脱領域化」と「再領域化」の概念を用いながら考察を行う。第4節は、ローカルスケールでの考察である。従来からの集住地である神戸のインド人社会と比較しながら、インド人の新たな集住地であるグローバルシティ・東京におけるインド系移民社会の形成と空間的再編成のプロセスを、「脱領域化」と「再領域化」の概念を用いながら考察を行う。

第2節　インド系移民社会におけるナショナルスケールでの空間の再編成

インド系移民社会の歴史に関し、内藤（1996）は、①奴隷労働廃止に伴った19世紀半ばからはじまるイギリス植民地への年季契約労働制度、②1947年のインド・パキスタン分離独立および第二次世界大戦後のヨーロッパの経済復興、③1960年代初頭の東アフリカ諸国の独立、④1973年に始まる湾岸諸国への労働者の移動、により4区分している。しかしその後の1980年代後半以降、東西冷戦の終焉、経済のグローバル化、IT情報化の中で、アメリカなどの先進国への移動が、インド系移民の特徴として指摘される（表7-1）。中国系移民の約8割が東南アジアに集中しているのに対して、インド系移民はイギリスおよびイギリスの旧植民地を中心に世界各地に比較的広く分布している。また、中東産油国（サウジアラビア、アラブ首長国連邦、オマーン、クウェート、カタール）にも多くのインド人移民が居住している（図7-1）。湾岸危機〜湾岸

第2節　インド系移民社会におけるナショナルスケールでの空間の再編成　211

表 7-1　インド系移民の歴史的変遷

移民の要因	時期	移住先
①奴隷制の廃止と年季契約労働制・カンガーニー制の導入	19世紀半ば～1940年代	タンザニア，ケニア，ウガンダ，モーリシャス，南アフリカ，スリナム，トリニダード・トバコ，ガイアナ，フィジー，ビルマ（ミャンマー），セイロン（スリランカ），マレー半島（マレーシア，シンガポール）など
②第二次世界大戦後の経済復興にともなう先進国への移動	1950～1970年代初頭	イギリス，アメリカ合衆国，カナダなど
③中東産油国への労働者の移動	1973年オイルショック以降	サウジアラビア，アラブ首長国連邦，オマーン，クウェート，カタール，バーレーン，イエメンなど
④経済のグローバル化にともなうIT技術者の移動	1990年代以降～現在	アメリカ合衆国・日本の先進国やグローバルシティなど

内藤（1996），古賀・中村（2000），澤・南埜（2009）などを参考に作成。

図 7-1　インド系移民の分布（2012）
10万人を超える国名のみ記載した。ネパールとスリランカは除く。
資料：Misintry of Overseas Indian Affairs 2012年報告　出典：南埜・澤（2017）

戦争時（1990～1991）にはインドから中東産油国への単身出稼ぎ労働者が一時減少したものの，その後は再び増加している。これら中東産油国におけるインド系移民は，おもに建設事業等に関わる労働者であり，非熟練・半熟練労働者の割合が高い（粟屋 2000）。また中東産油国では，移民の定住や家族の呼び

寄せなどは厳しく規制されており、そのため短期雇用の単身労働者が多いのが特徴である。

アメリカ合衆国へのインド人の移民は19世紀末から20世紀初頭に始まったものの、アメリカ合衆国におけるアジア人移民排斥により一時減少した。その後、1965年に人種差別的条項を撤廃した移民法の施行により、次第にインド系移民も増加した（関口2000）。在米インド人は1980年に約30万人に過ぎなかったが、1990年に約82万人、2000年に約168万人、2010年には約271万人（US Census、American Community Survey）と急増加してきた。アメリカ合衆国におけるアジア系移民のなかで、インド系移民は、中国、フィリピンについで第3位の人口であり、同時にアメリカ合衆国がインド系移民の一大居住国となった。在米インド人は、タクシードライバー、モーテルや飲食店の経営者のほか、医者や弁護士などの専門職というように幅広い階層からなる。それらに加えて、1990年代以降においては、特にITの技術者の増加に特徴がある。シリコンバレーには30万人（2001年）を超えるインド系IT技術者が従事している（広瀬2007）。在米インド人の40％近くがIT関連産業（技術者や企業経営者）に従事し、その他にも新興のベンチャーキャピタリストも多くいる。このように、インド系IT技術者は、中国系IT技術者とともに不可欠な存在となった。

グローバル化した経済の下、多国籍企業の中枢管理機能が多く立地する先進国のグローバルシティは巨大化するに従い、都市のエリート層であるテクノクラートなどの専門職と低賃金でフレキシブルな雇用体系である単純労働者へ二極化が進んだ。この両者間の分断により、後者はエスニック集団などのマイノリティの雇用の場となった。そこでは、先進国の労働者が就きたがらない建設現場や下請け工場での低賃金労働者の需要が増大し、これに呼応して開発途上国からの低賃金労働者が流入する。このように、先進国における低賃金労働市場が国境を越えて開発途上国に拡大し、低賃金労働市場のナショナルスケールでの脱領域化が進行した。

また、グローバル経済は金融業のグローバルな展開によって特徴づけられる。グローバルシティは金融業の成長が大きく（Sassen 2001）、それを支えるIT産業の成長が不可欠である。その担い手として、1990年以降インドの大都市か

らアメリカや日本へのIT技術者などの頭脳労働者の移動が顕著である。IT技術者は雇用条件の良い職場への転職に伴って、国際移動や国内移動が多いなど流動性が高い。つまり、IT技術者の労働市場は国境を越え、ナショナルスケールにおいて脱領域化しているといえる。このような労働力の国境を越える流動性が高まると同時に、移民による情報交換が、新たな就業の場の確保において重要になる。移民同士や出身地の移民予備軍（親類・友人・知人）が、雇用条件や就業地周辺の居住地環境に関する情報を緊密に交換するのである。このように、移民同士や家族・友人・知人達との国境を越えた情報交換が、インターネットにより即時的で安価になり、情報の流動性が高まることにより、情報の脱領域化が進む。インドにおいて、移民からの送金は外貨獲得の点で重要であり、インド系移民による母国への出資・送金や、成功した彼らの一部が帰国（頭脳環流）してIT企業を起業することがインド経済にとり重要な役割を果たしている。

　アメリカや日本におけるインド系IT技術者の増加は、インドにおけるIT産業の成長と密接に関わっている。インドのIT産業の成長には、Saxenian（2006）によれば、①国境を越えた分業システム、②国境を越えた労働市場と移民、③大企業を核とした国家主導による成長ではなく、在米インド系IT技術者がインドで起業するボトムアップ型として成長したという特徴がある。国家の強い関与の下で成長したインドの自動車産業とは異なり、インドのIT産業は在米インド系IT技術者が母国で起業した、いわゆるベンチャー型の産業である。彼らは出身大学や出身州などを核にしたインド系移民の強固なネットワークに基礎をおき、インド系移民のベンチャーキャピタリストのサポートを受けながら、主な出身地であるベンガルール、デリー、ハイデラバードなどで起業している。ITの技術革新は最新技術を常に獲得する必要がある。技術移転はグループ社内だけにとどまり閉鎖的な自動車産業とは対照的に、IT産業の場合は同業者内でオープンな場合が多く、それが新しい技術革新の土台となっている。そのため、先進国からインドへの一方向の技術移転の自動車産業とは異なり、IT産業は両地域の双方向の技術移転が行われる。それを支えるのがインド系移民のネットワークであり、IT技術も技術者も国境を越えた双方向の流動性

が極めて高い。

　日本におけるインド系IT企業は、大手企業としてTata Consulting Service（日本での営業は1987年から、オフィスは横浜市みなとみらい）、Infosys（同1997年から、東京都港区）、Wipro（同1998年から、横浜市みなとみらい）の3社があり、そのほかに数十社の中小規模の企業がある。これらのIT企業は、銀行などの金融機関向けのアプリケーションの開発とメンテナンス、製造業向けの組み込み系エンジニアリング、ITコンサルティングが主な分野である。いずれのインド系IT企業も日本に進出した外資系企業や日本企業を顧客とするが、外資系企業向けの場合英語で業務のほとんどを行えるため、同業の日本企業に対し競争優位にある。しかし日本企業向けの場合、グローバルスタンダードと異なる日本固有のビジネス慣習、つまり仕様書が曖昧で、詳細は口頭でのみ伝達する企業が多いため、参入障壁があるといえる。外資企業向け、日本企業向けの業務は、いずれも日本で受注し、顧客と直接折衝を行いながら仕様書を完成させる。その後、日本の開発センター（on-site）とインド（off-shore）で連携しながら開発を行う。例えば、Wiproの場合、横浜市みなとみらいの開発センターとハイデラバードで連携して開発を行う。ハイデラバードには、日本語教育センターがあり、ここでは日本語の出来るIT技術者を養成し、日本に「企業内転勤」の形で転勤させる。日本においては、那覇市にBPO（Business Process Outsourcing）センターを設置し、コールセンター業務を行っている。

　複数の仲介業者が介在する非熟練労働者（unskilled）の外国人労働者と異なり、インド系IT技術者はインド系IT企業の企業内転勤や、インド系人材派遣会社からの人材派遣（村田 2010）として、派遣先の金融機関や製造業企業などのプロジェクトチームの一員として働く。プロジェクトチームの一員として勤務したインド系IT技術者はその業務が終了すると、次の業務が予定されている場合はしばらく日本で待機（benching）することもあるが、そうでない場合はすぐさまインドへ帰国させられる。このように、必要な時に必要な数のIT技術者を企業に派遣（納品）し、最大限待機（在庫）をなくす方法は、トヨタの在庫管理のアナロジーから「ジャストインタイムな労務管理」と呼ばれている（Aneesh 2006, 村田 2010）。また、このような状況は、日本に限らずア

メリカのIT産業で広く認められ、「グローバルなbody shopping」とも呼ばれ（Xiang 2006)、まさにIT技術者そのものがグローバルな商品となり、IT技術者の労働市場がグローバルに展開していることを示している[50]。インド系IT技術者は英語能力が高く、アメリカをはじめとする英語圏内での転勤や転職には全く支障はない。しかしながら、来日するインド系IT技術者は、来日前にインド国内で日本に関する研修を受けるものの、その期間は1年弱と短く、日本の企業の社員として採用されるほどの日本語能力やグローバルスタンダードと異なる日本固有のビジネス慣習を習得するレベルに達しない場合が多い。そのため、彼らは日本企業へ転職する可能性は低いといえる。その一方、村田（2010）が指摘するように、インド人技術者の多くが困難である日本語コミュニケーション能力をもし習得すれば、それが大きな付加価値となり、雇用条件の良い日本企業への転職が容易となり、日本での長期就労が可能となる。

　このようにIT技術、IT技術者やIT企業の起業家が国境を越えて移動し、ナショナルスケールでの脱領域化が進んでいる。インドのIT産業がアメリカを中心としたグローバルな空間に組み込まれる中で、在米インド系移民がその重要な役割を担っている。国外で成功したインド人の技術者・起業家やベンチャーキャピタリストを他の国ではなく母国に環流（頭脳環流）・出資させるために、インド政府も2004年に在外インド人省を設立し、インド系移民によるインドへの投資に対して税制や企業立地規制の緩和などの優遇措置をとると同時に、通信などのインフラ、教育機関、法制度の整備を行った。このように、インドのIT産業の条件を整えるためには、国家の政策が不可欠となった。その結果、インドのIT産業とIT技術者の労働市場の両方に関して、ナショナルスケールでの脱領域化と同時に、再領域化（再国家化）が生じたといえる。

　以上のように、国境を越えた資本の流動性の高まりによってもたらされた経済のグローバル化は、国境を越えた労働力や情報の流動性を高めることにより、再び国境を越えた資本の流動性を高めるという、再帰的関係を形成している。このような過程で、先進工業国では自国民だけでは需要を満たすことができないIT等の技術職や、自国の労働者がつきたがらない低賃金労働者など、それぞれ特定の労働市場がグローバルに拡大した。その結果、国内で閉じていた労

働市場は、ナショナルスケールでの脱領域化が進んだ。しかし、先進国政府は外国人労働者の受け入れの可否や滞在許可期間を、国籍や技能などにより決定する。例えば、日本政府においても、技術者や「日本人の血を引く」として日系人を積極的に受け入れる反面、それ以外の外国人労働者を排除してきた（澤 2007）。インド人に関しては、日本における IT 技術者の不足に対応すべく、日本政府はインド政府との間で 2000 年に「21 世紀日印グローバル・パートナーシップ」の構築で合意し、インド人 IT 技術者へのビザ発給をスムーズにし、インド人 IT 技術者の日本での就労を促進させた。その後も、「査証手続の簡素化に関する日本国政府とインド共和国政府との間の覚書（2010）」により、インド人 IT 技術者の日本での就労をさらに加速化させる方針をとっている。このようにグローバルに流動化が進む IT 技術者の労働市場の中で、彼らを日本に引きつけるために、国家の移民政策によるインド人 IT 技術者の誘致が不可欠となった。このように、IT 技術者の労働市場のナショナルスケールでの脱領域化が進むのと同時に、国家の移民政策により労働市場のナショナルスケールでの再領域化（再国家化）が進んでいる。

第 3 節　インド系移民社会におけるリージョナルスケールでの空間の再編成

　日本における在留外国人[51]（外国人登録者）数は、近年急激に増加し、2016 年末において約 212 万人に達している。そして中国、韓国・朝鮮、フィリピン、ブラジルの上位 4 カ国でその約 73% を占めている。在留インド人数は約 2.9 万人（2016 年）であり、在留外国人全体に占める割合は約 1% に過ぎない。しかしながら、在留インド人は 1990 年の約 3,000 人から 2010 年で約 7.2 倍となるなど増加が急激で、他の在留外国人と比べて在留資格の中で「技術」の割合が高い点に特徴がある。

　在日インド人社会に関して、神戸在住のオールドカマー中心の在日インド人社会と東京周辺在住のニューカマー中心の在日インド人社会の 2 つの対照的な

集住地が現在形成されている。都道府県別在留インド人数の推移を示す図7-2に示されるように、1980年代中ごろまでは、在留インド人の4割以上が兵庫県（ほとんどが神戸市）に居住していた。

　1980年代半ばから東京都の在留インド人が急増し、1990年には東京都が兵庫県を上回って第1位となった。その後も兵庫県の在留インド人は微増であるのに対して、東京都は1990年の934人を基準とすると2000年に3.7倍、2005年に6.9倍となった（図7-2）。その後、2008年9月にアメリカ合衆国の投資銀行・リーマンブラザースのサブプライムローンである金融派生商品の債務不履行に端を発したいわゆる「リーマンショック」により、アメリカ合衆国のみならず世界が経済危機となった。グローバルシティ・東京においてグローバルに展開してきた企業は、その影響を直接に受け、さらにこれらの企業の経済活動を支えてきたIT産業にも不況がもたらされ、これらの企業に派遣されていたインド人IT技術者とその家族の一時帰国が認められた（佐藤・井口2011）。そのため2012年から2014年にかけて一時的に減少したものの、その後は再び増加傾向に転じ、2015年には1990年の9.3倍の8,730人まで回復した。

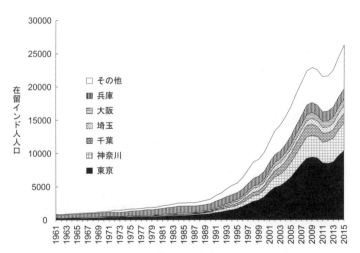

図7-2　在留インド人の都道府県別登録者数の変化（1961～2015）
資料：法務省『在留外国人統計』各年度版ほか

インド人の在留資格の変化を示した図7-3が示すように、1990年から2010年にかけて「技術・人文知識・国際業務」、「企業内転勤」、「家族滞在」の在留資格者が増えている。これはIT技術者とその家族の増加によるものである。前述したように、日本政府はインド政府との間で2000年に「21世紀日印グローバル・パートナーシップ」の構築、「査証手続の簡素化に関する日本国政府とインド共和国政府との間の覚書（2010）」により、インド人IT技術者の日本での就労を加速化させる方針をとっている。また、「技能」の増加は、インド料理店などが増加し、インド料理店経営者とコックが増加したためである。

東京におけるインド人社会は、ニューカマーのIT技術者とその家族が大多数を占めつつある点に大きな特徴がある。経済のグローバル化が急速に進行する現在、グローバルシティ・東京は多国籍企業の意志決定の中枢として重要な役割を果たしている。経済のグローバル化は国境を越えた資本の流動性を加速化し、外資系金融機関や企業の日本への進出、国内や海外の金融機関間の合併や買収、企業間の合併や買収、企業の多国籍化や海外進出などが盛んに行われることとなった。これに伴って、外国の異なる言語・法律・文化・慣習などに対応した新たなシステムの構築や、多国間で異なる情報処理システムの統合や

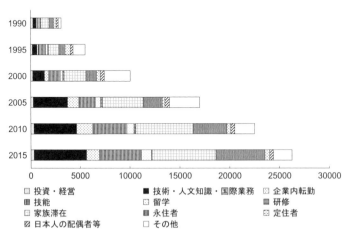

図7-3　在留インド人の在留資格別登録者数の変化（1990〜2015）
資料：法務省『在留外国人統計』各年度版ほか

再構築が必要となった。これらの情報インフラを構築・整備するものとして、グローバルシティではIT産業の発達が不可欠となっている。このような状況下で、東京周辺在住のインド人社会は、多国籍企業に勤務するビジネス・エリート層、インド料理店経営者・コック、下請け工場の非熟練労働者に加えて、近年IT技術者とその家族が急増した。

　IT産業は、インターネットを必要とするが、大規模な装置や広大な土地を必要としない。そのため、そのオフィス立地は賃貸料や受注先との利便性に左右され、流動性に富む。日本の都市部においては、インターネットのインフラ整備状況に関して地域差はほとんどないため、立地する上での制約は少ない。顧客の多くは、グローバルシティ・東京に位置する金融機関や製造業である。IT企業は顧客との詳細な折衝を必要とし、しかも企業に派遣するIT技術者をジャストインタイムで管理しなければならないため（Aneesh 2006, 村田 2010）、顧客との近距離に立地する必要がある。このため、IT企業の立地も東京とその周辺に集中する傾向にある。中規模のインド系IT企業の中には、競合相手の多い東京を避け、大阪に当初拠点を設けた企業もある。しかしながら、大阪に本社のある大企業の本社機能が東京へ相次いで移転した影響で顧客の多くが東京となったことが明らかになった後は、拠点を東京に移さざるを得なかった。

　しかしながら、その一方では、インド系大手IT企業3社のうち2社（Tata Consulting Serviceが1987年に日本進出, Wiproは1998年に日本進出）は日本進出当時には東京の都心部に拠点を立地させていたが、いずれも2002年から2004年にかけて横浜市みなとみらいに拠点を移転させた。その後もインド系IT企業の横浜進出が続いた。これは、横浜市と東京都との外国資本獲得を巡る都市間競争における、インド系IT企業を誘致するための横浜市の都市戦略と関連する。IT企業にとって、顧客との空間的近接性や情報インフラの整備の点では東京とその周辺には大きな差異はなく、IT企業の立地の流動性は高く、その立地条件に関しては東京大都市圏の都市部というリージョナルスケールにおいて脱領域化しているといえる。横浜市では2004年に策定した「IT産業戦略」に基づきIT産業集積を進めており、インド系IT企業がきわめて重要

な役割を果たすことが期待されている。このような状況の下、横浜市がインド系 IT 企業を誘致するためには、東京に対して競争優位を生み出す必要があった。

そこで横浜市が注目したのがインド人学校であった。2006 年当時、インド人学校は東京都東部の江東区と江戸川区にそれぞれ 1 校あった。いずれも急増するインド系 IT 技術者の子どもの受け皿として東京と横浜の在日インド人社会のサポートのもとようやく設立にこぎ着けたもので、インド人学校設立に関して東京都からのサポートを十分には受けることが出来なかったという不満がインド人社会には強かった。これに対して、横浜市は東京やその周辺でさらに増加し続けるインド系 IT 技術者の子どもの受け皿として、統廃合により廃校となった横浜市立の小学校（緑区）の旧校舎にインド人学校を誘致した。これはインド人学校の法人の本部であるシンガポールで横浜市の中田市長（当時）が調印式を行ったほど、横浜市からの積極的な誘致であった。その後、インド人学校の運営母体は変更となったものの、2009 年に開校した。妻子とともに居住する IT 技術者にとって、高度なカリキュラムを有するインド人学校は居住地を決める上での重要項目である。IT 技術者の短期間の派遣と帰国を繰り返すインド系中小企業の IT 企業に比べると、大手 IT 企業の場合は、長期間のプロジェクトやメンテナンスを伴う業務が多く、日本滞在期間も 3 年程度と長く家族単位で居住することが多い。そのため顧客との近接性や賃貸料の安さのみならず、従業員の福利厚生もインド系 IT 企業オフィスの立地選択理由として重要となっている。その結果、横浜市はインド系 IT 企業の誘致や定着に成功したと考えることが出来る。インドからの投資をさらに促進させるべく、2009 年に横浜市は姉妹都市であるインド・ムンバイ市に横浜市ムンバイ拠点を設置し、また同年横浜商工会議所や横浜市・神奈川県が中心となって横浜インドセンターを設立した。同センターは、デリーに本部のあるインド商工会議所連合会（Federation of Indian Chambers of Commerce and Industry）とムンバイに本部のあるインド商業会議所（Indian Merchants' Chamber）と連携して、横浜とインドとの相互間の投資を促進させる体制を整えた。

グローバル化とは、「時間と空間の圧縮」（Harvey 1989）からもたらされる現

象と考えられている。輸送機関の高速化とITによる通信技術の発達により、「時間と空間の圧縮」が加速度的に進む。これは様々な地域を同一化、標準化させる原動力となる。しかし同一化作用に対して差異化作用も同時に生じる。例えば、「時間と空間の圧縮」により資本の空間移動が容易になるが、これは必ずしも空間の等質化をもたらすのではない。特に流動性の高い外国資本は、「場所」のヴァリエーションに対して、より敏感になるとともに、外国資本を誘致するように特別な質をもつ魅力ある「場所」の生産をめぐって、都市間や国家間などで空間的競争が生じる（Harvey 1989）。インド系IT企業が日本で立地する際には顧客との近接性の上で、グローバルシティ・東京が選択された。しかし東京大都市圏の都市部では利便性の点では大きな差異はなく、立地に関してはリージョナルスケールにおいて脱領域化している。インド資本をめぐる東京との都市間競争のもと、横浜市はインド人学校の誘致により、インド資本にとって魅力ある「場所」を生産した。その結果、インド系IT企業の誘致や定着に成功するなど、リージョナルスケールでの再領域化が進行しているといえる。

東京に居住するインド人がさらに増加するに従い、当初は分散していた居住地は次第に江戸川区で新たにローカルな集住地を形成するようになった。次節では、日本における古くからのインド人定住地の神戸と比較しながら、東京の新たなインド人集住地の形成過程を、分散居住していた1990年から集住地の形成が確立された2005年までの期間について分析する。

第4節　インド系移民社会におけるローカルスケールでの空間の再編成

(1) オールドカマー中心の神戸のインド人社会

1923年の関東大震災により被災した貿易港・横浜のインド人商人が、小規模ながらすでにインド人商人のコミュニティがあり、かつ「地震のない」と当時いわれていた貿易港・神戸に移動し、その後復興が進んだ横浜に戻ることな

くそのまま神戸に定着して以降、神戸は長らく日本におけるインド人の最大の集住地であった。彼らは単身ではなく家族単位で神戸に居住し続けている場合がほとんどであり、神戸で結婚し、子どもを産み、子育てをした結果、インド人の人口が神戸では安定的に再生産され、人口の顕著な増減は認められない。このように、彼らの多くは神戸における居住期間が長い定住者である。神戸市中央区北野および隣接する灘区にかけての山の手の住宅地域に集住する。ここにはインドのスパイスやインド映画のDVD等を扱う食材・雑貨店や衣料店（サリーショップ）、英語の通じる病院（神戸海星病院）[52]などの生活上のインフラが整い、英語で教育を行う（English Medium）インターナショナルスクール（小・中・高校）[53]も立地する。また宗教施設（ヒンドゥー教、スィク教、ジャイナ教）が立地している。このため神戸の集住地では日常的な対面接触（face to face contact）がきわめて容易となっている。

定住者の多い神戸在住インド人は図7-4で示されるように、主にSindhi（シンディー）（シンド州出身[54]・ヒンドゥー教徒）＝繊維・電化製品を扱う商人、Punjabi（パンジャービー）（パンジャーブ州出身・スィク教徒）＝雑貨・自動車部品などを扱う商人、Gujarati（グジャラティ）（グジャラート州出身・ジャイナ教徒）＝真珠商人（神戸市中央区北野に集住）の3つの商人グループから構成されている。国籍よりも宗派やジャーティにアイデンティティをおくのが、彼らの大きな特徴である。彼らの商業活動は、いずれも貿易港であり、かつ真珠の加工業の大規模な集積地である神戸と繊維の街・大阪の地域経済と密接に関わってきた。

さらに、彼らに共通する特徴は、宗派や出身地／故地ごとの強固で、かつやや排他的なグローバルネットワークをもっていることである。これは、子弟の就学や婚姻に関して最も明瞭に表れている。彼らの子弟が通う学校は、英語での教育を行う（English Medium）神戸市内のインターナショナルスクール（小・中・高校）や英語圏の大学がほとんどである。彼らは、日本語教育ではなく、彼らの商業活動上必要な英語での教育を第一義に考えている。英語を習得することが、英語圏の国々やインドで商人として生きていく上で必要不可欠のものであると、彼らは強く認識しているのである。母語教育は親子間やインターナ

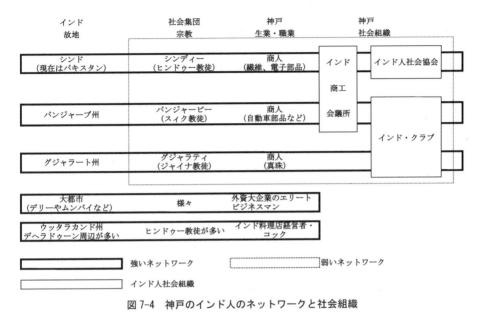

図 7-4 神戸のインド人のネットワークと社会組織

ショナルスクールの授業（選択科目）で若干行われるに過ぎない。このため、例えば近年のスィク教徒の宗教的儀礼に際しても、母語・パンジャーブ語のみならず英語を併用せざるを得ないなど、日本で生まれ育った若い世代を中心に母語での十分な意志伝達も困難となりつつある。

　進学移動、婚姻移動に関して、インドでの出身地／故地のみならず、アメリカ合衆国、香港、シンガポールなどにおける彼らの集住地域などと高い移動性をもつなど、必ずしも日本に永住するとは限らない。大学進学に際しては、英語圏でかつ彼らの親族のいるアメリカ、インドやシンガポールなどの大学を選択している。また、兵庫県の在留インド人は約 1,500 人（2016）で、結婚相手を常に見つけることが出来るほど大きくはないので、インドの出身地やアメリカなどへ短期間でかけて、そこで相手を捜す行動が行われている。男性の場合は女性（妻）を神戸に連れてくる場合が多いのに対し、女性の場合はインドやアメリカ在住のインド人と結婚する場合が多い。この際にも、同一宗教・同

一ジャーティや親戚間でのグローバルネットワークが重要な役割を果たしている。このグローバルネットワークとローカルなネットワークを併せ持つことが、ディアスポラ[55]としての大きな特徴である（澤・南埜 2003，南埜・澤 2005）。

　また、神戸では少数ながらインド人ニューカマーの存在も認められる。彼らは、インド料理店の経営者・コックや外資の大企業のエリートビジネスマンや技術者などとその家族である。神戸に限らず日本のインド料理店のコックの多くはウッタラカンド州の州都・デヘラードゥーン周辺出身者であり、実家の妻子に送金していることが多い。彼らは顧客としてのオールドカマーのインド人らとの接触は無論あるものの、インドでの生活水準の違いがそこで強く意識され、お互いにアイデンティティは共有していない。また、後者のエリートビジネスマンや技術者は外資の大企業の支社・支店間を国際移動している者達である。神戸にはインターナショナルスクールや英語の通じる病院、各宗教施設、外国人用のスポーツクラブなど、外国人が生活する上で必要な施設がそろっている。社員の生活環境や子どもの教育環境を重視する外資系大企業は、その日本支社（営業所）を立地させる上で、神戸は東京や横浜に並び重要な選択肢の一つである。そのような企業の内の一つがアメリカ資本のP&G社である。同社は1973年に日本に進出したが、1993年に東灘区六甲アイランドに日本本社（プロクター・アンド・ギャンブル・ジャパン）と開発センターを移転させた。その後業務の見直しに伴い移転を計画したが神戸市から離れることなく、2016年にJR三ノ宮駅近くに移転した。同社はインド人を含む外国人を多く雇用し、六甲アイランドにはインターナショナルスクールも立地することから、六甲アイランドはインド人ニューカマーを含む多くの外国人エリート層が居住する場所となった。しかしながら、国外への転勤に伴い神戸に在住する期間は数年に限られ、祭礼を除けば神戸のオールドカマー達との接触はきわめて少ない。このような神戸のニューカマー達は、後述するインド人社会組織から疎外されていると感じている。インド人社会組織での年中行事などへの案内状は会員ではないニューカマー達には配布されず、インド人社会組織はニューカマー達に対して閉じた存在となっている。

このようにコミュニティごとに断片化された神戸在住のインド人社会において、オールドカマーによって構成されたインド人の社会組織も、インド国籍という枠組みでの統合はされていない。例えば、社会組織の中で中心的役割を担っているインド商業会議所は、1937（昭和12）年設立と古いものの、現在はシンディーとパンジャービーのみが構成員であり、グジャラティは参加していない。また、インドクラブでは、パンジャービーとグジャラティから構成されているが、シンディーは含まれない。つまり、国籍で神戸在住のインド人を統合する機能はどの組織にもないのである（図7-4）。オールドカマーとニューカマーは神戸という同じ空間に居住し、生活するものの、国籍を共有するインド人としてのアイデンティティを育む装置はなく、神戸という「場所」の持つ意味はそれぞれ大きく異なる。オールドカマーにとり神戸は宗教施設・学校・サービス施設や景観、グローバルネットワークの一拠点として、各宗教・ジャーティの集団的アイデンティティを育む装置の備わった「場所」であるが、一方ニューカマーにとって、神戸は職業上（インド料理店や多国籍企業の営業拠点）の意味しかもたない「場所」なのである。

(2) ニューカマー中心の東京のインド人社会

東京では、1990年当時主に港区や世田谷区など、東京23区の西部の高級住宅地に多くのインド人が居住していた（図7-5，図7-6）。港区には大使館関係者や外資系金融業に勤務するエリート層が居住し、世田谷区には彼らの子どもが通うインターナショナルスクールが立地していることが居住地選択の要因となっていた。このほかに日本を代表する宝石卸売業の集積地・御徒町（台東区）でダイヤモンドなどを扱う宝石商人（多くはグジャラート州出身のジャイナ教徒）が1970年代以降居住している。東京に居住するインド人がさらに増加するに従い、当初は東京都23区で分散していた居住地は次第に江戸川区で新たにローカルな集住地を形成するようになった。2005年以降には、東京23区の東部に位置する江戸川区（2015年：2,402人）や江東区（2015年：1,384人）が集住地となった。

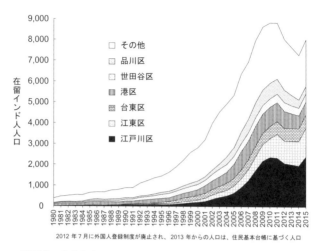

図 7-5 東京都主要区別在留インド人口の変化（1980 〜 2015）
資料：東京都資料

　江戸川区では、1990 〜 1995 年では 20 〜 39 歳の男性が卓越し、女子はほとんどおらず、男子単身者が中心であった（図 7-7）。しかしその後 2005 年では、25 〜 39 歳男性に加えて、25 〜 34 歳女性と 0 〜 9 歳男女の子どもの数が大きく増加した。1990 〜 1995 年での男性単身の IT 技術者を中心とする構成から、2005 年には IT 技術者の若夫婦と子どもという家族構成へと変化した。彼らは江戸川区の葛西地区に集中する傾向にある。葛西地区では 1960 年代後半に、東京の市街化の拡大とともに、農地が住宅地へと転用され、さらに埋め立て事業により清新町と臨海町が 1982 〜 83 年に造成され、約 6 千戸の住宅が建設された。インド人は、葛西地区のなかでも東京メトロ東西線・西葛西駅周辺や清新町などの UR（都市再生機構）の賃貸集合住宅や民間賃貸マンションに多く居住し、インド人の集住地を形成している。
　IT 技術者は、プロジェクトベースでの雇用が主で、滞在期間はビザの期限内の 3 年以内の一時居住であることが多い。ある男子単身 IT インド人技術者の生活パターンを示すと次のとおりである。まず 7 時〜 7 時 30 分に起床し、シャワーを浴びる（インド人は夜ではなく朝にシャワーを浴びるのが習慣）。そし

第4節　インド系移民社会におけるローカルスケールでの空間の再編成　227

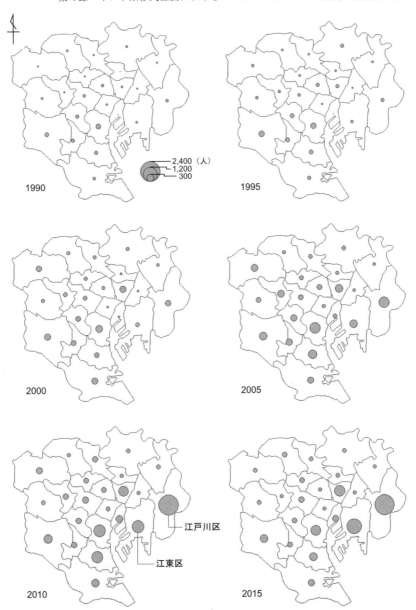

図7-6　東京都23区の在留インド人の分布の変化（1990〜2015）
資料：東京都資料

228　第 7 章　グローバル化とインド系移民社会の空間の再編成

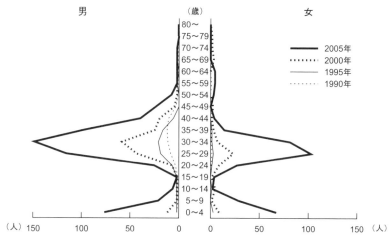

図 7-7　東京都江戸川区の在留インド人の人口ピラミッドの変化（1990 ～ 2005）
資料：江戸川区役所資料　出典：澤・南埜（2009）

て昼の弁当の準備と朝食の後、8 時頃に最寄り駅より通勤電車に乗り、勤務先に 9 時前に到着する。勤務は、昼食（チャパティとカレー）休憩を挟み、20 時頃までである。21 時過ぎに帰宅し、夕食を準備して、TV やインターネットを見た後、23 時 ～ 24 時に就寝する。平日は自宅と勤務先の往復のみであり、自由な時間は休日のみである（澤 2008）。

　このような居住地と勤務先との往復のみ行うルーチン化された生活パターンを前提とした男子単身 IT 技術者の居住地選択は、通勤の利便性と賃貸料の安さが重視された。エスニック食材店やレストランそして既存のエスニックコミュニティの有無は、単身で居住することがほとんどであった 2000 年までは、居住地選択においてあまり考慮されなかった。このため、初めて東京に来た（ほとんどの場合来日も初めて）単身 IT 技術者の多くは、都心へ通勤時間 1 時間程度の鉄道沿線（例えば、東京メトロ東西線西葛西駅や JR 常磐線松戸駅、JR 中央線中野駅）に散在していた。IT 技術者の就業地や派遣先は都心（例えば、千代田区大手町周辺）に立地することが多いため、東京メトロ東西線、JR 常磐線や中央線沿線はそのアクセスの面での条件を満たしている。そして東西

第 4 節　インド系移民社会におけるローカルスケールでの空間の再編成　229

線沿線では江戸川区の西葛西・葛西駅や千葉県市川市の行徳・妙典駅の周辺は賃料が相対的に低価格であることから、アクセスと賃貸料の両面とも条件にかなったものとなっている。住宅に関して、一般の賃貸住宅のほとんどがアジア諸国出身者の入居を事実上拒否するというエスニックな状況がある。インド系IT技術者の場合、勤務先の企業が賃貸住宅の管理会社と法人契約を結ぶことや、入居者に関して国籍を問わないURの賃貸集合住宅に入居することにより、このような問題を回避している。また街が新しい西葛西においては、新住民が多く、地元住民との軋轢が少なく、外国人を受け入れやすいといった地域的条件もある。2000年頃から単身IT技術者は、結婚あるいは妻子を呼び寄せる際に、次第に江戸川区西葛西へ移動し、家族で生活する傾向が認められた。この要因は、会社と住居の往復のみの生活を送る単身とは異なり、家族単位で居住する際には相互扶助的なインド人コミュニティの存在がきわめて重要であることによる。

　東京周辺在住のインド人社会は、多国籍企業に勤務するビジネス・エリート層、インド料理店経営者・コック、下請け工場の非熟練労働者に加えて、IT技術者が急増することとなった。多様な階層からなる東京のインド人社会であるが、2000年頃までは各階層間の社会関係は弱く、かなり断片化されていた。この理由として、各地に分散して居住していたことと、宗教の違いやヒンドゥー社会内での階層差が大きく、異なる宗教間や各階層間での宗教行事、就業や結婚に関する情報の交換がなされる必要がないからであると考えられる。

　このように、東京でインド系IT技術者は増加しつつあったものの、2000年頃までは男子単身者が多く、職場での人的つながりに限定され、個人が比較的孤立した存在であった。これに対する危機感から職場以外での情報ネットワークを立ち上げるべく、インド人社会組織（同郷団体）がいくつかの出身州（言語集団）ごとに設立されはじめた[56]。当時、東京には神戸と異なり彼らの宗教施設はなく、出身州ごとに宗教儀式が、公民館などを借りて年に数回行われていた。家族を呼び寄せたものは家族単位で参加し、ともに祭礼と食事や出身地に関するゲームをし、同一州出身者としてのアイデンティティを再確認しようとしていた。その中で、スィク教徒（多くはパンジャーブ州出身者で、東京

周辺の下請け工場での単純労働者や建設労働者）は、文京区のインド人が所有するビルの地下にグルドワーラー（スィク教寺院）[57]を1999年に設立した。グジャラート州出身のジャイナ教徒は2000年に御徒町のインド人宝石商所有のオフィス内に礼拝施設を設立した。

　IT技術者は前述のように、日本での滞在は3年未満が多い。それゆえにメンバーの流動が激しく、同郷団体の世話人もニューカマーを把握することが不可能であり、東京在住の同郷者間の情報は職場での口コミに頼らざるを得なかった。そのような状況において、インターネットがインド人社会組織の新たな情報チャネルの媒介として活用されるようになった。ウェブやメーリングリストで行事案内（祭礼、ピクニック、パーティなど）や生活情報（インドレストラン、スパイスなどの南アジアの食材店、インド人学校、英語で診察可能な病院のリスト、帰国する際に不要となった家財道具の譲渡など）を載せると同時に、メンバー登録や情報交換も電子メールで行われている。またスパイスなどの食材専門店もインターネットで通販を行っている。

　このようにインターネットを媒体として「場所」に根ざさないバーチャルなコミュニティの形成が行われる中、これとは異なり、妻子とともに家族単位で居住するインド人達が江戸川区をベースとして「自分達の場所」を作るという形での新たな形態のコミュニティの形成がみられるようになった。彼らが江戸川区を居住地として選択する理由は、都心への通勤の利便性、相対的に安価な家賃（2DKで12万円程度）、夜間営業のあるスーパー、インドレストラン、英語の話せる病院（特に小児科）、公園などである。そして最も重要なのが、インド人コミュニティの存在である。その中心的組織が2000年に設立されたICE（Indian Community of Edogawa）である。

　ICEでは、インターネット上のメーリングリスト（E-group）[58]という双方向のメディアによってイベントの企画・賛同・協力・案内などがなされ、またインド人学校の案内や生活に関する個人的な質問や回答などがなされるなど、相互扶助的な役割も果たしている。これを媒体として、新年会、ホーリー、ダサラ、ディワリなどのインドでの季節行事やインド映画を見ながら踊るパーティ、遠足などが毎年開催される。その世話人は、江戸川区に20年以上居住

している商人兼インドレストラン経営者である。ICE設立以前は、東京のインド人を対象としたニュースレターがあったが、その世話人が死亡しその代替が求められていた。印刷物では、配布や入手に関して手間がかかる上広く情報が伝わらない。そこで、IT技術者にとって最も便利なインターネット上に情報交換の媒体を設立したという経緯である。ここではインド国内ならば最も重要な宗教や出身州（言語集団）、ジャーティなどのアイデンティティではなく、ナショナリティにもとづいた相互扶助の理念が基盤となっている。江戸川区に10年以上定住しているインド人商人達の間には、宗教や出身州は異なるものの、ナショナリティに基づいた小規模なネットワークがICE設立以前からすでに存在していた。また、インドレストランを経営する上で、重要な顧客であるインド人を宗教や出身地などで区別する必要はないことも、ナショナリティに基盤を置くコミュニティを形成させた要因としてあげられる。

　さらに、ICEの代表やインド人学校の理事長が日本のTV番組、英字新聞、雑誌などに頻繁に登場し、ニューカマーに対しその知名度を上げるというマスメディア戦略をとり、その会員や生徒を増加させることに成功している。その結果、現在ではマスメディアにより、「インド人街＝西葛西」という構図が描き出され、これが家族単位で居住するインド系IT技術者の西葛西への移動と集住化を促進させた。この集住化がさらにこの構図を強化し、マスメディアで報道される機会がさらに増加、その結果集住化がさらに進行するという循環した関係（再帰的関係）が認められる（澤・南埜2008）。また近年は江戸川区に隣接した江東区においてインド人の増加が著しい。

　ネットワークの形成に関しては、ジェンダーによる差異が認められる。男性はネットワークを形成する上で、組織と構成員の属性をあらかじめ決定をする。その上で、構成員を募集し、またそれに該当しない者の参加を拒否し、組織化する傾向にある。その作業は他者との境界を明確にすることにより、自らのアイデンティティを確立しようとしているといえる。女性の場合は[59]、対照的に、友人の友人という形で拡大するネットワークを形成する傾向にある。インド人学校での子どもや賃貸住宅の同じ管理会社を媒介に知り合うことが多い。その際には、構成員の属性についての条件はあまり認められず、むしろ育児・教育

や食材の入手方法などの日常生活上の問題や関心・興味が共通しているかどうかが重要となる。平日の昼間、IT技術者の夫が勤務している間、妻達は近くの友人のマンションの1室に集まり上記の関心事を母語や英語で話したり、それぞれの郷土料理を教えたりして過ごすことが多い。彼女らは日本語が全く出来ないので、地元の日本人との交流はほとんどなく、このおしゃべりが日本での彼女らの憩いの時間となっている。英語の出来ない日本人を他者として、インド国籍というアイデンティティが意識されるのである。

　このコミュニティにおいて重要な問題として提起されてきたのが、インド人学校の設立であった。高学歴者が多くを占める東京のインド系IT技術者は、英語での教育（English Medium）を重要視するので、日本の公立学校は選択肢にはならない。江東区にインターナショナルスクールは存在するものの授業料が年間100万円程度かかり、過重な負担であった。そこで在日インド人達の多くは、出身地の実家、あるいはインド国内の私立の寄宿舎学校（Boarding school）に預けることで対処してきた。そのような状況の中、東京と横浜のインド人商人ら定住層が中心となり、2004年に初めてのインド人学校（IISJ Tokyo: Indian International School in Japan）が江東区に創立された。その後も増加し続けるインド人の子どもに対応するように、2006年には2番目のインド人学校が江戸川区に開校された。このインド人学校は、シンガポールのインド人が設立した法人（GIIS : Global Indian International School）によるものであり、すでにインド国内（Noida, Indore, Pune, Hyderabad）以外にも、シンガポール、マレーシア、タイ、ベトナム、アラブ首長国連邦などで多くのインド人学校を経営している。さらに2008年には3番目のインド人学校（IISJ Yokohama）が横浜市行政により横浜市緑区に誘致された。これらの学校はいずれも増加し続ける東京およびその周辺の高学歴IT技術者の子弟（KindergartenとClass 1-12）を対象に理数教育を中心とする高度なカリキュラムを有した教育を行うことを目的としている。これらの学校は、インド中央政府の学校教育基準（CBSE : Central Board of Secondary School）に則しており、IT技術者の子どもがインドの私立学校やアメリカなどインド以外のインド人学校などにもスムーズに編入できる基準を満たしている。英語以外にはフランス語、ヒンディー語、タミー

ル語を選択して学習することが可能であり、これが IT 技術者のグローバルな流動性を担保する重要な条件となっている。これらの学校はいずれもインドの私立学校と同様英語による教育（English Medium）を行い、各母語での教育（例：Hindi Medium）は行わない。このように東京の ICE とインド人学校において、インド国内の特定の言語や宗教に偏らないことが共通しており、本国からの遠隔地でインド国民としてのナショナル・アイデンティティの形成装置として機能しているといえる。

　インド人のアイデンティティはインド本国においては、宗教・ジャーティ・母語を基本的な形成基盤としている。名前（宗教やジャーティを示す場合が多い）や食事（何を食べてはいけないか）など、自らのアイデンティティを常に再確認する状況の中で生活をしている。そしてそれらは、日々の対面接触の中で、他の宗教・ジャーティに属する者を他者として認識することにより自らのアイデンティティを確立する作業でもある。また神戸では、インド国籍ではなく、各宗教施設を核とした同一宗教での対面接触による、緊密でかつやや排他的なローカルネットワークがアイデンティティの形成基盤となっている。このように、インド本国と神戸では、インド国籍といったナショナリティではなく、宗教・ジャーティ・母語がアイデンティティの基本的な形成基盤であり、日常的な対面接触を行う「自分達の場所」の中でこれらの行為が行われる。

　他方、東京で構築されるアイデンティティの形成基盤としては次の4つがある。第1に宗教である。前述したように、1999年に文京区にグルドワーラー（スィク教寺院）、2000年に台東区にジャイナ教寺院、さらに 2011 年に江戸川区にヒンドゥー教系の寺院が新たに建立された。彼らは東京に彼らの宗教施設を作りあげることにより、宗教に基づくアイデンティティ形成の基盤を有するに至った。第2に、母語（出身州）である。東京において母語集団（出身州）単位でメーリングリストを作るとともに、年に数回の公民館などを借りた集会（宗教儀式、食事や出身地に関するゲーム）により、同一母語集団・同一州出身者としてのアイデンティティを再確認しようとしている。第3に、インド系IT 技術者間の職業上のネットワークが、出身大学の同窓会ごとのグローバルなネットワークを基盤に形成され、これがアイデンティティの形成基盤となり

つつある。最後に4つ目は、インド本国や神戸と異なり、ナショナリティに基盤を置くものである。江戸川区や江東区における集住地の形成により、インド人同士の相互扶助的なコミュニティが形成され、「自分達の場所」を新たに作りあげようとしている。また、このコミュニティが基盤となって、「自分たちの場所」にインド人学校を設立した。これらはいずれもインド国内の特定の言語や宗教、出身地／故地、ジャーティに偏らず、本国からの遠隔地でのインド国民としてのナショナル・アイデンティティの形成装置となっている。東京のインド人のアイデンティティは、上記の宗教・母語（出身州）・出身大学・ナショナリティが重層性を持ちながら形成されているといえる。

(3) インド系移民社会におけるローカルスケールでの脱領域化と再領域化

　先進国において移民労働者が増大するに従い、移民の生活空間としての集住地の形成が進行する。ここには、居住の場、雇用の場、祭礼の場、教育機関、医療機関、母語による新聞、映画DVDや音楽CDも扱う食材・雑貨店などが立地する。日本におけるインド人の古くからの定住地・神戸では、さらにヒンドゥー教・スィク教・ジャイナ教の各宗教の寺院を建立することにより、故地の風景を再生産させ、彼らのアイデンティティを再生産させる場所を創造している。インド本国と神戸では、ナショナリティではなく、宗教・ジャーティ・母語がアイデンティティの基本的な形成基盤であり、日常的な対面接触を行う集住地の中でこれらアイデンティティを再生産させる行為が行われる。ここでは、まさに彼らの新たな故郷を創り上げることにより、ローカルな空間の再領域化が行われているといえる。また、出身地を核とした世界各地の同一宗教・ジャーティとの密接な関係を維持している。このグローバルとローカルの両ネットワークを併せ持つことが、ディアスポラの特徴である。

　一方、IT技術者を中心としたニューカマー達の新しい集住地となったグローバルシティ・東京では、公民館などを借りて簡略な宗教儀式が行われ、移民たちのアイデンティティを再確認する機会が創出されている。しかし、メンバーの流動が激しいため住所が特定できず、インターネットが宗教や母語を基盤と

する同郷団体の新たな情報チャネルとして活用されている。そして、居住形態が単身者居住から妻子を伴った家族居住に移行するに従い、新たに江戸川区西葛西をベースに相互扶助的なローカルコミュニティが形成されはじめ、移民達が「自分たちの場所」を新たに創り出している。

　インターネットは「時間と空間の圧縮」を進める新しい情報手段であり、現在のグローバル化した経済にとり不可欠なインフラとなっている。固定電話やファクシミリなど、従来のコミュニケーション手段においては時間やコストなどが距離と関連していたのに対し、インターネットでは両者の関係性がなくなりつつあるばかりでなく、時間もコストもほとんどかからないため、コミュニケーションにおける時間と空間の意味が失われつつある。東京のインド人社会はきわめて新しい移民社会であるが、彼らの新しいコミュニティを形成する上で、インターネットは重要な役割を果たしている。IT技術者を中心としたインド人ニューカマー達の新しい集住地となりつつある東京では宗教儀式が行われ、アイデンティティを再確認する機会が創出されている。しかし、メンバーの流動が激しく、同郷者間の情報チャネルは職場での口コミに頼らざるを得なかったため、現在ではインターネットがインド人社会組織の新たな情報チャネルとして活用されている。そして単身者居住から妻子を伴った家族居住に移行するに従い、新たな集住地・江戸川区西葛西をベースに相互扶助的なコミュニティを形成することにより、移民達にとっての「自分たちの場所」を創り出しているのである。

　IT産業は、インターネットを必要とするが、大規模な装置や広大な土地を必要としない。そのため、そのオフィス立地は賃貸料や受注先との利便性に左右され、流動性に富む。また、オンサイトとして受注先の外資系企業を始めとする金融業などのオフィスや大規模工場に派遣されることが多く、仕事も定常的に一定量あるのではなく、常に変動する。このため同産業における受注は、その場所も期間も量も流動的となり、IT技術者の仕事もフレキシブルな形態をとる。これに対応する形で、東京のインド系IT技術者の派遣先、派遣期間、派遣人数も流動的となる。その結果として、東京のインド人社会も流動性に富んだものとなったといえる。つまり、東京のインド人社会の特徴の基盤には、

フレキシブルなIT産業によるジャストインタイム式の人材管理があり、それはまさに現在のグローバル化経済の特徴である。

資本の流動性の高まりによってもたらされたグローバル化経済は、先進国での労働市場の国境を越えた拡大をもたらし、開発途上国からの移民を増大させた。このような労働力の流動性の高まりによる労働市場の脱領域化は、移民間および移民と出身地間の情報の流動性を高め、移民による母国や出身地への送金や投資という形で資本の流動性をさらに高めることとなる。国境を越えて移動する移民は、生活空間としての集住地を必要とする。ここでは、宗教施設・教育機関・食材・雑貨店などが立地し、彼らの文化に再び埋め込まれた集住地の形成という形で、ローカルな空間の再領域化が進むのである。

第5節　おわりに－インド系移民社会における脱領域化と再領域化

本書では経済自由化以降、特に1991年の新経済政策以降のインドの地域変化を、経済のグローバル化による空間の再編成の一環ととらえた。インド人の移民社会もグローバル化と密接に関わりながら大きく変容し、さらにそのインド人移民社会は母国・インドを大きく変化させている。ている。本章では、インド人移民達の空間がナショナル、リージョナル、ローカルの各スケールにおいて、グローバル化のもと脱領域化かつ再領域化されながら再編成される過程を考察した。これらをまとめたものが、第7-2表である。

新経済政策以降、インドへの外国資本の流動性が高まり、工業化への投資が積極的に行われ、自動車産業とIT産業が急成長し、欧米・日本を中心としたグローバル化経済にインドが組み込まれている。ナショナルスケールの脱領域化に関しては、国境を越えた資本・労働力（移民）・情報の流動性が高まり、国家の枠組みが緩くなる傾向を認めることが出来る。これに対して、国内への外国資本の誘致やインド系移民の資本環流のためには、インド政府がインフラ・金融市場・労働市場などの条件整備を行うことが不可欠となる。このように、流動性の高い外国資本をインドに誘致するためには、必然的に国家主導となる

ため、再領域化（再国家化）が同時に生じるのである。

　グローバルに流動化が進む IT 技術者の労働市場の中で、彼らを日本に引きつけために、「21 世紀日印グローバル・パートナーシップ」（2000 年）、「査証手続の簡素化に関する日本国政府とインド共和国政府との間の覚書」（2010 年）などにみられるように、日本政府の移民政策によるインド人 IT 技術者の誘導が不可欠となった。このように、IT 技術者の労働市場のナショナルスケールでの脱領域化が進むのと同時に、国家の移民政策により労働市場のナショナルスケールでの再領域化（再国家化）が進んでいる。このように、移民の受け入れ国の移民政策により、国籍や労働条件により、受け入れる移民の選択を行うことも、ナショナルスケールにおける再領域化（再国家化）といえる。

　先進国からの投資先としてインドの価値が高まるにつれ、資本はインドの中でもインフラ、市場、税制、労働力などが整備された大都市・地域へと流動する傾向が高まった。輸送機関の高速化と IT の発展、および立地規制を政策的に緩和することにより、空間的障壁が重要でなくなるにつれ、立地条件に関してリージョナルスケールでの脱領域化が進んだ。これに応じて、資本、そのなかでも特に流動性の高い FDI の誘致をするために、州政府などがインフラの整備などを行い、産業振興策が積極的に行われている。インドの経済成長において、IT 産業が重要な牽引力の一つであり、インフラ整備の状況の良いベンガルールなどに新規立地が集積する傾向が強い。その結果、リージョナルな再領域化が進むと同時に、インド国内での地域間格差が拡大再生産されることとなった。

　一方日本においては、外国資本がその流動性を高める中、インド系 IT 企業が日本で立地する際には顧客との近接性の上で、グローバルシティ・東京が選択されたが、東京大都市圏の都市部においては、利便性の点では大きな差異はなく、立地に関してはリージョナルスケールにおいて脱領域化している。このような状況で、流動性の高いインド資本をめぐる東京との都市間競争のもと、横浜市はインド人学校を整備することで魅力ある「場所」を生産し、インド系 IT 企業の誘致や定着に成功した。これは再領域化が進行していることを示している。

表 7-2 インド系移民（IT技術者）に関する脱領域化と再領域化

空間スケール	脱領域化	再領域化
ナショナル	ナショナルな国境を越えた脱埋め込み 労働市場の国境を越えた拡大 国境を越えた人口移動の増大 インターネットによる国境を越えた情報量の増大（就業・生活環境・婚姻を含む） 移民の移動性の高まり	ナショナルな文脈への再埋め込み 特定の先進国へ移民が集中 インターネットによる特定の国に関する情報の集中（就業・生活環境・婚姻を含む） 移民の定着性の高まり 受け入れ国の移民政策
	インドから先進国への頭脳流出 （IT技術者・医者・留学生など）	移民の選抜（国籍、労働条件） 日本政府によるインド人IT技術者の誘引 インドへの頭脳環流 （IT技術者など） インドへの資本環流 （インド系移民からの投資をインドへ誘致する政策）
リージョナル	リージョナルな文脈からの脱埋め込み リージョナル国内・先進国内におけるIT関連資本の流動性の増大	リージョナルな文脈への再埋め込み 都市間競争 州間・都市間のIT産業誘致に関する競争 IT産業のクラスターの形成 （インド：ベンガルール、グルガオン、ハイデラバードなど、USA：シリコンバレー） 日本：グローバルシティ・東京へのインドIT技術者の増加 インド資本（IT企業）を巡る東京との都市間競争における横浜市の都市戦略：インド人学校の誘致

	ローカルな文脈からの脱埋め込み	ローカルな文脈への再埋め込み
ローカル	移民の流動性の高まり 短期滞在者の増大/減少 男子単身滞在型 就業先（派遣先）近くに短期的・離散的に居住 インターネットによる生活情報の交換 （離散している労働者間の情報交換）	移民の定住性の高まり 長期滞在者の増大 家族滞在型 インド人集住地の形成・拡大 インターネットによる生活情報の交換 （定住地での生活条件の良さが容易に伝達される） USA：シリコンバレー 日本：東京都江戸川区西葛西 インターナショナルスクール・インド人学校の設立 英語の通じる病院 インド料理店・食材・雑貨・DVDレンタル店 宗教施設の設立 相互扶助的コミュニティの形成

澤（2011）に加筆修正。

経済のグローバル化に関し、資本が展開する際には具体的な場所を必要とし、それは先進国では多国籍企業の中枢管理機能の集積したグローバルシティである[60]。グローバル化した経済は、先進国（特にグローバルシティ）での労働市場の国境を越えた拡大をもたらし、開発途上国からの移民を増加させた。このような労働力の流動性の高まりによってもたらされた労働市場の脱領域化は、移民間および移民と出身地間の情報の流動性を高めた。それは、移民によるインドへの送金、さらに、先進国で成功した移民によるインドへの出資や出身地などでの起業という形で、資本の流動性を高めることにつながっている。先進国に定住し始めた移民は、日常生活空間としてのローカルな集住地を必要としている。移民が増加するに従い、彼らの文化に再び埋め込まれた集住地の形成という形で、ローカルな空間の再領域化が進むのである。このように移民の空間では、脱領域化と再領域化が同時に進行している。

　グローバル化とは、「近代性の帰結」として、「時間と空間の圧縮」を加速度的に推し進め、ナショナル、リージョナル、ローカルの各スケールの空間の文脈上にあった社会的行為を上位の空間スケールの中に位置付けることにより、各スケールの空間の脱領域化と再領域化をやすみなく続けることである。これらの過程を通じて、各スケールの空間はより上位の空間そしてグローバルな空間に次第に組み込まれてゆく。

[注]

49) 国連移民報告『International Migration Report 2015』(http://www.un.org/en/development/desa/population/migration/publications/migrationreport/docs/MigrationReport2015_Highlights.pdf) による。

50) インドのIT産業の人材管理に関しては、石上（2010a, 2010b, 2011）を参照。

51) 日本政府や自治体の統計で示される値をもとに考察する場合は「在留インド人」と表記し、それら統計に拠らない一般事象による考察については「在日インド人」と表記する。2012年7月に外国人登録制度が廃止されたため、2013年からの人口は、住民基本台帳に基づく人口となっている。

52) 1871（明治4）年に神戸の外国人向け専用病院として設立された神戸萬國病院を

前身とする。現在も、国際内科を有し、日本語の出来ない外国人にとって重要な医療施設となっている。医師のみならず看護師（多くは留学経験がある）も英語が出来る。病院に登録された医療ボランティアによりヒンディー語を含む 12 言語にも対応が可能となっている。インド人のみならず多くの外国人が居住する灘区の山の手住宅地に立地する。

53) 神戸市には外国人学校が 9 校あり、そのうち英語での教育（English Medium）を行うのは 3 校である。そのうち最も古くに設立されたものは、1913 年に設立された Canadian Academy で、当初は灘区の山の手に立地したが、1990 年に東灘区六甲アイランドに移転した。そのため、六甲アイランドでもインド人を含む外国人住民が増加した。

54) 現在のパキスタン・シンド州に故地が位置する。1947 年のインドとパキスタンの分離独立に際し、シンド州のヒンドゥー教徒がムンバイ周辺に移動を余儀なくされた。

55) ディアスポラとは、特にユダヤの人々にとっては、故郷を夢みながら異境生活を送るという集団的な精神的外傷、国外追放という意味であった。最近は意味が拡大化し、国外移住者、国外追放者、政治的難民、外国人住民、民族的人種的マイノリティを指す概念として使用されている（Cohen 1997）。

56) ベンガル語集団（西ベンガル州出身者）による東京ベンガリコミュニティアクティビティ、マラティ語集団（マハラーシュトラ州出身者）による東京マラティマンダル、カンナダ語集団（カルナータカ州出身者）によるカンナダバラガなどがある。

57) 東京のスィク教徒の寺院と信仰については、東（2009）を参照。

58) 1 月当たりのメーリングリストでのメッセージ数は、2002 年では約 20 であった。2011 年には約 220 にまで増加し、登録メンバーは約 1,300 人である。

59) 西葛西のインド人女性に関しては、小山田（2007）を参照。

60) 開発途上国においては、生産と消費の現場としての、大都市とその郊外が該当する。

第8章

結　論

第1節　本書の意義

　本書の問題意識は、グローバル化の進行に伴い、先進工業国と開発途上国の関係がより一層緊密になるなかで、開発途上国の地域変化をどのような枠組みで捉えたらよいのかという点にある。特に、本書では開発途上国・インドの農村、および越境するインド系移民達の集住地といういずれもローカルな空間が、経済のグローバル化とどのように関わりつつ変化しているかに着目して考察を行った。

　現在の経済のグローバル化の特徴には、先進工業国の資本により、開発途上国政府の工業化政策の下、開発途上国の大都市や新興工業団地が工業製品の生産および消費の拠点となっている点と、開発途上国から先進工業国へと越境する移民の流れが大きくなるとともに、先進国で成功した移民達が出身国に投資を行うなど、移民の属性が多様化し、開発途上国から先進工業国への単純労働者の移動という一方向だけの概念ではすでに捉えきれなくなった点があげられる。これらは、国家のみならず、都市・農村など、あらゆる地域のあり方を大きく変化させ、空間に再編成をもたらす原動力となっているといえよう。

　グローバルな変化は、ナショナルスケールでは国家経済政策と関わり、これらが地方政府の地域政策と関わりながら、リージョナルスケールや、さらに下位のローカルスケールでの地域変化に至るまで大きく関わっている。しかし重要なことは、ローカルな空間は上位の空間スケールにより一方的に規定された従属的なものではなく、いわんや上位の空間スケールの変化により等質化され

るものでは決してないという点である。この論点において、人文地理学が実証的に解明しなければならないことの一つは、経済のグローバル化が、空間の統合化のみならず、差異化（地域分化）をも推進する様式を明らかにすることである（澤 1999a, 1999b）。つまり、下位スケールの空間は、空間の上位スケールへの統合がすすむほど、統合された空間のなかでの生き残りのため個々の条件にあわせた機能特化をせまられる（澤 1988）。そのため、ローカルスケールの社会・経済システムを考察する際に、上位の空間スケールの社会・経済システムとの相互作用の考察が重要となる。

以上の問題意識のもと、本書はグローバル化経済の影響を最も受けている開発途上国の一つであるインドを対象とした。インドは経済自由化が進められた1980年代以降、特に1991年の新経済政策への転換以降、先進国からの外国資本導入により急激な経済成長を経験した。これは先進国を頂点としたグローバル化経済に、インドが組み込まれつつあると考えることができる。これらの現象は経済のグローバル化による空間の再編成と不可分な関係にあると考えられ、インドは経済のグローバル化と開発途上国の都市や農村の関係、さらに先進工業国における移民の集住地の形成の分析に適しているといえる。本書において経済自由化以降のインド農村の変化と先進国におけるインド系移民の集住地の形成を、経済のグローバル化による空間の再編成の一環ととらえた。

空間スケール間の相互関係や、空間の独自性を考察する上で Giddens（1990）の近代性（modernity）に関する社会理論を援用した、脱領域化と再領域化の概念が重要であることが確認できた。ギデンズは現代において人々の空間的経験のあり方そのものが変化し、前近代にはほとんど類例のないかたちで距離の近いものと遠いものが結びつけられていると指摘している。そして、このような視点から、ギデンズはグローバル化を「ある場所で生じる事象が、はるか遠く離れたところで生じた事件によって方向づけられたり、逆に、ある場所で生じた事件がはるか遠く離れた場所で生ずる事象を方向づけたりしていくというかたちで、遠く隔たった地域を相互に結びつけていく、そうした世界規模の社会関係が強まっていくこと」と定義している。さらにギデンズは、グローバル化を「近代性の帰結」としてとらえており、これはグローバル化とは近代性

(modernity) のグローバルな拡大であり、グローバル化を理解する上で近代性の視点は重要な枠組みを与えるとの主張である (Tomlinson 1999)。

以上を踏まえて、本書では空間スケールの階層性に留意して、インドのナショナル、リージョナル、ローカルの3つのスケールにおける空間が、グローバル化した世界に組み込まれながら、再編成される過程を考察した。本書の目的は、第一にグローバル化のもとでの空間の再編成に関するアプローチに関して、ギデンズの近代性に関する社会理論を援用した、脱領域化と再領域化の概念の有効性を検討することである。そしてその有効性を踏まえて、第二にグローバル化の進行とともに、脱領域化と再領域化が、グローバル、ナショナル、リージョナル、ローカルの各スケール間の相互関係において、より上位の空間の中に組み込まれながら進むことを、インド農村の変化やインド系移民の集住地の形成に関する事例研究を通じて明らかにすることである。本書における作業は、ともすればグローバル化の下で空間が均質化・同質化・標準化されるという議論に異を唱えるとともに、一時的でうつろいやすく偶発的なもの／永遠で不易なもの (Harvey 1989) や時空間の断絶／連続、さらに空間の画一性・普遍性／異質性・ローカル性に代表される「モダニティの両義性」の下で、グローバル化を空間の視点（地理学の視点）からとらえなおす作業でもある。

ローカルな農村空間や越境する移民達のローカルな集住地を、グローバル化と関連付けて考察を行う意義として、1) ローカルな存在は決して一方的にグローバル化に規定されるような従属した存在ではなく、2) グローバル化の本質は最も下位の空間スケールであるローカルな存在に表れやすく、グローバル化した世界の末端に組み込まれつつある開発途上国の農村の実証研究を通じてこそ、グローバル化の本質とプロセスをつぶさに浮き彫りにできることにある。本書では、多国籍企業や外国資本がローカルな空間を末端空間として組織化することにより、空間の再編成・再組織化を行うという、上位空間が下位空間を包摂するプロセスのみを扱うのではない。ローカルな空間での人々の日常的な社会行為や経済活動という様々な活動の中にグローバル化の力が徐々に浸透し、空間が再編成されるプロセスを扱うものである。この作業を通じて、ローカルな現象を対象にそこで働くグローバルな力を検討し、グローバル化に潜む

両義性を把握し、その本質を捉え直すことが出来ると考えている。これらの作業は、今日の空間的分業を最も特徴づけている「グローバリゼーションは空間的差異の重要性を高める」(Savage and Warde 1993)、「グローバルとローカルとのパラドックス」(吉原 1996)、「グローバル化による統合と反統合の共存というパラドックス」(宮永 2000) の命題を実証的に検討する作業でもある。

第 2 節　ナショナルスケールにおける空間の再編成

　独立以降高い関税障壁により国内産業の保護を行ってきたインドは、特に新経済政策 (1991 年) 以降、外国資本の積極的な導入へと経済政策を大きく転換した。それは国際基準に合致した金融改革と、雇用のフレキシビリティに対応した労働市場の整備を必要とした。この結果、外国資本のインドへの流動性が極めて高くなり、工業化への投資が積極的に行われるに従って、インドは急激な経済成長を経験した。先進国の多国籍企業の生産拠点やアウトソーシングに関わる生産者サービスに組み込まれるかたちで、インドにおいて自動車産業と IT 産業が急成長し、インドは先進国を頂点としたグローバル化経済に組み込まれている。このように、ナショナルスケールの脱領域化に関しては、国境を越えた資本・労働力・情報の流動性が高まり、国家の枠組みが緩くなる傾向を認めることができる。

　しかし、国境を越えた資本の流動性が高まる中で、インドへの外国資本の誘致やインド系移民の資本環流のためには、資本の受け皿としてインドの価値を高めるために、インフラ・金融市場・労働市場などの条件整備が不可欠となる。これらを実現するためには国家による経済政策、移民政策が必要となるなど、再領域化（再国家化）が生じることになる。グローバルな空間に組み込まれる中で、先進国にとって自動車産業や IT 産業の立地場所、さらには拡大する消費者市場として優位性がある空間としてインドが新たな意味を獲得している。このようなプロセスの中で、インドはグローバル化経済に組み込まれ、次第に脱領域化かつ再領域化されているのである。

インドのIT産業の成長とインド系移民社会に関しては、国境を越えた技術とIT技術者やIT企業の起業家の移動などナショナルスケールでの脱領域化が進んでいる。インドのIT産業がアメリカを中心としたグローバルな空間に組み込まれる中で、在米インド系移民がインドのIT産業の成長において重要な役割を担っている。アメリカなどで成功したインド人の技術者・起業家やベンチャーキャピタリストを他の国ではなく母国に環流（頭脳環流）や投資させるために、インド政府も2004年に在外インド人省を設立し、インド系移民によるインドへの投資に対して税制や企業立地規制の緩和などの優遇措置をとると同時に、通信などのインフラ、教育機関、法制度の整備を行った。このように、インドのIT産業の条件を整えるためには、国家の政策が不可欠となった。その結果、インドのIT産業の成長とIT技術者の労働市場の両方に関して、ナショナルスケールでの脱領域化と同時に、再領域化（再国家化）も生じたといえる。

　以上のように、国境を越えた資本の流動性の高まりによってもたらされた経済のグローバル化は、国境を越えた労働力や情報の流動性を高めることにより、再び国境を越えた資本の流動性を高めるという、再帰的関係を形成している。このような過程で、先進工業国内の労働者では需要を満たすことができないIT等の技術職や、先進国の労働者がつきたがらない低賃金労働者などの特定の労働市場が、グローバルに拡大した。その結果、国内で閉じていた労働市場は、ナショナルスケールでの脱領域化が進んだ。しかし、先進国政府は外国人労働者の受け入れの可否や滞在許可期間を、国籍や技能などにより決定する。日本におけるインド人に関しては、日本におけるIT技術者の不足に対応すべく、日本政府はインド政府との間で2000年に「21世紀日印グローバル・パートナーシップ」の構築で合意し、インド人IT技術者へのビザ発給をスムーズにし、インド人IT技術者の日本での就労を促進させた。その後も、「査証手続の簡素化に関する日本国政府とインド共和国政府との間の覚書（2010）」により、インド人IT技術者の日本での就労をさらに加速化させる方針をとっている。このようにグローバルに流動化が進むIT技術者の労働市場の中で、彼らを日本に引きつけるために、国家の移民政策によるインド人IT技術者の誘導

が不可欠となった。このように、IT技術者の労働市場のナショナルスケールでの脱領域化が進むのと同時に、国家の移民政策により労働市場のナショナルスケールでの再領域化(再国家化)が進んでいる。

第3節　リージョナルスケールにおける空間の再編成

　グローバル化とは、「時間と空間の圧縮」(Harvey 1989)からもたらされる現象と考えられている。輸送機関の高速化とITによる通信技術の発達により、「時間と空間の圧縮」が加速度的に進む。これは様々な地域を同一化、標準化させる原動力となる。

　新経済政策以降、資本はインド国内の中でも、インフラ、市場、税制、労働力などが整備された地域へと流動する傾向が高まった。それは輸送機関の高速化とITによる通信技術の発展、および立地規制に関するインド政府の政策的緩和により、空間的障壁が重要でなくなるにつれ、産業の立地条件に関して、リージョナルな文脈から切り離され、脱領域化が進んだからであった。地域のこのような同一化作用に対して差異化作用も同時に生じる。例えば、「時間と空間の圧縮」により資本の空間移動が容易になる。流動性の高まった資本は、「場所(place)」のヴァリエーションに対して、より敏感になるとともに、資本を誘致するように「場所」の差異をつくりだす誘因が高まるとHarvey (1989)が述べているように、インドでは、州政府などがインフラの整備などを進めることにより、資本、特にFDIの誘致を積極的に行っている。つまり、流動性を高めた資本は、立地条件の違いに敏感になった結果、州政府同士での資本を巡る誘致競争(都市間競争)が激しくなり、立地条件がリージョナルな文脈に再び埋め込まれることにより、リージョナルスケールでの再領域化が進んでいるのである。

　インドの経済成長において、工業化の進展が重要な牽引力であり、インフラ整備の状況の良い地域に工業の新規立地が集積する傾向がある。その結果、リージョナルスケールでの再領域化が進むと同時に、地域間格差が拡大再生産され

ている。しかし、リージョナルな空間がすべて同様に脱領域化かつ再領域化するのではない。インドがグローバル化経済に組み込まれるとともに、外国資本を中心とした資本誘致を巡る都市間競争に勝ち抜き、自動車産業やIT産業などの立地条件に適した空間から、グローバル化した経済に直接接合しはじめ、そこから次第に脱領域化と再領域化が進行してきたといえる。

　また、インド系IT企業が日本で立地する際には顧客との近接性の上で、グローバルシティ・東京が選択されたが、東京大都市圏の都市部において利便性の点では大きな差異はなく、立地に関してはリージョナルスケールにおいて脱領域化している。流動性の高い外国資本をめぐる東京との都市間競争のもと、インド資本を誘致するための横浜市の都市戦略は、インド資本にとって魅力ある「場所」を生産することであった。横浜市はインド人学校を積極的に誘致・整備し、インド資本にとって魅力的な「場所」を生産し、インド系IT企業の誘致や定着に成功するなど、リージョナルスケールでの再領域化が進行しているといえる。

第4節　ローカルスケールにおける空間の再編成

(1) 大都市郊外

　インドのなかでも経済成長が著しい大都市圏において、自動車産業、消費財メーカー、IT産業など、外国資本を中心として大企業は郊外に立地する傾向にある。これに伴い、大都市郊外において、住宅やショッピングモールなどの大規模開発が盛んに行われるようになった。例えば、日系自動車産業の一大拠点となった、デリー南郊・グルガオンにおける都市開発において、民間資本により高級な高層集合住宅が郊外のバイパス沿線に大量に建設されている。一方、公的セクターによる住宅供給は、所得階層に応じた各種の住宅を混合させて社会階層のバランスをとるソーシャルミックスをはかって、低所得層向けの住宅を含む多様な住宅供給を意図していたが、実際には富裕層と中間層向けの住宅に特化している。このため、郊外の新興住宅地においては低所得層が取得可能

な住宅供給はきわめて困難であるといえる（由井 2005b）。

　外資系企業やインド系移民や帰国者の企業のオフィスや工場が進出したデリーやベンガルールは、グローバル経済と直接接合した大都市であり、現時点での都市間競争の勝者である。その郊外のバイパス沿いにFDIの受け皿として、インフラの整ったオフィス、工業団地や富裕層と新中間層のための大規模住宅団地、ショッピングモールが建設されている。ショッピングモールは外国ブランドのファッションや家電製品、空調や音響設備の整ったシネコンプレックス、アトリウムをもった専門店街、マクドナルド、カフェ、正札販売、外資系の自家用車、大規模駐車場、英語表記の看板などで表現され、富裕層と新中間層のための新しい商業地区に特化している。このような大都市郊外の景観はローカル独自の文脈をはぎ取られ、欧米先進国の都市イメージの複製ともいえる。ここでは、世界各地の大都市郊外に共通する、いわば幻灯劇風（phantasmagoric）(Giddens 1990) で均質的な空間が形成されている。

　経済のグローバル化に関し、資本がグローバルに展開する際には、インフラを利用する限り具体的な場所がその拠点として必要とされる。それは先進国では多国籍企業の中枢管理機能の集積したグローバルシティであり、開発途上国では生産と消費の現場としての大都市とその郊外が相当する。FDIの誘致に成功したインドの大都市郊外では、独自の景観や伝統・歴史といったローカルな文脈に埋め込まれ、多様な意味を重層的にもった「場所」が剥ぎ取られることにより、ローカルスケールでの脱領域化が進行する。しかし、これらの大都市郊外は外国資本の受け皿という新たな意味を付与されながら、富裕層・新中間層のためだけの高級イメージの「場所」として、新たなローカルな文脈が作り上げられてきた。このプロセスの中で、ローカルスケールでの再領域化が進むのである。例えばグルガオンの郊外形成も、従来からの高級イメージのあるデリー南郊セクターの延長線上に高級住宅地が形成されている。ここでは、デリー南郊という高級イメージを持つローカルな文脈が、そのセクターの延長線上にあるグルガオンに向けて拡大再生産されたと解釈することができる。このように大都市郊外が、リージョナルスケールの空間と関係を強化する中で、新たなローカルな文脈が生産され、再領域化が進んでいるといえる。

一方、大都市の旧市街地では、郊外と異なる伝統的な姿を再確認できる。ローカルバスのバスターミナル近くのバザールは、入り込んだ路地、喧噪、値引き交渉、オートリキシャ、ヒンディー語や地方語表記の看板などによって表現された、中間層未満のための商店街である。同じ都市にあるものの、郊外のショッピングモールと旧市街地のバザールとは顧客も景観もきわめて対照的であり、グローバル化経済の恩恵を受けた富裕層・新中間層とそれ以外の階層との空間的二極化として表れている。ここではローカルスケールでの再領域化として、流動性を高めた外国資本をめぐる都市間競争や大都市内部での地域分化、富裕層・新中間層とそれ以外の階層との階層分裂の作用を読み解くことができる。さらに、都市住民の階層分裂の深化は、富裕層のみの住宅地域で他者を排除する gated community を形成させることにより、新たなローカルな文脈を作り上げ、再領域化を進行させている。

(2) 工業団地近郊農村

グローバル化と農村との関係性を考察するため、経済自由化の影響の少ないと考えられる地方都市圏外の遠隔地農村（第3章）を対照項としながら、新規の工業団地に近接し、新住民の流入を経験している近郊農村（第4・5・6章）を考察する。まず、遠隔地農村では、カーストによる階層性をそのまま反映して、地主層を頂点とする社会・経済的階層性が明瞭に認められる場合が多い。また、地主と日雇い農業労働者、洗濯業や理髪業などのサービスカーストと顧客というカーストに基盤を置いた相互補完的分業体制がおおむね同一あるいは近隣する集落の範囲で閉じている。さらに、近接する町で公務員・教員などの職に就き、また就職に伴い近接する町へ人口移動するなど、上位の空間スケールと関わることが出来たのは、富農層の男子の一部に限られる。ここでは社会・経済構造が近接する複数の集落の中で完結することが多く、ローカルな文脈に深く埋め込まれていることが分かる。

一方、新規の工業団地に近接した農村の社会・経済システムを、土地、地域社会、時間体系の3つの視点から、それぞれローカルな文脈からいかに切り離

され（脱領域化）、同時に再び新たなローカルな文脈にどのように埋め込まれるのか（再領域化）について考察する。

a 土地

　第4・5・6章の工業団地近郊農村の事例研究によれば、工業団地の新規造成・操業が進むにつれ、脱農化が進行すると同時に、農地は工場労働者用のアパートや店舗へと次第に転用された。農地は周辺地域への農作物供給地としてのローカル固有な価値から、工場労働者のための住宅・店舗としての価値に意味付けが徐々に変わった。この過程で、農村の土地はローカル固有な文脈から次第に切り離され、脱領域化したといえる。しかし、工業団地を核としたリージョナルな空間に、農村が組み込まれる中で、工業団地への近接性、良質な飲料水に関するインフラの整備状況や清浄な空気が得られるかどうかといった、ローカルな住環境が重要視されるようになり、新住民の居住環境という新たなローカルな文脈の中に農村が再び埋め込まれることにより、再領域化が進むのである。

　他方、工業団地に近接しているにもかかわらず農業が依然として重要な農村の場合、脱農化ではなくむしろ自給的農業から商品作物の転換により、農業経営が企業化する場合も認められる。つまり、ローカルな市場に対応していた農業は、全国的な市場に対応した農業経営へと変化したといえる。ここでも農村の土地がローカルな文脈から切り離され脱領域化されるのと同時に、市場への近接性、適切な土壌・気候・水が得られるか否かという農業に関するローカルな自然環境が一層重要視されることにより、商品作物が決定されるようになる。その結果、農地が新たなローカルな文脈の中に再び埋め込まれることにより、再領域化が進んでいる。

　以上の考察により、農村の土地は、上位空間スケールに組み込まれながら、利益をどの程度もたらすのかという経済的基準で評価され、順序づけられることにより、ローカルな文脈から次第に切り離されてゆく（脱領域化）ことが分かる。一方、新住民の住宅地に関してはローカルな住環境、企業的農業に関しては市場への近接性と農業に関する自然環境が、それぞれ重要なローカルな文脈として新たに意味を持ち始めることにより、再領域化が進行するのである。

b　地域社会

　第3章で考察した経済自由化による経済的影響が少なく、農業を基盤とした農村社会において、カーストは世襲的な職業のみならず、生産手段としての農地の大小に大きく関わり、経済の階層性と密接な関係にある。また、上位カーストには大規模農家が多く、彼らは子弟への教育投資が経済的に可能となるため、教育水準とカーストの階層性も密接な関係性をもっている。ここではカーストの階層性に対応した権力関係が形成されており、大地主層の上位カーストは、その所有する農地での農業労働の仕事配分を資源に、土地なし層である下位カーストに絶対的な権力を示している。また、職人あるいはサービスカーストに属する家が、農業カーストに属する人に世襲的に特定の仕事やサービス提供を行い、報酬を現金ではなく穀物などをあらかじめ定められた分量を受け取る伝統的なジャジマーニー制度が残るなど、ローカルな相互補完的分業体制が認められる。このような状況の下、行政末端組織である村落パンチャヤットにおいて、上位カースト層が意志決定権を握り、補助金などの政治的な利益配分の決定も行っている。このように、ここでは農村の地域社会がローカルな文脈に深く埋め込まれていることが確認できる。

　一方、第4・5・6章で考察した工業団地の近郊農村では、新経済政策後、工業団地の造成が進むと、周辺農村で工場労働者や事務職などの農外雇用機会が増加する。その採用には学歴が条件となる場合が多い。そのため、教育水準の高い者の多い上位カーストがこれらの雇用を得て、経済的に上昇する可能性が高くなるなど、カーストの階層性と経済水準との密接な関係は、教育水準を媒介に再生産される。その結果、カースト制は社会階層の再生産の最も重要な装置として機能していた。ところが、その後、特に新住民の流入が進むと、新住民向けの借家経営・商店経営・労務斡旋（日雇いでの工場労働者や建設労働者の斡旋）という新たな職業が成立するようになった。

　このように、所有する土地の規模や教育水準と直接関係のない職業が成立するに従い、カースト制は社会階層の再生産機能を徐々に失いつつある[61]。この結果、農村社会内で閉じていたローカルな相互補完的分業体制は次第に崩壊しつつある。ここでは、かつての大地主層は大規模農業経営者ではなく大規模

アパート経営者となり、かつての日雇い農業労働者は村外の工場や建設現場での日雇い労働者となった。そのため、大地主層が土地無し層である下位カーストに絶対的な権力を保持していた構造が崩れていったのである。

この過程で、農村の地域社会に関して、農業生産を基盤にし、大地主層を核としたローカルな空間での自律的社会構造は次第に崩れ、工業団地を核とするリージョナルスケールに組み込まれる。その中で、農村の経済は、地域計画を策定する地方政府や、工場の立地や労働者の雇用のあり方を決める資本家に次第に決定されながら、ローカル固有な文脈から徐々に切り離されるようになった（脱領域化）。しかし、工場労働者を育成する教育機関（例えば工業技術訓練校）への通学距離や、子弟への教育投資に関わる住民の経済水準などの、新たなローカルな文脈の中に、農村の地域社会が再び埋め込まれる（再領域化）といえる。

また、女性労働者を多く雇用する縫製工場や食品工場の新規立地に際して、前期中等教育以上の教育水準を満たす女性労働者のプールがあることが重要な立地条件となっている。この点では、乳幼児を持つ女性が就業する際に子どもを預けることができる親戚や知人が近所に居住しているかどうか、さらにジェンダーの点で、女性の外出行動を大きく制約するパルダ（parda）と呼ばれる伝統がその地域でどの程度強いのかも、乳幼児を持つ女性工場労働者が成立するかどうかの重要な点となっている。これらも工場が新規立地し労働力を確保する上で、重要な新たなローカルな文脈となってきている。

c　時間体系

グローバル化に伴うローカルな文脈からの引き離しは、空間にとどまらない。脱領域化は「時間と空間の分離」、つまり時間のあり方が空間的な関わりから切り離されることと不可分な関係にある（Giddens 1990）。さらに、グローバル化は時間と空間の圧縮を特徴とする。このため、農村の時間体系もグローバル化の進展によって、大きく変化していると考えられる。そこで以下、工業団地に近接した農村を事例に、農村独自のローカルな時間体系が工場、農業、学校教育を媒介にして、グローバル基準のクロックタイムに組み込まれていく過程を考察する。

農業を基盤とした農村の時間体系は、季節、気候などの自然や農事暦、昼寝や食事、宗教などの社会的慣習など、ローカル固有な文脈に深く埋め込まれていた。ところが、周辺に工業団地が造成・操業されるに従い、労働者向けの住宅や店舗が増加する。新規の大規模工場は厳格な時間管理を行い、さらには二交代制や三交代制へ労働者の勤務時間体系を移行させるに従い、ここで働く労働者たちの日常の時間体系がタイムテーブル化される。これに対応して、労働者向けの店舗の営業時間が次第に決定される。また、労働者の増加に伴い、インド人の食生活において重要な生乳の需要が増加する。これに従い、工業団地周辺で生乳生産にシフトする農家が増えることが多い。ここでは大規模工場の食堂や工場労働者のタイムテーブル化した日常生活時間に応じて、農村での生乳回収時刻が次第に定刻化される。その回収時間が生乳農家の農作業の時間にいわば楔として打ち込まれ、これに応じて他の農作業の時間、さらに日常生活の時間体系も次第に細分化されながら、再編成されてゆく。

　一方、農業が依然として重要性を有している第6章の近郊農村の場合、特に野菜生産農家は、携帯電話により遠隔地の大都市農産物市場の価格変動を即時に知り、より高価格での出荷が可能となりつつある。しかしながら、次第に最大の利益を生む行動を取らざるを得なくなり、日々の市場価格の変動により出荷先が変更され、それに従い農産物市場の時間にあわせて出発時間が決定されるなど、遠隔地の大都市の市場との関係性が強まるなかで、農家の時間体系がローカルな文脈から次第に脱領域化する。しかし、農産物市場までの輸送時間や、競合する他の産地との出荷時期の違いが、新たに重要な意味を持つことになる。この過程で、その農村独自のローカルな文脈が再生産され、再領域化が必然的に進むのである。

　また学校教育と時間体系に関しては、都市のみならず近郊農村においても、私立学校が新たに立地し始めている。ここでは公立学校と異なり、英語での教育（English Medium）のみならず、時間割（タイムテーブル）の徹底化や遅刻の厳禁など時間厳守の訓練により、公務員、事務職や工場労働者となることが可能な人材を育成し、比較的裕福な地主層の子弟を中心に生徒を集めている。

　このように、近郊農村では、季節や農事暦に埋め込まれ、農作業を基本とし

たローカルな時間体系から、資本回転率を向上させ、生産上の合理性を追求した工場での、クロックタイムを用いた厳密な勤務時間体系へ、日常生活の依拠すべき時間体系が変化した。そして、それに対応して農作業や学校教育の分野においても、時間の細分化や社会生活のタイムテーブル化と数字化（Lash and Urry 1994）という変化を確認できる。このように、工場やオフィスの勤務時間が定刻化されるに従い、通勤者の日常生活がタイムテーブル化する。このような日常生活のタイムテーブル化に対応して、生乳の回収時刻が定刻化したり、遠隔地の市場と携帯電話で直接繋がることにより、農家の日常的な時間体系が再編成されてゆく。つまり、クロックタイムを基準とした時間の規制化が、農村の時間体系をローカルな文脈から脱領域化させ、「時間と空間の分離」をもたらす。しかし、伝統の保持者（Giddens 1990）である上位カーストに属する者や地主層は、祭礼に関する時間や暦を従来どおり最重要視するなど、宗教・伝統に基盤を置くローカルで伝統的な時間体系と経済的合理性に基づく時間体系であるクロックタイムが、農村では併存する。そのことから、時間体系が断絶する部分と、連続している部分があることが確かめられる。

　このように、農村の時間は質的な存在から、計量化が可能で分割も可能な存在（クロックタイム）へ徐々に変換されてきた。これは農村の時間体系が、ローカル固有な意味から、次第に資本にとっての意味に転化することにより、時間と空間の分離が進み、その結果、脱領域化が進行したといえる。しかし同時に、宗教的時間の重要性、また農産物市場、時間に厳密な工場や時間厳守を訓練する教育機関の有無や、そこまでの距離という、ローカル固有な文脈が新たに重要な意味を持つことになった。これらの過程を通じて、農村の時間体系は、再びローカルな文脈に埋め込まれ、再領域化されているといえる。

(3) インド系移民社会

　先進国において移民労働者が増大するに従い、移民の日常生活空間としての集住地の形成が進行する。ここには、居住の場、雇用の場、祭礼の場、教育機関、医療機関、母語による新聞、映画 DVD や音楽 CD も扱う食材・雑貨店な

どが立地する。日本におけるインド人の古くからの定住地・神戸では、さらにヒンドゥー教・スィク教・ジャイナ教の各寺院を建立することにより、故地の風景を再生産させ、彼らのアイデンティティを再生産させる場所を創造している。インド本国と神戸では、ナショナリティではなく、宗教・ジャーティ・母語がアイデンティティの基本的な形成基盤であり、日常的な対面接触を行う集住地の中でこれらアイデンティティを再生産させる行為が行われる。ここでは、まさに彼らの新たな故郷を創り上げることにより、ローカルな空間の再領域化が行われているといえる。また、出身地を核とした世界各地の同一宗教・ジャーティとの密接な関係を維持している。このグローバルとローカルの両ネットワークを併せ持つことが、ディアスポラの特徴である。

　インターネットは「時間と空間の圧縮」を進める新しい情報手段であり、現在のグローバル化した経済の不可欠なインフラとなっている。固定電話やファクシミリなど従来のコミュニケーション手段において時間やコストなどが距離と関連していたのに対し、インターネットでは両者の関係性がなくなりつつあるばかりでなく、時間もコストもほとんどかからないため、コミュニケーションにおける時間と空間の意味が失われつつある。東京のインド人社会はきわめて新しい移民社会であるが、彼らの新しいコミュニティを形成する上で、インターネットは重要な役割を果たしている。IT技術者を中心としたインドニューカマー達の新しい集住地となりつつある東京では宗教儀式が行われ、アイデンティティを再確認する機会が創出されている。しかし、メンバーの流動が激しく、同郷者間の情報チャネルは職場での口コミに頼らざるを得なかったため、現在ではインターネットがインド人社会組織の新たな情報チャネルとして活用されている。そして単身者居住から妻子を伴った家族居住に移行するに従い、新たな集住地・江戸川区西葛西をベースに相互扶助的なコミュニティを形成することにより、移民達にとっての「自分たちの場所」を創り出しているのである。

　IT産業は、インターネットを必要とするが、大規模な装置や広大な土地を必要としない。そのため、そのオフィス立地は賃貸料や受注先との利便性に左右され、流動性に富む。また、オンサイトとして受注先の外資系企業を始めと

する金融業などのオフィスや大規模工場に派遣されることが多く、仕事も定常的に一定量あるのではなく、常に変動する。このため同産業における受注は、その場所も期間も量も流動的となり、IT技術者の仕事もフレキシブルな形態をとる。これに対応する形で、東京のインド人IT技術者の派遣先、派遣期間、派遣人数も流動的となる。その結果として、東京のインド人社会も流動性に富んだものとなったといえる。つまり、東京のインド人社会の特徴の基盤には、フレキシブルなIT産業によるジャストインタイム式の人材管理があり、それはまさに現在のグローバル化経済の特徴である。

資本の流動性の高まりによってもたらされたグローバル化経済は、先進国での労働市場の国境を越えた拡大をもたらし、開発途上国からの移民を増大させた。このような労働力の流動性の高まりによる労働市場の脱領域化は、移民間および移民と出身地間の情報の流動性を高め、移民による母国や出身地への送金や投資という形で資本の流動性をさらに高めた。国境を越えて移動する移民は、生活空間としての集住地を必要とする。ここでは、宗教施設・教育機関・食材・雑貨店などが立地し、彼らの文化に再び埋め込まれた集住地の形成という形で、ローカルな空間の再領域化が進むのである。

(4) ローカルスケールにおける脱領域化と再領域化

FDIの誘致に成功した大都市の郊外では独自の景観や伝統・歴史といったローカル固有の文脈に埋め込まれた「場所」が剥ぎ取られ、ローカルスケールでの脱領域化が進行する。しかし、大都市郊外は外国資本の受け皿という新たな意味を付与されていくことにより、富裕層・新中間層のためだけの高級イメージの場所として、新たなローカルな文脈が作り上げられる。また都市住民の階層分裂を背景にgated communityが形成されるなど、新たなローカルな文脈が作り上げられ、郊外の再領域化が進んでいる。さらに、農村においては、ローカルな文脈に埋め込まれた「場所」と時間体系が剥ぎ取られ、経済的価値やクロックタイムという新たな意味を付与されながら、脱領域化が進んでいる。しかし、その変化のプロセスは、近郊農村における新住民の居住環境、企業的農

業における自然環境、さらに教育機関までの距離や、ジェンダー観を含む農村文化など、様々なローカル固有な文脈に再び埋め込まれることとなった。

　このようなローカルな空間の脱領域化と再領域化は、すべての空間で同様に生じているのではない。FDIの獲得に成功した大都市とその郊外、工業団地とその周辺農村など経済的に優位な空間から、次第に上位空間のスケールとの関係を強化しながら、脱領域化かつ再領域化されるのである。

　資本の流動性の高まりによってもたらされたグローバル化経済は、先進国での労働市場の国境を越えた拡大をもたらし、開発途上国からの移民を増大させた。このような労働力の流動性の高まりによる労働市場の脱領域化は、移民間および移民と出身地間の情報の流動性を高め、移民による母国や出身地への送金や投資という形で資本の流動性をさらに高めることとなる。国境を越えて移動する移民は、生活空間としての集住地を必要とする。ここでは、宗教施設・教育機関・食材・雑貨店などが立地し、彼らの文化に再び埋め込まれた集住地の形成という形で、ローカルな空間の再領域化が進むのである。

第5節　おわりに－グローバル経済下のインドにおける空間の再編成

　本書では経済自由化以降、特に1991年の新経済政策以降のインドの地域変化を、経済のグローバル化による空間の再編成の一環ととらえた。この空間の再編成に関するアプローチに関して、ギデンズの近代性に関する社会理論を援用した、脱領域化と再領域化の概念の有効性を検討した。インドの大都市や農村がナショナル、リージョナル、ローカルの各スケールにおいて、グローバル化のもと脱領域化かつ再領域化されながら再編成される過程を考察した。これをまとめたものが第8-1表である。

　新経済政策以降、インドへの外国資本の流動性が高まり、工業化への投資が積極的に行われた。その結果、自動車産業とIT産業が急成長し、欧米・日本を中心としたグローバル化経済にインドが組み込まれている。ナショナルスケールの脱領域化に関しては、国境を越えた資本・労働力・情報の流動性が高

第8-1表 インドの空間の再編成に関する脱領域化と再領域化

空間スケール	脱領域化		再領域化	
	ナショナルな文脈からの脱埋め込み		ナショナルな文脈への再埋め込み	
ナショナル	脱国家化 国境を越える関係の強化 国家の枠組みを緩和 国境を越えた資本の流動性の高まり FDIの増加 国境を越えた労働市場の拡大 国境を越えた人口移動の増大 国境を越えたインターネットによる情報量の増大(就業・生活環境・婚姻を含む) 移民の移動性の高まり 頭脳流出(IT技術者・医者・留学生)		再国家化 国家の枠組みを再強化 新経済政策：インドへの外資誘致のための条件整備 移民政策：インド系移民からの投資をインドに誘致 資本環流(インド系移民・ベンチャーキャピタル)：インドに誘致 特定の先進国へ移民が集中 特定の国に関するインターネットによる情報の集中(就業・生活環境、婚姻を含む) 移民の定着性の高まり 受け入れ国の移民政策 移民の選抜(国籍、労働条件) インドへの頭脳環流(IT技術者など)	
	リージョナルな文脈からの脱埋め込み		リージョナルな文脈への再埋め込み	
リージョナル	産業の立地条件の緩和 国内における資本の流動性の高まり		インド国内での資本誘致をめぐる州間・都市間競争 インド国内での外資系工場の立地の誘致競争 インド国内での自動車産業のクラスターの形成 インド国内でのIT産業のクラスターの形成 (ベンガルール・グルガオン・ハイデラバードなど) インド国内での州間経済格差の拡大 グローバルシティ・東京へのインドIT技術者の増加 インド資本(IT企業)を巡るインドと東京との都市間経済競争における横浜市の都市戦略：インド人学校の誘致	

第5節　おわりに－グローバル経済下のインドにおける空間の再編成　261

	ローカルな文脈からの脱埋め込み	ローカルな文脈への再埋め込み
ローカル		
大都市郊外	FDI・インド系移民の資本環流の流入 新中間層の形成/流入 場所の文脈がはぎ取られる （欧米先進国のイメージの複製） オフィス・工場の時間体系（クロックタイム）に依拠	自動車産業・IT産業等の立地 郊外住宅の形成 郊外型ショッピングモール・シネコンプレックスの立地 大都市住民の階層分裂の深化 富裕層・新中間層：郊外型ショッピングモール 中間層未満：旧中心市街地のバザール 大都市の高級住宅地のセクター延長の郊外に高級住宅地が形成 郊外住宅地にgated communityの誕生 （他者を排除し富裕層のためだけの住宅地）
工業団地近郊農村	都市・工業団地への通勤者の増加 新住民の流入 都市・工業団地への野菜・生乳供給地へ転換 オフィス・工場の時間体系（クロックタイム）に依拠	農村から都市・工業団地通勤者のための住宅地へ転換 通勤先のカースト構成の類似性がより重要に 住民のカーストへの利便性、水と電気に関するインフラ整備状況と新・旧 市場への近接性、土壌、気候、水など農業の生産性に関する自然 条件がより重要に 宗教的時間の重視
インド系移民の集住地	移民の流動性の高まり 短期滞在者の増大/減少 男子単身滞在型 就業先（派遣先）近くに短期的・離散的に居住 インターネットによる生活情報の交換 （離散している労働者間での情報交換）	移民の定住性の高まり 長期滞在者の増大 家族滞在型 インド人集住地の形成・拡大 インターネットによる生活情報の交換 （定住地での生活条件の良さが容易に伝達される） 日本：東京都江戸川区西葛西 インターナショナルスクール・インド人学校の設立 英語の通じる病院・インド料理店・食材・雑貨・DVDレンタル店 宗教施設の設立 相互扶助的コミュニティの形成

FDI: Foreign Direct Investment　澤（2010，2011）を修正。

まり、国家の枠組みが緩くなる傾向を認めることができる。これに対して、インドへの頭脳環流、外国資本誘致やインド系移民の資本還流のためには、インフラ・金融市場・労働市場などの条件整備が不可欠となる。これらの実現には、インド政府の政策が必要となり、必然的に再領域化（再国家化）が同時に生じることとなった。

　経済のグローバル化に関し、資本がグローバルに展開する際には、その拠点として具体的な場所を必要とし、それは先進国では多国籍企業の中枢管理機能の集積したグローバルシティであり、開発途上国では生産と消費の現場としての大都市とその郊外が相当する。FDIの誘致に成功したインドの大都市の郊外では、独自の景観や伝統・歴史といったローカルな文脈に埋め込まれた「場所」が剥ぎ取られ、ローカルスケールでの脱領域化が進行している。しかし、同時に外国資本の受け皿という新たな意味を付与されていくことにより、富裕層・新中間層のためだけの高級イメージの場所として、また都市住民の階層分裂を背景に gated community が形成されるなど、新たなローカルな文脈が作り上げられ、再領域化が不可避的に進んでいる。さらに、工業団地に近接した農村のローカルな文脈に埋め込まれた「場所」と時間体系が剥ぎ取られ、経済的価値やクロックタイムという上位の空間において価値判断される、新たな意味を付与されながら脱領域化が進行している。しかし、同時にその変化のプロセス自体も、農村文化や自然環境など、様々なローカルな文脈に再び埋め込まれ、再領域化されているといえる。

　また、グローバル化した経済は、先進国（特にグローバルシティ）での労働市場の国境を越えた拡大をもたらし、開発途上国からの移民を増大させた。このような労働力の流動性の高まりによってもたらされた労働市場の脱領域化は、移民間および移民と出身地間の情報の流動性を高めた。それは、移民によるインドへの送金、さらに、先進国で成功した移民によるインドへの出資や出身地などでの起業という形で、資本の流動性を高めることにつながっている。先進国に定住し始めた移民は、生活空間としての集住地を必要としている。移民が増大するに従い、彼らの文化に再び埋め込まれた集住地の形成という形で、ローカルな空間の再領域化が進むのである。このように移民の空間では、流動

性を示す脱領域化とローカルな文脈に根ざした再領域化が同時に進行している。

　以上のように、グローバル化とは、近代性の帰結として、時間と空間の圧縮を加速度的に推し進め、ナショナル、リージョナル、ローカルの各スケールの空間の文脈にあった社会的行為を、上位の空間スケールの中に位置付けることにより、各スケールの空間の脱領域化と再領域化をやすみなく続けることである。これらの過程を通じて、各スケールの空間はより上位の空間、そしてグローバルな空間に次第に組み込まれてゆく。しかし、脱領域化と再領域化はどこでも同様に進むのではない。その時点で経済的に優位な条件の空間から、次第に上位空間スケールとの関係性を強化しながら脱領域化かつ再領域化されるのである。その結果として、「分散と集中」やモダニティの両義性の特徴である「時空間の断絶と連続」、「空間の均一性と異質性」が認められるのである。以上の考察を通じて、グローバル化のもとでの空間の再編成に関するアプローチに関して、脱領域化と再領域化の概念の有効性が確かめられたといえよう。

[注]
61) ただし、結婚に関しては重要な機能を有している。

補遺

工業団地開発と近郊農村における
社会構造の変化
－ MP州C村の各ジャーティにおける約10年間の社会経済的変化

　第6章「工業団地開発と近郊農村における社会構造の変化－MP州C村の10年間の追跡調査－」の補遺として、ジャーティごとにC村住民の1996年から2007年までの約10年間の追跡調査を行ったサンプル世帯の社会経済的変化の詳細とこの約10年間の変化に対する住民の評価について記述する。

　年齢については聞き取り調査時のものである。村の住民は一般的に自らの年齢については関心が低く、高齢になる程あいまいとなる。そのため本章の記述においても高齢になる程不正確である可能性がある。

　1996年の各世帯の状況については澤（1997）を基にした。

（1）最上位カーストのブラーミン

　最上位カーストのブラーミンは、C村においては5世帯、25人（2007年）であり、旧住民人口の約1%を占めるにすぎないが、ヒンドゥー教徒から構成されたC村においてはカーストヒエラルキーの頂点として欠かすことの出来ない重要なジャーティである。司祭カーストであるが、C村においては、自作農、僧侶、食料雑貨店経営者、運転手、常勤工場労働者から構成されている。経営耕地面積はやや零細で、農業収入のみでは生計を立てるのは困難である。教育水準は、後期初等教育～前期中等教育（Class6-10）が大半を占め、男子の非識字者はいないなど、C村の中では最も高い。次に述べるカティと同様、子どもを私立の小学校・幼稚園へ通学・通園させる場合が多く、一部では、男子をインドールの大学まで進学させている。大学卒の高学歴男子はピータンプルの常

勤工場労働者となっている。

　ここでは、インドール市の労働市場、自営業、ピータンプルの工業労働市場の3つの選択肢をあわせもつブラーミンの世帯の実態を紹介する。事例世帯の1996年当時の状況は以下のとおりであった。世帯主（40）は1956年に事例村で生まれ、High School を卒業後（Class 10）、農家から牛乳を集め、インドール市に運搬するミルク仲買人の仕事をし、月収800ルピーを得ていた。C村の中で最も早くミルク仲買人を始めた一人であった。その後、結婚した後により多くの収入を求めてインドール市に転居し、ミルク買い付け人として雇用された。1987年に妻が病に伏し、息子の世話をしてもらうため、両親の住むC村にUターン移動した。インドール市の会社のタクシー運転手として雇用され、インドール市へ通勤した。妻はその後死亡した。35歳の時にタクシー運転手の職を失った後、新聞広告をみてスクールバスの運転手となり1996年当時月収1,500ルピーを得ていた。副業として、村の寺の僧侶、食料雑貨店の経営および自作農を行っていた。この世帯はヒンドゥー寺院の傍に居住し、僧侶として村落社会の最重要人物の一人である。

　世帯主の長男（19）は、C村で生まれ、両親とともにインドール市へ移動した。私立の Higher Secondary School を卒業後、家族とともに村にUターン移動し、1996年当時はインドール市にある大学の通信制の学生であった。最上位カーストに属し、留保制度は適応されないため、奨学金などは得ていない。学生のかたわら、C村で父親と共同で食料雑貨店を経営していた。卒業後の進路として、公務員の事務職や工場の事務職に応募したが採用されなかった。1996年には食料雑貨店の規模を拡大経営する計画を立て、その資金として10万ルピーの融資を銀行から受けることに成功した。

　世帯主の次男（17）は、両親がインドール市居住時に生まれ、その後家族とともにC村へ移動した。Middle School を中退し（Class 6）、その後家族の経営する食料雑貨店を手伝った。1996年当時、ピータンプル工業団地の自動車製造業・Bajaj Tempo 社で日雇い工場労働者として42ルピーの日当を得ていた。次男は教育水準がそれほど高くはなく、同社に事務職として勤務している伯父の縁故でようやく就業することが可能となった。この世帯は灌漑農地を

2Bigha 所有しているが、農作物はほぼ自給用である。村にはあまりない TV（白黒）や村に1つしかない冷蔵庫を所有していたなど、経済水準は1996年当時C村内ではきわめて高かったといえる。

　2007年にかけて11年間のこの世帯の変化は、1996年当時スクールバスの運転手として雇用されていた世帯主（50）が退職し、村の食糧雑貨店を閉鎖し、軽トラックを新たに購入し運送業を起業したことと、長男（29）がピータンプルのダイヤモンド加工工場で常勤労働者として採用され、8,000ルピーの月収を得ることに成功したことである。次男（27）もピータンプルの常勤工場労働者に採用され、2006年に妻とインドール市へ転居した。長男の長女（4）はインドール市内の私立幼稚園にスクールバスで通園するなど、次世代への教育投資が可能となっている。ピータンプルの工業化に対する評価は、長男と次男が常勤工場労働者の職を得て、経済的上昇が大きいため、きわめて肯定的である。

　このように、ブラーミンは伝統的に僧侶に従事するが、そのかたわら、食堂や食料雑貨店を経営することも多い。C村のブラーミンは食料雑貨店などの自営業を行う以外に、ピータンプル工業団地の造成以前から、インドール市の労働市場に運転手としてすでに包摂されていた。このため、ピータンプル工業団地で多くの工場が操業する2007年では、新規学卒男子などは、その就業として従来から存在した自営業とインドール市内での労働者に加えて、ピータンプルでの工場労働者という新たな選択肢をもったといえる。常勤工場労働者となるためには、前期中等教育修了（Class 10）以上という農村では比較的高い教育水準が要求されるが、ブラーミンの場合は経済水準が高く、この条件は他のジャーティに比べて比較的満たしやすいといえる。ピータンプル工業団地が造成される前から、インドール市内で職を得るなど、リージョナルな空間との関連性がすでにあり、工業団地造成後は常勤工場労働者として雇用されることにより、リージョナルな空間との関連性はさらに高まった。これを可能にしているのは、教育水準の高さであると考えることが出来る。しかし、いかなる職業に就こうとも、ヒンドゥー教寺院の僧侶であることにはかわりがなく、特に世帯主は出勤前の早朝の寺院での祭礼は決して欠かすことは出来ないなど、伝統

的な時間体系はローカルな文脈の中で維持されている。

(2) ドミナントカーストのカティ

　カティは 102 世帯 735 人と、旧住民の約 55％（2007 年）を占める。カティは C 村および周辺農村では多数派であり、また村落パンチャヤトの長であるサルパンチ（sarpanch）を輩出するなど村落社会の権力者層であることから、ドミナントカーストであるといえる。カティは伝統的には農業カーストであり、C 村では地主層を構成し、経済・教育水準も比較的高い。自作農と常勤工場労働者が彼らの就業構造の基本形態である。このような属性をもつカティは、現在ピータンプルの工業労働市場の展開に伴い、以下の 5 つのタイプに分けることができる。次にその 5 つのタイプに属する世帯の 11 年間の変化を追跡調査により記述する。

a　大規模農業経営に特化する一方工場労働も行うカティ

　事例世帯は 1996 年当時、世帯主夫婦（78、75）と 5 人の息子らの家族で合計 24 人から構成される合同家族であった。学生以外の成人男性のほとんどが自作農経営に携わっていた。村内では大規模な部類である 24 Bigha の灌漑農地を所有し、借り入れ農地を合わせ 39 Bigha の灌漑農地を経営するなど、C 村における代表的な大規模農業経営農家であった。カリフ（夏作）期には大豆とトウモロコシの混作・サトウキビと野菜類（カリフラワー・なす・ショウガ）、ラビ（冬作）期には、小麦・いも・ニンニク・たまねぎ・マスタードと野菜類（カリフラワー・なす）など、いずれも販売用農作物を生産していた。広大な農地の耕作に際しては、自らも農作業に従事するが、村内の指定カーストのバグリや指定トライブのビールを日雇い農業労働者として雇用していた。農作物の出荷先は、ピータンプル工業団地の造成前にはインドール市のみであったが、1996 年当時は特に生鮮野菜類は近距離のピータンプル工業団地への出荷量が増加した。インドールよりもピータンプルの方が近く、輸送コストが安く、利潤が大きいためであった。大型トラクターを 1990 年に 30 万ルピーで購

入し（13 万ルピーの融資を銀行から受け、他は親類からの借金）、また 1975 年、1985 年、1994 年、1995 年にそれぞれ井戸を掘り、灌漑用ポンプを備えることにより、すべての農地が灌漑されている。さらに、生乳用の牛・水牛や使役用の牛・水牛を多数所有するなど、農業に対して多額の投資を行ってきたと同時に、農業の技術革新にも対応してきた。教育水準は、世帯主と、その息子の 4 人（30〜40 代）のうち 3 人は非識字者である。しかし、四男（28）は大学卒であり、村ではきわめて高学歴な部類に属する。彼は指定カーストや指定トライブの学生ほどではないが、後進諸階級の学生として Higher Secondary School 通学時は年間 800 ルピー、また大学通学時は年間 1,500 ルピーの奨学金を給付されていた。卒業後は、親戚が行っていた灌漑用井戸掘りの請負会社の共同経営に 1996 年から加わっている。このように、この事例世帯は 1996 年当時、C 村におけるカティのなかでも、大規模に農業を行い、農業カーストとしての性格を強く保持した世帯であった。経済水準は高く、工場労働者になる必要性もなく、1996 年当時は商業的農業を維持する方向にあった。

2007 年にかけての 11 年間のこの家族の変化は、農地を新たに 16 Bigha 購入し、合計 40 Bigha となり、さらに大規模な農業経営になったこと、世帯主夫婦（88、85）は農作業から引退したこと、長男が死亡したことである。しかし、世帯主夫婦と 5 人の息子らの家族の合同家族は維持されたままである。世帯主の長男の長男（28）（世帯主の孫）はトラックを購入し、自営の運送業者として農作業の傍ら農作物をインドールのみならずデリーやムンバイなどの遠隔地の農産物市場に、自家のみならず村内で生産された農作物も運搬している。次男の長男（35）は、上記のいとこと共に運送業を営むと共に、ピータンプルの常勤工場労働者として 7,000 ルピーもの収入を得ている。2 人は携帯電話の利用により農作物仲買人などとの連絡が密になり、国内各地の主要農産物市場価格の変動を即時に把握することが可能となり、その価格にあわせて出荷先を変更し、より有利な価格での農産物の売却が可能となった。本世帯の工場労働者は他に、世帯主の次男の次男（27）、世帯主の四男の長男（24）と次男（22）の合計 4 人と多い。一方、自作農の専業従事者は男 7 人（次男 55、三男 52、四男 46、五男 38、長男の次男 25、三男の長男 17、五男の長男 18）、女 10 人

(5兄弟の妻55、54、48、44、36、世帯主の孫の妻25、24、22、21、21)である。世帯主の孫世代の男子において、農業専従者から運送業との兼業や工場労働者へと移行する傾向が強いことがわかる。これは、孫世代の学歴がMiddle school卒業（Class 10）という、村内では比較的高い教育水準にあり、工場労働者となる条件を満たしているからである。ピータンプルの工業化への評価としては、この世帯は経済的に上昇しているため就業の場として高く評価するのみならず、市場や病院などがあることも高く評価している。他の農家のように、地下水の汚染の悪影響を認めてはいるが、経済的メリットをより高く評価しているといえる。

b　生乳販売をやめた中規模経営農家のカティ

　事例世帯は1996年当時7 Bighaの灌漑農地を所有・経営していたことから、C村では中規模農業経営農家であった。世帯主夫婦（70、66）と2人の息子らの家族で11人の合同家族であった。長男（40）、次男（23）ともMiddle Schoolを中退し（Class 7）、その後は農業に従事している。この世帯は灌漑用に井戸を掘り、灌漑用電動ポンプを他の農家と共同購入し、新たにトラクターを購入するなど、農業に多くの投資を行ってきた。さらに、乳牛と雌水牛をそれぞれ6頭ずつ飼育し、生乳をミルク買い付け人を通じてピータンプル工業団地の食堂などに供給していた。このように、この世帯は1996年当時、農業に積極的に投資を行うと同時に、新たに出現した工業団地に生乳を供給していた。

　2007年において、1996年当時の世帯主はすでに死亡し、その妻（77）は農作業から引退した。長男夫婦（50、45）は自作農のままであるが、その長男（26）（1996年の世帯主の孫）はMiddle Schoolを卒業後（class10）、ピータンプルのガス工場の臨時工として3,000ルピーの収入を得ている。その妻（23）は農作業を手伝っている。なおその子ども（5歳男子）は、私立幼稚園児である。次に、次男（23）（1996年の世帯主の孫）は自作農の傍ら、次に述べる叔父と一緒に農産物を市場へ運ぶトラック運転手として、現金収入がある。その妻（20）は農作業を手伝い、子ども（女）は2歳である。また、1996年当時の世帯主の次男（33）は自作農の傍ら、農産物を市場へ運ぶため、トラックでの運送業を

起業し、上記の甥と共同で年平均25,000ルピーの現金収入がある。その妻（30）は農作業を手伝っている。その子どもの長女（16）、長男（14）はC村の私立学校、次女（9）は公立学校に通う。

　農業に関する11年間の変化は、農地を1 Bigha購入し、灌漑農地を8 Bighaに拡大したことである。乳牛と雌水牛は合計12頭から3頭に減り、一方家族が増え生乳の自家用消費量が増えたため、生乳の販売は2002年にやめた。牛を減らした理由として、生乳販売よりも、工場労働者としての現金収入の方が多いという判断があった。また、農産物の出荷に際して、この農家はインドール市場のみならず、遠隔地のデリーやムンバイなどの大都市の市場へも運ぶことが多くなるなど、市場価格の変動に敏感となってきたことが挙げられる。工業化への対応として1996年当時に行っていた生乳販売をやめる一方で、工場労働者となる男子が出現するなど、工業化への対応方法に変化が生じた。また携帯電話の普及に伴い、国内各地の農産物市場の価格変動を知ることが容易となり、トラックで条件の良い市場へ運ぶことが可能となった。ピータンプルの工業化に対する評価は、掘り抜き井戸の水が工場により汚染させたと考える点で否定的であるが、工場に就業している家族がいることから、工業化を高く評価するなど、評価に関しては肯定・否定の両側面がある。

c　中規模経営農家で常勤工場労働を行うカティ

　事例世帯は1996年当時、所有農地は4 Bighaで、借り入れ地を含め7 Bighaの農地を耕作していることから、C村における中規模経営農家であった。世帯主夫婦（52、50）と4人の息子らの家族で9人の合同家族であった。世帯主は次男（21）とともに自作農に従事していた。農業経営は中規模であり、農業労働者の雇用は必要ない。カリフ期には大豆とトウモロコシを混作し、ラビ期には小麦、ポテト、ニンニク、豆を作付けしていた。これらの農作物のうち、大豆、ポテトとニンニクのみが市場に出荷され、他は自家で消費されるなど、農業収入は多い方ではなかった。また、生乳用に乳牛と水牛を所有しているが、生乳はいずれも自家消費が主であった。ほかに使役用の雄牛を所有していた。なお、カティは菜食主義者のため、山羊などの肉食用家畜は飼育していない。

息子の職業構成をみると、まず長男（25）は地元の Higher Secondary School を卒業後、インドール市の大学の通信制を 19 歳で終了した。卒業後 1 年間はピータンプル工業団地の自転車製造業・RK Industries 社の日雇い労働者としてわずか 30 ルピーの日当を得ていた。その後、20 歳時に同じくピータンプル工業団地の製薬業・Biochem Synergy 社に転勤し、最初は臨時工として 1 年間雇用された。それをステップとして 21 歳で同工場の機械オペレーターに昇進し、常勤工場労働者として 1996 年当時 2,500 ルピーの月収を得ることが可能となった。次男（21）は非識字者であり、父親とともに、自作農に従事していた。三男（19）は Middle School を中退後（Class 6）、ピータンプル工業団地の自動車部品業・Porval Auto 社の工場での物資運搬の日雇い雑業労働者として、50 ルピーの日当を得ていた。四男（18）も非識字者であり、ピータンプル工業団地で日雇い工場労働者としてわずか 35 ルピーの日当を得ているに過ぎなかった。このように、この中規模農家の場合は 1996 年当時、自作農による収入では生計が困難であり、特に、息子が多い場合は相続時に農地が分割されることになる。このような場合には工場労働や農業労働により収入を得る必要性があった。この世帯においても、大学卒の長男のみが常勤工場労働者となるなど、息子の間での教育水準の違いが工場労働者としての雇用機会の有無や収入上の差異に直接結びついていることがわかる。

　2007 年にかけてのこの家族の変化は、1996 年当時は農業専従者であった次男（32）が、勤務先は一定しないものの、ピータンプルで工場労働者としての仕事があるという点である。また、大学卒の長男（35）はピータンプルの製薬業・Biochem Synergy 社の常勤労働者としての月収が 5,000 ルピーと 11 年間で倍増し（農業労働者の賃金が 11 年間で変わらないのとは対照的に）、その子ども（男 10）を私立中学校に通わせている。これは前述した世帯主次男（32）の子ども（女 8、男 5）は、いずれも村の公立学校に通わざるを得ないのとは対照的である。つまり、同一世帯内でも、息子の学歴の差が、工場労働者としての就業可能性、常勤労働者か日雇い労働者なのかの勤務形態と収入に直結し、それは次世代である彼らの子ども（世帯主の孫）の教育水準に直結するということを示すものである。

d　零細農家で日雇い農業労働にとどまるカティ

　事例世帯は1996年当時、非灌漑農地をわずか1.5Bighaのみ所有することから、零細農家である。世帯主（24）はPrimary Schoolを卒業したに過ぎず（Class 5）、工場労働者として雇用される機会は少ない。そのため、零細な農業経営を補うものとして、他のカティの経営する農地で日雇い農業労働を行うが、わずか35ルピーの日当を得ているに過ぎなかった。雌水牛を3頭飼育し、そのうち1頭からは生乳をとることが可能であったが、自家消費用に過ぎなかった。カティは菜食主義のため、山羊などの肉食用家畜は飼育しない。世帯主の母（50）、2人の妻（20、19）と子どもの合計8人家族であった。

　2007年にかけての変化は、長男（19）が小学校卒業後、運転手の助手として日当50ルピーを得ていることのみであり、経済的には以前からの苦しい状況には変化がない。学歴が低いため工場労働者としての雇用の可能性は非常に低く、農業労働者として生計を立てざるを得ない。このように、ドミナントカーストであるカティにおいても零細農家の場合は、自作農以外の収入が不可欠である。しかし教育水準が低い場合は工場労働者となるのは困難なため、最も低賃金の日雇い農業労働者とならざるを得ない。

e　借家経営をやめたカティ

　1996年当時の事例世帯は6Bighaの灌漑農地を所有する中規模経営農家であったが、借家経営を行っていた。世帯主（36）は、Middle Schoolを中退し（Class 6）、自作農に従事していたが、1994年にC村内の農地0.5Bighaに2階建て4世帯分のアパートを建設した。建設費12万ルピーの内、親類や村人から合計5万ルピーを借りた。1ヶ月に家賃300ルピーの借家2世帯分と200ルピーの借家2世帯分の合計1,000ルピーの家賃収入があった。このように、農業以外にも十分な家賃収入があったため、世帯主は工場などの労働者になる意志はなかった。なお、当時の入居者はいずれもピータンプル工業団地の工場労働者であった。世帯主の妻（34）は自作農とアパート管理の手伝いをしていた。息子2人（16、13）はいずれも学生であった。ピータンプルの工業化に対する評価として、失業問題を緩和することができる点で、高く評価していた。このよう

に、この世帯はピータンプルの工業化に対して、労働力ではなく工場労働者に借家を供給することで対応した。

2007年にかけての変化は、2人の息子がそれぞれ結婚し孫も生まれたため、自宅が手狭になり、借家経営をやめたことである。また長男（26）が Middle School 中退後、ピータンプルのダイヤモンド加工工場の常勤工場労働者に採用され、4,000ルピーの月収を得ることに成功したことである。次男（23）は、Middle School 中退後、ピータンプルで日雇い工場労働者として6ヶ月ほど働いたこともあったが、現在自作農である。ピータンプルの工業化に対する評価として、自作農の世帯主は地下水の汚染と水位低下を非常に問題視している。一方、工場で職を得た息子達は、就業機会の創出や道路・電気・飲料水などのインフラの整備が進んだことを評価しているなど、同一世帯においても経済的利益の有無により工業化への評価は大きく異なることが分かる。

以上の考察により、農業カーストのカティに関して、以下のようにまとめることができる。C村のカティは住民の多数派を占めサルパンチを輩出するなど政治的に権力層を構成し、また多くが地主であるなど、経済水準のみならず・教育水準も高いドミナントカーストであるといえる。自作農と常勤工場労働者が彼らの就業構造の基本形態である。大・中規模経営農家の一部は野菜栽培に特化することにより企業的農家へと変化し、流通面でも携帯電話を利用することが出来るようになり、インドールのみならず遠隔地のデリーやムンバイを含む各地の農産物市場の価格変動に即応して出荷先を変更することが可能となった。農作物の流通圏の拡大に対応して、自らトラックを購入し運送業を営む者も出現した。また、中等教育以上の教育を受けた男子の一部はピータンプル工業団地での常勤工場労働者としての職を得ることに成功し、高く安定した収入を得、また初等教育以上の場合は日雇い工場労働者として、それぞれ異なる階層ではあるが工業労働市場に包摂されつつある。しかし、低学歴男子の場合は日雇い農業労働者として低収入しか得ていない場合も認められる。C村の中でカティが教育水準を高めている要因として、所有農地の広さと後進諸階級に対する奨学金制度を挙げることができる。これらの要素により、C村のカティに

おいて高学歴男子が増加している。

　また、工業団地での労働者としてではなく、工業団地などへ生乳を供給する場合も多い。菜食主義者の彼らは肉食を目的とする山羊は飼育せず、使役や搾乳を目的とする牛や水牛を飼育している。生乳の多くは工業団地の食堂などへ供給される。一方、大規模経営農家のなかには、ピータンプルの工場に日雇い工場労働者や建設・運搬などの雑業労働者を斡旋する労務請負人として、月収1万ルピー以上の高収入をあげる者もいる。このように、カティは高学歴男子の場合、ピータンプルの工業開発により新たに創出された労働市場に、常勤あるいは日雇い労働者として雇用されつつあることが確かめられた。しかし、C村では教育水準が高いカティといえども、大学卒業者などの高学歴者は依然少数の限られた者であり、また、工業技術訓練校（I.T.I ＝ Industry Training Institute）で工場労働者養成の職業訓練を専門的に受けた者もいない。そのため、ピータンプルの工場でのエグゼクティブ・スタッフ・ワーカー（常勤工場労働者）・テンポラリー（臨時工・日雇い工場労働者）の4階層の中では、後者の低次の2階層にのみ包摂されているに過ぎない。また、教育水準の低い者は上記の最低次の階層にも包摂されず、従来から存在する最低賃金水準の農業労働市場にとどまっている。

(3) 後進諸階級で大工カーストのパンチャル

　後進諸階級のパンチャルは、C村では1世帯（2007年）のみである。パンチャルは伝統的に大工カーストであり、事例世帯も1996年時に農地は所有せず、木製農機具の製造・修理を生業とするなど、農家向けのサービス業に従事していた。世帯主（45）は Middle School を中退後（Class 6）、農機具大工に従事していた。妻（40）と学生の子ども2人（16、14）の4人家族であった。農機具大工の仕事は、村内の特定の農家とのジャジマーニー制によるものである。その契約は例えば農家1戸当たり年間50 kgの穀物（小麦・大豆）の報酬で、契約期間内は何回でも契約農家の農機具の修理に関する要求には応じなければならないというものである。なお、自家消費以外の穀物は現金化されるのが通例

である。この世帯に関しては、農機具大工による収入よりも次に述べる借家（アパート）収入の方が多かった。

この世帯は1993年にC村において借家経営を最初に行った世帯であった。自宅を改修する際に6部屋を新住民用に増築した。家賃は各部屋とも1996年当時200ルピーであり、入居する5世帯で合計毎月1,000ルピーの家賃収入を得ていた。入居世帯の世帯主全員がピータンプル工業団地の日雇い工場労働者であった。ピータンプル工業団地のアパートよりも安い家賃で、日雇いの低賃金労働者でも支払い可能となっていた。このように、大工に従事し、農家との間に木製農機具の製造・修理に関する年間契約を行っている以外に、ピータンプルの工場労働者向けに借家経営を行うことにより、大工よりも多い収入を挙げることに成功していた。

2007年にかけてのこの家族の変化は、長男（27）がMiddle schoolを卒業後、ピータンプルのダイヤモンド加工工場で常勤労働者の職を得、4,000ルピーの月収を得ることに成功したことである。借家経営は、従来の建物のままであるが、各部屋の家賃が400ルピーと2倍になり、6世帯分の家賃収入は月に2,400ルピーと、家賃収入が約2.5倍となった。このため10年前に比べ経済的に上昇し、長男の子ども（男子5）は、私立の幼稚園に通学させるなど、次世代の教育への投資が可能となっている。一方、1996年に行われていたジャジマーニー制は、1996年当時の報酬は農家1戸当たり年間50 kgの穀物（小麦・大豆）であったが、2007年には農家1戸当たり年間40 kgの穀物（小麦）とサービス1日当たり100ルピーの現金という形に変わった。これは、村内の特定の農家（顧客）との間で伝統的に行われていた、現金を介在せず、労働時間にも比例しないジャジマーニー制から、報酬の一部を労働時間（この場合は日）に比例した現金報酬という形になったもので、ジャジマーニー制から労働時間に応じた現金のみの報酬へと移行する過渡期であると考えられる。なお、村外の不特定の客とは、1回当たり150ルピーとなり、以前よりジャジマーニー制は成立していない。

このようにこの世帯は、ジャジマーニー制から労働時間に応じた現金のみの報酬へと移行する途上にあると同時に、長男が常勤工場労働者の職を得、

借家経営の収入も上昇し、10年前に比べ経済的に上昇した。その結果、長男の子どもを私立の幼稚園に通園させることが可能になるなど、次世代への教育投資が可能となっている。ピータンプルの工業化への評価に関して、世帯主は地下水（飲み水）が汚染されていると考えており、この悪影響が大きいと考えている。一方、長男は工場で常勤労働者となっている点を評価するなど、同一世帯以内でも工業化による経済的利益の有無により評価は大きく異なる。

(4) 後進諸階級で理髪業カーストのナーイー

　ナーイーは、伝統的に理髪業を営むジャーティである。C村では4世帯、19人（2007年）で、全世帯が理髪店を営んでいる。事例世帯の1996年当時の実態は以下のとおりであった。世帯主（70）はPrimary School卒業以降（Class 5）理髪業にのみ従事している。かつては、ピータンプル工業団地内で理髪店を経営していたが、65歳時に長男に理髪店の経営を譲り、村に戻り自宅で理髪店を営んでいる。村内においてはジャジマーニー制による契約で、村内の顧客1人当たり年間20 kgの小麦と交換していた。理髪師1人当たり約60人程度の顧客と契約していた。これらの穀物の一部は自家で消費し、余剰分を売却して現金を得ていた。契約期間は契約者の理髪業に関する要求にはすべて応じなければならず、また理髪以外にも、例えば結婚式の前の体の手入れもナーイーの仕事の範疇に入る。長男（34）はHigh Schoolを中退後（Class 9）、世帯主の理髪店を手伝い、その後1991年からピータンプル工業団地で父親が行っていた理髪店の経営を引き継いだ。定期市の日（土曜日）は客が多いため、その日は彼の甥に手伝ってもらっていた。工業団地では理髪店は不特定多数の労働者が客となるため、ジャジマーニー制ではなく現金制である。世帯主の妻（59）と長男の妻（25）はいずれも家計を補うために、日雇い農業労働者として収入を得ていた。他に長男の子ども（9、7）がおり、いずれも小学生であった。乳牛を1頭飼育していたが、得られた生乳は自家消費用であった。彼らは伝統的に理髪業を営んでおり、C村においても例外はない。ピータンプルの工業団地の造成により多くの労働者が集まり、彼ら向けの理髪業のサービスの需要が生じ、

それに対応する形で一部の世帯がピータンプルで理髪店を開業することになった。C村ではジャジマーニー制をとっているが、工業団地において営業する場合は顧客が不特定多数となるため、現金制であった。

2007年にかけてのこの家族の変化に関して、職業（理髪業）の変化は認められない。長男（45）家族は1997年に世帯主（80）の店を継ぐため、ピータンプルの理髪店を閉店し、C村に戻った。これに伴い、1996年当時世帯主の理髪店を手伝っていた次男（38）は親戚と共同で、インドール市内で、理髪店を経営することとなった。なお、村内の世帯とのジャジマーニー制は2007年においてもそのまま維持されている。ピータンプルの工業化に対する評価は、現在店舗をそこで構えていないので、肯定的な要素はなく、井戸水（飲料水）の汚染を工業化による悪影響としてとらえている。

(5) 指定カーストのチャマール

指定カーストのチャマールは、C村において31世帯、170人（2007年）であり、旧住民の約12%を占め、カティ、ビールに次ぐ第3のジャーティ集団である。チャマールの職業は伝統的に家畜や動物の死体の処理や皮革業が一般的とされているが、C村のチャマールは皮革業には従事せず、土地なし層や零細農家あるいは中規模農家が一般的である。このため、日雇い農業労働や工場労働者の就業者が最も多くなっている。C村のチャマールは、以下の3つのタイプに分けることが出来る。

a 常勤工場労働者の職を得たチャマール

事例世帯の1996年当時の実態は以下のとおりであった。世帯主（31）の教育水準は大学卒業と村内では極めて高い。指定カーストに属するため、奨学金を常に給付されていた。大学卒業後の3年間は、ピータンプル工業団地の鉄鋼業・Rajratan Wire社の工場に常勤労働者として月収1,200ルピーを得ていた。1996年から同工業団地の鉄鋼業・Navyug Weld Wire社に転職し、常勤労働者として月収1,800ルピーに賃金が上昇した。しかし、世帯主の月収のみでは、

8人の家族を養うことはできず、妻（20）は農繁期のみではあるが、カティの経営する農地で農業労働を行うことで、家計を補っていた。世帯主の弟（18）は、High Schoolを卒業後（Class 10）、一時はピータンプル工業団地の工場で機械清掃を行う日雇い雑業労働者として35ルピーの日当を得ていたこともあったが、勤務上のトラブルから失職した。失職後は、他の工場に何度も応募したが、いずれも学歴の点で採用されなかった。そのため、ピータンプルでチャマールの伝統的職業の一つである靴製造の店舗を経営することを計画した。銀行に20,000ルピーの融資を申し込んだが、断られたため、計画を断念するに至った。この結果、1996年当時失業中であり、兄である世帯主の収入に依存して生活していた。彼の妻（17）は、農繁期に農業労働を行い、家計を補っている。家族は、他に世帯主の母（72）、母の姉（75）、世帯主の娘（0）、弟の娘（1）の合計8人家族である。

　この世帯は非灌漑農地はわずか0.5 Bighaにすぎず、きわめて零細規模の農家である。小麦と大豆を耕作するが、いずれも自家消費用であり、収入はもたらさない。また、雌水牛を1頭飼育していたが、生乳は自家で消費されていた。このように、自作農だけでは生計が成立しない。しかし高学歴男子の場合は、常勤工場労働者としてC村の中では高い収入を得ることに成功している。このような高学歴を成立させているものとして、指定カーストのための奨学金制度と定員の一定の割合を指定カーストなどに配分する留保制度（reservation）がきわめて重要な役割を果たしている。

　2007年にかけての変化は、世帯主（41）が好条件の工場への転職に成功し、常勤労働者として月収が3,900ルピーと以前の約4.5倍となったことである。また弟（28）も同じ工場に常勤労働者として勤務し4,500ルピーの月収を得ることに成功している。このように、この世帯は、ピータンプル工業団地で常勤労働者として職を得たことで、経済的に上昇することが出来た。そのため、ピータンプル工業団地の工業化に対する評価は、極めて高い。

b　自作農と農業労働者のチャマール

　事例世帯の1996年当時の実態は以下のとおりであった。世帯主（55）は非

識字者であり、1983年頃には一時期ピータンプル工業団地の工場建設現場での日雇い建築労働者として日当25ルピーを得たこともあったが、それ以外は自作農のかたわらカティの経営する農地で農業労働者として働き、日当として25ルピーと小麦5 kgを得ていた。経営耕地は灌漑農地の1.5 Bighaにすぎず、零細農家である。小麦と大豆と花（マリーゴールド）を栽培し、小麦と大豆の収穫の半分と花を出荷していた。雌の水牛を1頭飼育し、生乳は自家消費していた。チャマールは菜食主義者ではないので、この世帯のように肉食を目的として鶏を飼育することが可能である。このほかには、雄牛と雌の子牛を1頭ずつ飼育している。妻(45)は農業労働者として家計を補っている。世帯主の母(80)は高齢のため仕事はしていない。世帯主の息子2人はいずれも仕事を求めてピータンプル工業団地とインドール市に転出していた。長男（35）はMiddle Schoolを卒業後（Class 8）、C村での日雇い農業労働者であったが、1992年からピータンプル工業団地での日雇い建築労働者となり、妻（28）と子ども2人（8、7）とでピータンプルの借家（家賃300ルピー）に居住していた。次男(25)はPrimary Schoolを卒業後（Class 5）、農業労働者として35ルピー程度の日当を得ていた。1996年にインドール市の借家（家賃350ルピー）へ移動し、インドール市で日雇い建築労働者として50〜80ルピーの日当を得ていた。妻（20）と2人の子ども（5、1）と同居していた。

　このように、零細農家は自作農のみでは生計を成立させることは不可能であり、世帯主は非識字者のため、1996年当時工場労働者として採用されず、農業労働者以外の選択肢はなかった。しかし、息子2人は若干ながら教育を受け、ピータンプルやインドール市で日雇い労働を行い、農業労働よりは若干ながら高い収入を得ていた。これに伴い就業地へそれぞれ転居した。事例世帯の就業は、学歴の向上を伴った世代交代により、農業労働市場からピータンプルの工業労働市場やインドール市の雑業労働市場へ移行していたといえる。

　2007年にかけて以下のように変化した。第1に、世帯主の母が死亡したこと、第2に、次男（35）がピータンプルの工場労働の臨時工の職を得たものの短期間で失職し、インドールから村に戻ったことである。不定期にピータンプルで工場労働者の仕事がある以外は、夫婦とも農業労働者である。彼らの子ど

も (男15、女10) は公立学校に通学している。またかつて飼育していた水牛は、経済的に苦しい時に売却した。第3に、四男 (25) がピータンプルで自動車製造業の下請け工場で塗装工の臨時工として2,000ルピーの月収を得たことである。四男の妻 (27) は農業労働者である。なお、長男 (45) は現在もピータンプルの借家に居住し、日雇い建築労働者として働いている。

このように、収入はいずれも不定期の工場労働者と農業労働者の日当であり、農業労働市場からピータンプルの工業労働市場の労働市場へ若干移行している。しかし、失業に伴い出身地へUターンせざるを得ない場合もあり、その場合は経済的な上昇はない。ピータンプルの工業化に対する評価としては、生活水準は向上しない一方、環境汚染（飲料水と空気）を工業化によるものであると強く批判している。

c 土地なしの日雇い農業労働者にとどまるチャマール

事例世帯の1996年当時の実態は以下のとおりであった。世帯主 (40) は非識字者であり、カティの経営する農地での日雇い農業労働者として月600ルピー程度の収入に過ぎなかった。妻 (35) は農繁期には日雇い農業労働者となるが、平均月収は100ルピー程度に過ぎない。子ども2人 (長女15、長男12) の4人家族であった。

2007年にかけてのこの家族の変化は、長男が死亡、長女(25)は婚出、次男(10)が家計を助けるため農業労働者とならざるを得ず、小学校に通うことが不可能となったことである。三男 (8) は公立小学校へ通学している。この世帯の収入は、世帯主・妻とわずか10歳の次男の農業労働によるものだけである。工場労働の日当が上昇したのとは大きく異なり、農業労働の日当は11年間でほぼ変化がなく、村内の最低賃金のレベルである。この世帯は、農地や家畜などの生産手段を全く所有していない上、世帯主・次男ともに非識字者のため、日雇い工場労働者の職を得る可能性もほとんどなく、村内での日雇い農業労働を継続するしか選択肢はないといえる。この11年間は、物価水準の上昇を加味すると、経済的にさらに下降しているといえる。ピータンプルの工業化に対する評価としては、環境汚染（飲料水と空気）を工業化の影響であると

厳しく批判している。

　このように、C 村のチャマールは土地なし層や零細農家あるいは中規模農家であり、ピータンプルに工業団地が造成される以前は村落領域というローカルな日雇い農業の労働市場にほぼ包摂されていた。一方、指定カースト向けの奨学金や留保制度を活用して一部の男子には高学歴者となり教員など公職に就く者も現れた。ピータンプルの工業化に伴う労働市場の展開は、教育を受けた男子に常勤工場労働者となる機会を与えた。またごく一部ではあるが、ピータンプルの日雇い工場労働者の労務請負人（コントラクター）を行うことで高収入をあげているものもいる。彼らは工業化を契機に上方への社会移動が可能となり、今後は世代交代に伴う高学歴男子の拡大再生産が可能になれば、農業労働から工場労働へ移行する傾向が強まると予測される。しかし、チャマールのなかで大多数を占める教育水準の低い者はその可能性は低く、今後も経済的に低位におかれた農業労働者のままと予想される。その場合は、地主との支配従属関係というローカルな文脈に深く埋め込まれたままとなる。

(6) 指定カーストのバグリ

　指定カーストのバグリは、C 村では 16 世帯、95 人（2007 年）であり、旧住民の 7% を占めていた。彼らの多くは土地なし層や零細農家である。非識字者比率が C 村内でも高く、教育機会は乏しかった。工業団地の造成以前には、日雇い農業労働者が彼らの主な職業であった。バグリは、ピータンプルの工業化の展開に伴い、以下の 3 つのタイプが認められた。

a　日雇い労働者のバグリ

　事例世帯の 1996 年当時の実態は以下のとおりであった。この世帯は農地を所有していない。世帯主 (37) は非識字者であり、かつては日雇い農業労働者であったが、32 歳（1991 年）からピータンプル工業団地の自動車製造業・Bajaj Tempo 社の清掃等に関する日雇い労働に約 3 年間従事したものの、平均

月収はわずか250ルピー程度であった。その後失職し日雇い農業労働となったが、35歳（1994年）の時にピータンプル工業団地の大豆加工品製造会社・Alpine社の工場での日雇いの運搬労働者の職を得て、1996年当時80ルピーの日当を得ていた。工場での仕事がない日は、日雇い農業労働をする場合もあった。その妻（32）も非識字者であり、12歳で結婚してからはC村でカティの経営する農地での日雇い農業労働者としてわずか30ルピーの日当を得ていた。彼女は農閑期には、ピータンプル工業団地の工場での日雇いの雑業労働として収入を得る場合もあった。長男（17）も非識字者であり、日雇い農業労働者であった。次男（13）と三男（6）はいずれも小学生であったが、長女（10）は小学校に通わせてもらえなかった。バグリは菜食主義者ではないので、肉食用の山羊を飼育することが可能となり、4頭飼育していた。山羊は購入価格が安いことから初期投資が少なくてすみ、また繁殖力に優れるため家計を安定させる重要な家畜となっている。

　2007年にかけてのこの家族の変化は、世帯主（47）が日雇いの工場労働者の仕事を再び失い、ピータンプルの建設現場での日雇い労働者となり、不定期の仕事を転々としていることである。長男（27）と次男（23）はピータンプルの臨時工をしながら、仕事のない時には日雇い農業労働者の仕事をし、いずれも非識字者の彼らの妻（23、18）は村内の日雇い農業労働者である。このように、農地を所有せず、教育水準もきわめて低いこの世帯は、日雇いでの工場労働・建設労働・農業労働で収入を上げるしか生計を立てる方法はない。しかも農業労働の日当は、男子50ルピー、女子35ルピー程度であり、1996年当時とあまり変化がない。そのため、非定期ながらも日雇いでの工場労働（1500ルピー/月）や建設労働の仕事が生じることになったピータンプルの工業化を高く評価している。

b　家畜飼育が破綻したバグリ

　事例世帯は1996年当時、世帯主（64）と息子2人の家族とあわせて10人の合同家族であった。農地は所有していない。世帯主は非識字者であり、高齢にもかかわらず、村内のカティの経営する農地で農業労働を行っていた。長男（28）

も非識字者であり、かつてピータンプル工業団地での臨時工としてわずか3ヶ月間勤務したことがあるのみで、その他はカティの経営する農地で、農業労働者として35ルピー程度の日当を得ているに過ぎなかった。次男（23）もピータンプル工業団地での日雇い工場労働者に何度か応募したが、非識字者のため採用されなかった。このため、1996年当時農業労働者として35ルピー程度の日当を得ているに過ぎなった。

　このように、この世帯は生産手段の農地を所有せず、また世帯員すべてが非識字者のため工場労働者として採用される可能性もきわめて低かった。このため、日雇い農業労働で収入を得ていたが、収入を補うために山羊飼育から利潤の多い生乳用の雌の水牛の飼育への転換を図るなど、家畜経営に特化しつつあった。かつては山羊を15頭程度飼育し、家計の補助にあてていたが、1990年に雌の水牛を2頭購入した。購入に際しては、指定カーストに対する補助金制度（I.R.D.P.）に関しては全く知らなかったため、C村のミルク買い付け人（カティ）から2万ルピーを借金した。ミルク買い付け人から毎月800ルピー分の飼料を購入し、借金の返済はこのミルク買い付け人への生乳の供給で行い、また生乳の出荷はこのミルク買い付け人にのみ行うという、ミルク買い付け人にとってのみ有利な契約条件であった。6年間で5,000ルピー分の返済は終わっている（15,000ルピーの借金が残る）。2頭で、出乳量の多い雨期には50ルピー、出乳量の少ない乾期には40ルピー程度の日収が得られる。また、牛糞は燃料などとして自家で消費されている。このように、農地を所有しないこの世帯では教育水準が低いため、1996年当時、工場の労働者としてではなく、牛の搾乳を中心とした家畜経営に特化する方向を選択した。

　2007年にかけてのこの家族の変化は、まず世帯主と長男の妻が死亡し、次男夫婦とその子どもが転出したことである。長男（38）、長男の長男と次男（17、15）は全員非識字者で、農業労働者として村内のカティに雇用される以外には選択肢はなかった。しかも、1996年当時飼育していた雌水牛も、借金の返済が行えなくなったため、売却せざるを得ず、1996年当時の牛の搾乳を中心とした家畜経営に特化する方向は大きく破綻し、経済的にきわめて厳しい状況となった。ピータンプルの工業化に対する評価は、雇用の可能性がある点で、

評価している。

　山羊の飼育から水牛の飼育への転換に関しては、以下の2つの大きな問題点があったと考えられる。第1の問題点は、農地を所有していないため、水牛の飼料を購入せざるを得ず、利益を上げるのが困難であったことである。第2の問題点は、水牛の購入に際して、指定カースト向けに制度化されていた補助金の存在を当然知っているはずのサルパンチやミルク仲買人から何も知らされない上、その仲買人から借金し、飼料の購入もミルクの販売もその人物にのみ契約をしていたなど、極めて一方的で不利な契約であり、その仲買人との支配従属関係が固定化・強化されたことである。この背景としては、この世帯全員が非識字者であり、補助金の存在や様々な契約に関して、知る機会がなく、いわばミルク仲買人の言いなりになってしまったことがある。このため、C村のドミナントカーストで、サルパンチを輩出し、地主層であり、ミルク仲買人であるカティが、経済的のみならず、補助金の配分や様々な政治的利権を独占するというローカルポリティックスに対して、この世帯の不満は非常に大きいといえる。

c　農業労働者が主なバグリ

　世帯主（32）と妻（28）は1996年当時、農地や家畜などの生産手段を一切所有しておらず、村内のカティの経営する農地で日雇い農業労働者としての収入があるのみであった。4人の子ども（6、4、3、0）と合計6人家族であった。彼らは非識字者であることから工場労働者とはなりえず、また、最も低賃金で不安定な日雇い農業労働賃金のみに依存することから、C村の中でも経済水準のきわめて低い部類に入る。

　2007年にかけてのこの家族の変化は、長男（16）が小学校を中退したものの（Class 3）、その後トラックの運転助手（3,000ルピー/月）として村内の農家に雇用されたことである。これは日雇い農業労働者よりも高い賃金である。他の家族は、すべて農業労働者である。職種が異なるとはいえ、全員とも村内の農家（カティ）に日雇い労働者として雇用されている。ピータンプルの工業化に対する評価は、雇用の可能性がある点で、評価している。

以上の事例で示されるように、指定カーストのバグリは土地なし層と零細農家が卓越し、農地があった場合においても農業収入のみでは生計は成立していない。そのため賃金労働者となる必要があるが、多くは非識字者や初等教育修了程度の学歴のため、工場で雇用される可能性は極めて少なく、最低賃金水準である日雇い農業労働者とならざるを得ない。前期中等教育を受け、ピータンプルの工場労働者となった者はわずかに限られ、バグリは工業労働市場に包摂されず、多くは従来からのローカルな農業労働市場にとどまったままである。このように、工場労働に移行できない要因は教育水準の低さにあるが、これは一つには農地の狭さに起因すると考えられよう。このため、同じ指定カーストのチャマールと同様の奨学金制度・留保制度がありながら、チャマールよりも所有農地が狭く経済水準が低いため、次世代の教育にかける経済的な余裕はなく、これらの制度を活用して教育を十分に受けさせることすら困難となっている。もう一つの要因として、農村貧困層に生産的資産を与えることにより所得の向上を企図した農村開発政策が機能していないことがあげられる。例えば、乳牛を購入する際にも特定のミルク買い付け人に有利な条件で借金せざるを得ない状況となっている。しかし、乳牛の購入が経済的に困難な場合は、低価格で購入できる山羊の飼育を副業とすることがある。彼らは非菜食主義であるため、肉食用の山羊を飼育することが可能である。山羊は、経済水準の低い家計を安定化させる機能を持っている。

　以上のように、バグリはカティの経営する農地での日雇い農業労働が主な収入源となっている。ピータンプルの工業化によって若干その日当が上昇したことを評価する者もいるが、その一方、法定賃金以下に押さえられていることに関して地主層のカティに対して強い不満を抱いている者も多い。また、貧困層向けの補助金が本来の対象ではないカティにより独占されたり、新規の生乳生産農家の知識不足につけ込んだミルク仲買人（カティ）との不公平な契約を結ばされたりすることに関する不満はきわめて大きい。しかし、バグリはその不平をドミナントカーストとして権力を握るカティに対しても、また警察にもいえない状況である。もし不平をいえば、今後は日雇い農業労働者として雇用されず、また様々な嫌がらせを受けることを指定カーストである彼ら自身が一番

よく知っているからである。このため、工業化の進展に関しては、村内の住民の雇用機会がピータンプルで増加する可能性がある点を高く評価する一方、カティを頂点とする村内のローカルポリティックスに関する評価は非常に低い。

また、工場労働の職を得たものは、ローカルな文脈に埋め込まれた地主―農業労働者の関係性が緩和し、工業団地を核としたリージョナルな領域に関わることが可能となったが、生産手段を有さずかつ教育水準も低いバグリの場合、地主―農業労働者という村落領域内のローカルな支配従属関係に深く埋もれたまま、あるいは一層強化されたケースも多い。

(7) 指定カーストのバライ

指定カーストのバライは、C村では2世帯、26人（2007年）のみであり、旧住民のわずか2％を占めるに過ぎない。事例世帯の経営耕地は5 Bigha と、中規模経営農家であった。1996年当時、世帯主（52）は非識字者であり自作農を続けていた。長男（18）は High School を中退後（Class 9）、自作農に従事していた。次男（15）と三男（12）はいずれも指定カーストとしての奨学金を給付されながら High School へ通学していた。他に、世帯主の母（72）、妻（42）と長男の妻（15）との合計7人家族であった。

2007年にかけてのこの家族の変化は、長男（28）が Middle school を卒業後、ピータンプルの工場に常勤労働者（月収3500ルピー）として採用されたことである。次男（25）と三男（22）も工場労働者に求職中だが、自作農のままである。このように経済的な上昇が可能となり、自宅を改築した。ピータンプルの工業化への評価は、長男が工場で常勤労働者となり、生活水準が向上したことを高く評価している。一方、農家でもあるので、地下水の汚染や土壌汚染に関して悪影響があると考えている。

C村のバライは指定カーストではあるが、いずれも中規模経営農家である。1996年当時成人男性はいずれも自作農にのみ従事し、工場や他の農地の日雇い労働者となることはなく、工業労働市場や農業労働市場からは排除された存在となっていた。しかし、2007年には第2世代の High School 程度の学歴をも

つ男子の場合は、今後は工場の労働者となり、工業団地を核としたリージョナルな空間により一層包摂される可能性があると考えられる。

(8) 指定トライブのビール

指定トライブのビールは、C村では41世帯、291人（2007年）であり、旧住民の20%を占め、村落内ではカティに次いで2番目に人口の多いカーストである。ビールの世帯の過半数は農地を所有しない。所有している場合でもそのほとんどが5 Bigha 未満の零細規模である。このような属性をもつビールは、ピータンプルの工業化の展開に伴い、以下の3つのタイプに分けることができる。

a 自作農と日雇い労働を行うビール

事例世帯の経営耕地はわずか2 Bigha であり、零細農家の部類に入る。1996年当時、非識字者の世帯主（45）は自作農としての収入と村内のカティの農地での日雇い労働者として収入を得ていた。1993年に他のビールの5家族と共同で井戸を掘り、電動ポンプも共同で購入し、耕地を灌漑することに成功した。灌漑以前は落花生・ミレット・ジョワールを中心に作付けしていたが、灌漑後は小麦と大豆などの商品作物を栽培することが可能になり、それに従い経済水準も若干ながら向上した。山羊を4頭飼育し、うち2頭の乳を自家消費していた。また、雌の子牛も飼育していた。妻（35）も非識字者であり農作業を手伝う以外に、夫とともに日雇い農業労働者として収入を得ていた。世帯主の母（62）も非識字者であり、かつては日雇い農業労働者であったが、高齢となり自家の農作業を手伝う程度であった。他に3人の子ども（4、2、1）の合計6人家族であった。

2007年にかけてのこの家族の変化は、世帯主の長男（14）が小学校卒業後、日雇い農業労働の傍ら、まれにピータンプルで日雇い工場労働の職につくことがあるという点と、次男（12）が小学校卒業後、日雇い農業労働者となった点である。このように、経済的状況はこの11年間でほとんど変化はない。ピー

タンプルの工業化に対する評価は、雇用の機会がきわめて少ない点と、井戸水が汚染されたと考えている点で、非常に批判的である。

b　日雇い農業労働と日雇い工場労働を行うビール

　事例世帯は灌漑農地を 1 Bigha のみ所有する零細農家であった。1996 年当時、カリフ期には大豆とトウモロコシ、ラビ期には小麦とグラムを作付けするが、ほとんどが自家消費に回され、大豆の一部を売却するのみで農業収入はきわめて少なかった。乳牛 1 頭と、雌の水牛 6 頭を飼育していたが、生乳のほとんどを家族 10 人で消費したため、家畜飼育による収入もわずかであった。したがって、自作農と家畜飼育だけでは生計は成り立っていなかった。世帯主 (50) は非識字者であり、自作農と日雇い農業労働（日当 35 ルピー）を行っていた。長男 (25) は High School を中退後 (Class 9)、日雇い農業労働 (35 ルピー) と農閑期にはピータンプル工業団地で日雇いの建築労働 (40 ルピー程度) を行っていた。次男 (21) も High School を中退後 (Class 9)、主として工場の日雇い雑業労働に従事し、40 ルピー程度の日当を得ていた。三男も High School を中退後 (Class 9)、主として工場の日雇い雑業労働に従事し、40 ルピー程度の日当を得ていたが、その後死亡した。世帯主の妻 (45)・長男の妻 (23) と次男の妻 (18) はいずれも非識字者であり、自作農のかたわら日雇い農業労働を行い 30 ルピー程度の日当を得ていた。他に、世帯主の母 (71)、三男の妻 (19)、世帯主の娘 (12)、次男の娘 (0) の合計 10 人家族であった。

　2007 年にかけてのこの家族の変化は、世帯主が死亡したことと、1996 年当時乳牛 1 頭と、雌の水牛 6 頭を飼育していたが、娘の結婚資金の準備などのため雌の水牛 5 頭を売却せざるを得ず、生乳による収入が途絶えたことである。農業収入は依然としてごくわずかなため、長男 (35) は農業労働と建築労働、次男 (31) はピータンプルで日雇いの工場労働者であるが、月収は 1,800 ルピーと低い。彼らの妻はいずれも農業労働者で、子どもは公立学校に通学している。ピータンプルの工業化への評価は、飲料水の汚染問題と就業の場としての評価が拮抗している。

c 日雇い農業労働のみからトラック運転手も行うこととなったビール

事例世帯は農地や家畜などの生産手段を一切所有しない世帯であった。非識字者の世帯主（42）は1996年当時、カティの経営する農地で日雇い農業労働者であった。長男（18）は Primary School を中退後（Class 4）、日雇い農業労働者に従事していた。世帯主の妻（37）も非識字者であり、日雇い農業労働者としての収入があるのみであった。次男（8）は Primary School に通学していた。長女は就学の年齢に達しているが、小学校へは行っていなかった。他に2人の子ども（5、4）がおり、合計7人家族であった。生産手段を全く所有せず、最も低賃金で不安定な日雇い農業労働賃金のみに依存することから、C村の中では最も経済水準の低い部類であった。

2007年にかけてのこの家族の職業上の変化は、1996年当時は日雇い農業労働者であった長男（28）がトラック運転手（1,800ルピー/月）として村内のカティ農家に雇用されたことと、次男（18）が小学校卒業後、ピータンプルの洗剤工場で臨時工（1,600ルピー/月）の職を得たことである。一番大きな変化は、地方政府による貧困層向けの住居の土地と建物の無償譲渡を得たことである。2006年に地方政府は指定カーストと指定とライブの貧困対策として、集落の池のそばに村内のビール35世帯、バグリ4世帯、バライ1世帯の貧困層向けに40世帯の住宅を建設した。この結果、劣悪な住宅に居住していた上記の世帯は、新築の住居に移転することが可能となり、居住環境が飛躍的に改善した。

このように、C村のビールの過半数は農地を所有していない。農地を所有している場合でもそのほとんどが零細農家であるため、自作農のみでは生計は成立しない。全般的に教育水準がきわめて低く、ピータンプルの常勤工場労働者として採用されることはほとんどない。かろうじて初等教育を受けた一部男子のみが、日雇い工場労働者や建設・運搬などの雑業労働者として、ピータンプルを核としたリージョナルな空間と関わることが可能となった。それ以外の大多数は、村内の日雇い農業労働者として最低の賃金水準の農業労働市場にとどまらざるをえず、地主と農業労働者というローカルな支配・従属関係に深く埋

め込まれたままである。このように、ビールが上方への社会移動が困難な要因は、バグリと同様に教育を受ける機会がきわめて限られていることである。

　また、ビールは村内のカティの農地での日雇い農業労働が主な収入源となっている。ピータンプルの工業化によって若干その日当は上昇したことを評価する者もいるが、その一方、法定賃金以下に押さえられていることに関して地主層のカティに対して強い不満を抱いている者も多い。また、貧困層向けの補助金が本来の対象ではないカティにより独占されたりすることに関する不満はきわめて大きい。しかし、バグリと同様、ビールもその不平をドミナントカーストとしてC村で権力を握るカティに対しても、また警察にも言えない状況である。このため、工業化の進展に関しては、村内の住民の雇用機会がピータンプルで増加する可能性がある点で高く評価する一方、村内のローカルポリティックスに関する評価は非常に低い。

　その一方で地方政府による貧困層向けの住宅建設の恩恵を受け、生活環境が改善した世帯も多い。

(9) 社会経済的変化とジャーティ

　上述したMP州の工業団地の近郊農村であるC村における各ジャーティの10年間の社会経済的変化は、以下の2点にまとめることが出来る。
　1) 農村住民によるピータンプルの工業化に対する評価に関して、以下の3つのカテゴリーが認められる。①教育水準が村の中では比較的高い男子が多くを占める工場労働者は非常に肯定的である。環境汚染（飲料水と大気）の原因と考え批判するものの、それ以上に彼らの就業の機会を直接与え、経済的上昇をもたらした点を高く評価している。②上位カーストが中心の地主層も肯定的な評価をしている。環境汚染（地下水水と大気）を批判するものの、工業団地での生乳と野菜の需要増加によってもたらされた農業収入の増加を高く評価している。一方、これらとは対照的に③下位カーストが中心の農業労働者は非常に批判的である。彼らの多くは、教育水準が低く、工場労働者となる可能性がきわめて低く、今後も経済的上昇は期待できない。そのため、工業団地の開

発は環境汚染（飲料水と大気）をもたらすだけと考え厳しく批判している。

2）下位カーストにおいて、ローカルポリティックスに関する評価が非常に低い。指定カーストのバグリと指定トライブのビールは、地主層であるカティの経営する農地での日雇い農業労働が主な収入源となっている。ピータンプルの工業化によって若干その日当は上昇したことを評価する者もいるが、その一方、法定賃金以下に押さえられていることに関して地主層のカティに対して強い不満を抱いているものも多い。また、貧困層向けの補助金が本来の対象ではないカティにより独占されたり、新規の生乳生産農家の知識不足につけ込んだミルク仲買人（カティ）との不公平な契約を結ばされたりすることに関する不満はきわめて大きい。しかし、バグリとビールはその不平をドミナントカーストとして事例村落で権力を握るカティに対しても、また警察にも言えない状況である。このため、工業化の進展に関しては、村内の住民の雇用機会がピータンプルで増加する可能性がある点で高く評価する一方、村内のローカルポリティックスに関する評価は非常に低い。

文　献

相澤亮太郎（2008）：インド・新興工業団地近接農村における宗教空間の変容－マディヤ・プラデーシュ州インドールの近郊農村を事例に．兵庫地理 53，13-22．

明石純一（2010）：インド人ITワーカーの越境．駒井　洋監修・首藤もと子編『叢書グローバル・ディアスポラ 2　東南・南アジアのディアスポラ』明石書店，156-175．

東　聖子（2009）：現代移民の多様性：滞日スィク教徒の寺院と信仰－東京のグルドゥワーラーから考える移民と宗教とのかかわり－．国立民族学博物館調査報告 83，105-120．

荒木一視（1997）：工業団地開発と近接農村の農業構造－インド・M.P.州チラカーン村の事例－．岡橋秀典編『インドにおける工業化の新展開と地域構造の変容－マディヤ・プラデーシュ州ピータンプル工業団地の事例』広島大学総合地誌研究資料センター，139-169．

荒木一視（1999a）：西ベンガル州テントルベリア村におけるベテル栽培の導入と発展．総合地誌研研究叢書 34，61-68．

荒木一視（1999b）：西ベンガル州テントルベリア村における消費財の普及と村落社会．総合地誌研研究叢書 34，103-111．

荒木一視（1999c）：大都市近接農村における農業の変容－インドの首都デリーに近接するR村の事例．エリア山口 28，357-370．

荒木一視（2001）：経済開発下インド 2　農村における耐久消費財の普及と村落社会の変貌．地理学評論 74，325-348．

荒木一視（2004a）：インドの野菜生産とデリーへの野菜供給体系－近年の変化を中心に－．地理科学 59，280-291．

荒木一視（2004b）：インド・カルナータカ州における農産物卸売市場－規模，立地，および月別入荷動向の分析．地誌研年報 13，83-108．

荒木一視（2005）：バンガロールを中心とした農産物供給体系－インド国内への商品

連鎖のアプローチ導入の試み．北海道地理 80，1-24．
荒木一視（2008）：マディヤ・プラデーシュ州の 1 農村にみるインドの経済成長と地方農村への影響－中小農民の起業を中心に－．東亜経済研究 66-2，35-48．
荒木一視（2009a）：インド MP 州の 1 農村における農業的土地利用の変化－Cadastral Book の分析から－．山口大学教育学部研究論叢（第 1 部）58-1，1-14．
荒木一視（2009b）：インドの全国的生鮮野菜流通体系と地方の野菜生産農家－大都市の経済成長とその遠隔地農業への影響－．アジア経済 50-11，2-31．
粟屋利江（2000）：ガルフ諸国へのインド人移民労働者－ケーララ州の事例を中心に．古賀正則・内藤雅雄・浜口恒夫編『移民から市民へ－世界のインド系コミュニティ』東京大学出版会，235-246．
石上悦朗（2010a）：インド ICT 産業の発展と人材管理．夏目啓二編『アジア ICT 企業の競争力－ ICT 人材の形成と国際移動』ミネルヴァ書房，159-179．
石上悦朗（2010b）：インド産業発展における二つの動向－インフォーマル化とグローバル化について．比較経営研究 34，42-65．
石上悦朗（2011）：産業政策と産業発展．石上悦朗・佐藤隆広編『現代インド・南アジア経済論』ミネルヴァ書房，149-182．
石原　潤（1978）：定期市の時間的・空間的配置に関する若干の検討－インド，マハラシュトラ州のデータをもとに．名古屋大学文学部研究論集 74，169-185．
石原　潤（1981）：西ベンガル州の市（markets）に関する若干の検討－ 1961 年 District Census Handbook をもとに．名古屋大学文学部研究論集 80，47-84．
石原　潤（1983）：インドおよびバングラデシュにおける市の分布について．名古屋大学文学部研究論集 86，221-272．
石原　潤（1984）：インドにおける市（market）とその若干の特性の分布を規定する要因について－試論．名古屋大学文学部研究論集 89，107-117．
石原　潤（1987）：『定期市の研究』名古屋大学出版会．
石原　潤（1990）：インド，西ベンガル州タムルク地域における市購買者の属性と行動．名古屋大学文学部研究論集 107，201-230．
石原　潤（1993）：北インド，ウッタルプラデシ州，サンディラ地域における市購買者の属性と行動．名古屋大学文学部研究論集 116，77-96．
石原　潤・溝口常俊（1989）：インド，西ベンガル州タムルク地域における市の分布と特性．名古屋大学文学部研究論集 104，133-171．

石原　潤・溝口常俊（1992）：北インド，ウッタルプラデシ州，サンディラ地域における伝統的市の分布と特性．名古屋大学文学部研究論集 113，141-169．
石原　潤・溝口常俊（2006）：『南アジアの定期市－カースト社会における伝統的流通システム』古今書院．
井上恭子（1988）：バンガロール－公企業中心の工業都市．伊藤正二編『インドの工業化－岐路に立つハイコスト経済』アジア経済研究所，76-77．
宇佐美好文（1998）：海外研究 南アジアの農業・農村社会．年報村落社会 24，320-331．
宇佐美好文（2002）：インド農村における就業構造の特徴と変化．絵所秀紀編『現代南アジア 2　経済自由化のゆくえ』東京大学出版会，121-144．
牛尾直行（2001）：インド・カルナータカ州における就学機会保障のための初等教育制度改革．筑波大学教育学系論集 25-2，35-47．
宇根義己（2011）：インドにおけるテキスタイルパークの開発と立地特性．広島大学現代インド研究：空間と社会 1，47-58．
絵所秀紀（2000）：インドの金融改革－銀行制度と資本市場．靎見誠良編『アジアの金融危機とシステム改革』法政大学比較経済研究所，317-349．
絵所秀紀（2002）：インドの経済発展と金融．絵所秀紀編『現代南アジア 2　経済自由化のゆくえ』東京大学出版会，43-65．
大石高志（2003）：南アフリカのインド系移民－商人・移民のネットワークと植民地体制との交差と相補．秋田　茂・水島　司編『現代南アジア 6　世界システムとネットワーク』東京大学出版会，299-325．
大迫輝通（1983）：『蚕糸業地域の比較研究』古今書院．
岡橋秀典編（1997）：『インドにおける工業化の新展開と地域構造の変容－マディヤ・プラデーシュ州ピータンプル工業団地の事例』広島大学総合地誌研究資料センター．
岡橋秀典（1999a）：カルカッタ大都市圏外縁部の 2 農村における就業構造の変化－1967-1992 年のメディニプール県ラダバラブプール村とテントルベリア村を対象として．総合地誌研究叢書 34，87-101．
岡橋秀典（1999b）：デリー首都圏（NCR）における工業団地開発－総合工業団地としてのノイダおよびグレーターノイダ地区の開発を中心として．地誌研年報 8，9-31．

岡橋秀典編（2003）:『インドの新しい工業化－工業開発の最前線から』古今書院.
岡橋秀典（2003a）:ピータンプル工業成長センターの開発.岡橋秀典編『インドの新しい工業化－工業開発の最前線から』古今書院,52-62.
岡橋秀典（2003b）:工業労働市場の特徴.岡橋秀典編『インドの新しい工業化－工業開発の最前線から』古今書院,85-96.
岡橋秀典（2003c）:デリー首都圏の発展とノイダの開発.岡橋秀典編『インドの新しい工業化－工業開発の最前線から』古今書院,136-148.
岡橋秀典（2004）:インドにおける経済自由化と工場労働者－デリー首都圏グルガオンにおける労働者の実態調査から.広島大学大学院文学研究科論集64, 77-94.
岡橋秀典（2006）:インド・デリー首都圏地域における労働争議に関する一考察－グルガオンの一日系企業の事例を中心に.地誌研年報15, 1-12.
岡橋秀典（2007a）:広島大学のインド地誌研究.地理52-2, 46-52.
岡橋秀典（2007b）:インドにおけるITI（産業訓練校）教育の展開と人的資源開発－バンガロールの事例を中心として.地理学評論80, 463-480.
岡橋秀典（2011）:新興経済大国・インドにおける低開発地域の変貌:ウッタラーカンド州の事例から.広島大学大学院文学研究科論集71, 99-110.
岡橋秀典・田中健作・ティワリ,P.C.（2011）:インドの山岳州における工業化と低開発問題－ウッタラカンド州の事例から.広島大学現代インド研究－空間と社会1, 27-36.
岡橋秀典・友澤和夫（1997）:マディヤ・プラデーシュ州ピータンプルにおける工業開発政策と工業成長センター－ピータンプル工業成長センターの開発を中心として.岡橋秀典編『インドにおける工業化の新展開と地域構造の変容－マディヤ・プラデーシュ州ピータンプル工業団地の事例』広島大学総合地誌研究資料センター, 1-26.
岡橋秀典・番匠谷省吾・田中健作・チャンドR.（2011）:経済成長下のインドにおけるヒマラヤ山岳農村の変貌:ウッタラカンド州の事例.地理科学66, 1-19.
岡橋秀典・藤原健蔵・中里亜夫・友澤和夫・オージャ,M.S.（1992）:地方小都市近郊の指定トライブ卓越村・ガデールの森林依存経済.地誌研年報2, 191-226.
岡橋秀典・南埜 猛・澤 宗則・スッバイヤー,S.P.（2012）:インドにおける地理学の発展と課題.地学雑誌121-5, 874-890.
押川文子（1990）:社会変化と留保制度－カルナータカ州とグジラート州を事例に－.

押川文子編『インドの社会経済発展とカースト』アジア経済研究所，3-51．
小山田基香（2007）：西葛西におけるインド人コミュニティーIT技術者家族へのインタビュー調査を中心として－．立教大学大学院社会学研究科年報14，59-68．
遠城明雄（2004）：モダニティと空間．水内俊雄編『空間の社会地理』朝倉書店，144-166．
唐　規昭・清川雪彦（2003）：インドにおける出稼ぎ移民問題－その流入と流出をめぐって．大原社会問題研究所雑誌531，15-27．
木曽順子（2000a）：南アジア系移民とカナダ労働市場．古賀正則・内藤雅雄・浜口恒夫編『移民から市民へ－世界のインド系コミュニティ』東京大学出版会，221-234．
木曽順子（2000b）：揺れるインド労働市場－雇用の弾力化と労働者．アジア経済41-10/11，172-194．
木曽順子（2002）：インドにおける労働者のゆくえ－都市労働市場の実態と変化．絵所秀紀編『現代南アジア2　経済自由化のゆくえ』東京大学出版会，215-245．
木曽順子（2003）：『インド－開発のなかの労働者』日本評論社．
北川博史（2000）：インドにおけるソフトウェア産業の地域的展開．地誌研年報9，47-62．
北川博史（2003）：ソフトウェア産業の発展．岡橋秀典編『インドの新しい工業化－工業開発の最前線から』古今書院，34-45．
木本浩一（1999）：南インド農村における職人たち－彼らはForgotten Sectorか？ 総合地誌研研究叢書34，159-172．
黒崎　卓・山崎幸治（2002）：南アジアの貧困問題と農村世帯経済．絵所秀紀編『現代南アジア2　経済自由化のゆくえ』東京大学出版会，67-96．
鍬塚賢太郎（2004a）：インドにおけるIT産業の成長．地理49-6，25-51．
鍬塚賢太郎（2004b）：インドにおける業務委託サービス輸出の拡大とコールセンター立地－デリー首都圏グルガオンの事例から－．琉球大学法文学部人間科学科紀要（人間科学）14，89-119．
鍬塚賢太郎（2010）：アジア産業集積とローカル企業のアップグレード：インドICT産業の大都市集積の場合．経済地理学年報56-4，216-233．
鍬塚賢太郎（2012）：インド地方都市におけるICTサービス産業開発と立地企業の特性－ウッタラーカンド州都デヘラードゥーンの経験．広島大学現代インド研究

―空間と社会 2, 89-102.
古賀正則（2000a）: ブレントのインド系移民社会. 古賀正則・内藤雅雄・浜口恒夫編『移民から市民へ―世界のインド系コミュニティ』東京大学出版会, 169-195.
古賀正則（2000b）: インド系移民の国際的ネットワーク. 古賀正則・内藤雅雄・浜口恒夫編『移民から市民へ―世界のインド系コミュニティ』東京大学出版会, 249-265.
古賀正則（2006）: インド系移民. 内藤雅雄・中村平治編『南アジアの歴史―複合的社会の歴史と文化』有斐閣, 303-324.
古賀正則・中村平治（2000）: 国際的な移民の動向とインド系移民. 古賀正則・内藤雅雄・浜口恒夫編『移民から市民へ―世界のインド系コミュニティ』東京大学出版会, 1-23.
小島　眞（1993）:『現代インド経済分析―大国型工業発展の軌跡と課題』勁草書房.
小島　眞（2002）: インド工業論. 絵所秀紀編『現代南アジア 2　経済自由化のゆくえ』東京大学出版会, 145-181.
小長谷一之（1997）: アジア都市経済と都市構造. 季刊経済研究 20-1, 61-89.
小長谷一之（1999）: 都市構造, 宮本謙介・小長谷一之編『アジアの大都市 2　ジャカルタ』日本評論社, 87-116.
小長谷一之（2005）:『都市経済再生のまちづくり』古今書院.
古屋野正伍編（1982）:『アジア移民の社会学的研究』アカデミア出版会.
今藤綾子（2010）: インド人ディアスポラ. 駒井　洋監修・首藤もと子編『叢書グローバル・ディアスポラ 2　東南・南アジアのディアスポラ』明石書店, 136-156.
酒川　茂（1999）: 教育水準の向上からみたインドの村落社会―ウッタール・プラデシュ州チライガオン村, カルダハ村を事例に. 総合地誌研研究叢書 34, 39-47.
作野広和（1997）: インド・ピータンプル工業成長センターの開発による都市化と中心機能の集積. 岡橋秀典編『インドにおける工業化の新展開と地域構造の変容―マディヤ・プラデーシュ州ピータンプル工業団地の事例』広島大学総合地誌研究資料センター, 203-231.
作野広和（1999）: インド・ノイダ工業団地における商業中心地の成立過程. 地誌研年報 8, 59-86.
作野広和（2003a）: 都市化と中心機能の集積. 岡橋秀典編『インドの新しい工業化―工業開発の最前線から』古今書院, 110-119.

作野広和（2003b）：商業中心地の成立と特徴．岡橋秀典編『インドの新しい工業化－工業開発の最前線から』古今書院，176-187．

佐々木　宏（2011）：『インドにおける教育の不平等』明石書店．

佐藤隆広（2002）：『経済開発論　インドの構造調整計画とグローバリゼーション』世界思想社．

佐藤隆広・宇佐美好文（1997）：インドの農業労働賃金率の上昇とその要因．アジア研究 43-2, 35-72．

佐藤哲夫（1999）：ウッタール・プラデシュ州カルダハ村の農業－米麦二毛作を中心に．総合地誌研研究叢書 34, 17-24．

佐藤　宏（1994）：『インド経済の地域分析』古今書院．

佐藤　宏（1995）：『タイのインド人社会』アジア経済研究所．

佐藤寛晃・井口　泰（2011）：世界経済危機後の在日インド人のコミュニティの動向－越境するビジネス・ネットワークの視点から．移民政策研究 3, 54-70．

澤　宗則（1988）：広島市周辺地域における農村地域の類型化－ルイス・マウンドモデルとの関連において．人文地理 40-2, 118-143．

澤　宗則（1990）：広島市安佐南区の近郊農村における混住化の進行．地理学評論 63-10, 653-675．

澤　宗則（1991）：近郊農村の地域社会における高齢者の役割－広島市近郊農村を事例に－．地理科学 46-3, 174-185．

澤　宗則（1997）：工業団地開発と近接農村の社会構造－インド・M.P. 州チラカーン村の事例－．岡橋秀典編『インドにおける工業化の新展開と地域構造の変容－マディア・プラデーシュ州ピータンプル工業成長センターの事例』広島大学総合地誌研究資料センター，105-138．

澤　宗則（1998）：開発途上国の経済成長と農村環境．社会環境論研究会編『社会環境と人間発達』大学教育出版，154-166．

澤　宗則（1999a）：グローバリゼーションとインド農村のローカリゼーション－ローカルな経済活動と権力構造－．文部省科学研究費・特定領域研究（A）「南アジア世界の構造変動とネットワーク」編『南アジアの構造変動：ミクロの視点から』, 89-106．

澤　宗則（1999b）：グローバリゼーションと開発途上国の都市圏外農村－インドの 1 農村を事例に．総合地誌研研究叢書 34, 139-149．

澤　宗則（1999c）：インドの都市近郊農村における社会・経済システムの変化－ノイダ工業団地近接農村を事例に．岡橋秀典『インドにおける工業化の新展開と地域構造の変容』平成8・9・10年度科学研究費補助金研究成果報告書，107-140.

澤　宗則（2005）：インド農村からみたグローバル化－脱領域化と再領域化－．岡橋秀典・日野正輝・友澤和夫・石原　潤編『二つの大国の変貌－グローバリゼーション下のインドと中国－』広島大学総合地誌研究資料センター，83-90.

澤　宗則（2007）：外国人労働者．上野和彦・椿真智子・中村康子編著『地理学概論』朝倉書店，118-122.

澤　宗則（2008）：日本のインド人社会．山下清海編『エスニック・ワールド』明石書店，239-249.

澤　宗則（2010）：グローバル経済化下のインドにおける空間の再編成－脱領域化と再領域化に着目して．人文地理62-2，132-153.

澤　宗則（2011）：グローバル化とインド系移民社会－脱領域化と再領域化の概念の提唱．山下清海編『現代のエスニック社会を探る－理論からフィールドへ』学文社，168-188.

澤　宗則（2015）：グローバル化に伴う空間の再編成－脱領域化と再領域化の両義性．岡橋秀典・友澤和夫編『現代インド　4　台頭する新経済空間』東京大学出版会，53-75.

澤　宗則・荒木一視（2003）：工業団地近接農村の変容－C村の事例－．岡橋秀典編著『インドの新しい工業化－工業開発の最前線から』古今書院，120-133.

澤　宗則・中條曉仁（2014）：新興山岳観光地の社会変動－ノークチアタールの事例－．岡橋秀典編『現代インドにおける地方の発展－ウッタラーカンド州の挑戦』海青社，185-206.

澤　宗則・南埜　猛（2003）：グローバリゼーション下の在日インド人社会－エスニック集団と「場所」との再帰的関係．秋田　茂・水島　司編『現代南アジア6　世界システムとネットワーク』東京大学出版会，347-367.

澤　宗則・南埜　猛（2006）：グローバル化にともなうインド農村の変容－バンガロール近郊農村の脱領域化と再領域化．人文地理58-2，1-20.

澤　宗則・南埜　猛（2008）：グローバル経済下の在日インド人社会における空間の再編成－脱領域化と再領域化に着目して．高原明生・田村慶子・佐藤幸人編『現

代アジア研究1　越境』慶應義塾大学出版会，269-295．

澤　宗則・南埜　猛（2009）：グローバルシティ・東京におけるインド人集住地の形成－東京都江戸川区西葛西を事例に．国立民族学博物館調査報告 83，41-58．

澤　宗則・南埜　猛（2012）：日本のインド人．立川武蔵・杉本良男・海津正倫編『朝倉世界地理講座4　南アジア』朝倉書店，420-430．

澤　宗則・森　日出樹・中篠暁仁（印刷中）：都市近郊農村からアーバンビレッジへの変容－インド・デリー首都圏の1農村を事例に－．広島大学現代インド研究 - 空間と社会 8．

澤田貴之（2001）：インドのIT（ソフト部門）主導型開発戦略と政府介入．名城論叢 2，33-50．

重松伸司（1995）：南アジア・インド移民に関する研究課題と研究動向．国際開発研究フォーラム 3，79-100．

重松伸司（1999）：『国際移動の歴史社会学－近代タミール移民研究』名古屋大学出版会．

重松伸司（2000）：マレーシアにおける南インド系移民の相互扶助組織－タミルナードゥ州セーラム県ナーマッカル郡相互扶助会の事例．古賀正則・内藤雅雄・浜口恒夫編『移民から市民へ－世界のインド系コミュニティ』東京大学出版会，44-55．

重松伸司（2003）：インド新移民．重松伸司・三田昌彦編『インドを知るための50章』明石書店，78-81．

島田　卓（2005）：『巨大市場インドのすべて』ダイヤモンド社．

スッバイヤー，S.P.・南埜　猛・澤　宗則（1999）：インドにおける地理学の発展と研究動向．地理科学 54，58-67．

関口真理（2000）：アメリカのインド人．古賀正則・内藤雅雄・浜口恒夫編『移民から市民へ－世界のインド系コミュニティ』東京大学出版会，196-207．

高橋　誠（1997）：『近郊農村の地域社会変動』古今書院．

田中恭子（2003）：シンガポールの中国系・南アジア系移民－国民統合過程を中心に．秋田　茂・水島　司編『現代南アジア6　世界システムとネットワーク』東京大学出版会，327-346．

土居晴洋（1999）：カルナータカ州チッカマラリ村におけるサトウキビ栽培と農家の対応．総合地誌研研究叢書 34，127-138．

富永智津子（1992）：東アフリカにおけるインド人移民－多様性の選択．歴史学研究

638, 151-159.
富永智津子 (1995)：インド人移民の道－その歴史的展開－．小西正捷・宮本久義編『インド・道の文化史』春秋社，289-295.
富永智津子・宇佐美久美子 (2000)：東アフリカのインド人－歴史と現状．古賀正則・内藤雅雄・浜口恒夫編『移民から市民へ－世界のインド系コミュニティ』東京大学出版会，72-113.
友枝俊雄 (2007)：モダニティの社会学理論－ギデンズを中心にして－．友枝俊雄・厚東洋輔編『社会学のアリーナへ－21世紀社会を読み解く－』東進堂，3-33.
友澤和夫 (1991)：インド自動車産業の新展開－日系企業の進出を中心として－．経済地理学年報 37，313-333.
友澤和夫 (1997)：インド・ピータンプル工業成長センターにおける工業立地の展開と生産システム．岡橋秀典編『インドにおける工業化の新展開と地域構造の変容－マディヤ・プラデーシュ州ピータンプル工業団地の事例』広島大学総合地誌研究資料センター，27-60.
友澤和夫 (1999)：デリー首都圏における自動車工業の集積とその地域構造－ノイダ，グレーター・ノイダを事例として．経済地理学年報 45-1，1-20.
友澤和夫 (2003a)：自動車工業の発展．岡橋秀典編著『インドの新しい工業化－工業開発の最前線から』古今書院，21-33.
友澤和夫 (2003b)：ピータンプルにおける工業集積の構造．岡橋秀典編『インドの新しい工業化－工業開発の最前線から』古今書院，73-84.
友澤和夫 (2003c)：ノイダおよびグレーターノイダにおける工業集積の構造－自動車・同関連工業を中心に．岡橋秀典編『インドの新しい工業化－工業開発の最前線から』古今書院，149-163.
友澤和夫 (2004)：インドにおける日系自動車企業の立地と生産システムの構築－トヨタ・キルロスカ・モーター社を事例として－．地理学評論 77，628-646.
友澤和夫 (2005)：インドの工業化と外国資本による工業空間の形成．岡橋秀典・日野正輝・友澤和夫・石原　潤編『二つの大国の変貌－グローバリゼーション下のインドと中国』総合地誌研究叢書 40，5-13.
友澤和夫 (2007)：本田技研のインド二輪車事業にみる競争関係とデリー一極集中．地理科学 62-1，1-20.
友澤和夫 (2008)：インドの後進州における産業開発戦略と工業立地：ウッタラカン

ド州の「インダストリアル・ベルト」形成を中心に．広島大学大学院文学研究科論集 68，57-76.
友澤和夫（2010）：南アジア．経済地理学会編『経済地理学の成果と課題　第Ⅶ集』日本経済評論社．186-192.
友澤和夫（2011）：台頭する 2000 年代のインド自動車工業とその空間構造．広島大学現代インド研究－空間と社会 1，1-17.
友澤和夫（2012）：インド自動車部品工業の成長と立地ダイナミズム．広島大学現代インド研究－空間と社会 2，17-33.
友澤和夫・岡橋秀典・藤原健蔵・河野憲治・ナート，M.L.（1992）：ビンディヤ山地におけるバンジャラ村落・ナハルケーダの変容．地誌研年報 2，163-190.
内藤雅雄（1996）：インド（南アジア）系移民の諸類型．内藤雅雄編『南アジア移民社会の歴史と現状－イギリス連邦諸国を中心に－』東京外国語大学アジア・アフリカ言語研究所，1-7.
内藤雅雄（2000a）：カリブ海地域における「東インド人」社会－特にトリニダードを中心に．古賀正則・内藤雅雄・浜口恒夫編『移民から市民へ－世界のインド系コミュニティ』東京大学出版会，27-43.
内藤雅雄（2000b）：インド系南アフリカ人の苦難－その抵抗と妥協．古賀正則・内藤雅雄・浜口恒夫編『移民から市民へ－世界のインド系コミュニティ』東京大学出版会，114-130.
内藤雅雄（2000c）：パーティーダール（パテール）－グジャラートの農村から世界へ．古賀正則・内藤雅雄・浜口恒夫編『移民から市民へ－世界のインド系コミュニティ』東京大学出版会，283-294.
中里亜夫（1989）：西ガーツ山地村落におけるウシ飼育．地誌研年報 1，27-107.
中里亜夫（1998）：インドの協同組合酪農（Cooperative Dairying）の展開過程－OF プロジェクトの目標・実績・評価を中心にして．福岡教育大学紀要．第 2 分冊，社会科編 47，101-116.
中里亜夫（2001）：インド・クジャラート州の女性酪農協同組合の展開－アムダーヴァード県ドゥーマリ村の女性酪農協同組合の分析．福岡教育大学紀要　第 2 分冊　社会科編 50，47-68.
中里亜夫（2005）：イギリス植民地インドの主要都市における搾乳業－1920-30 年代の英領インドを中心にして．福岡教育大学紀要　第 2 分冊　社会科編 54，71-

87.

中里亜夫・藤原健蔵・南埜　猛・シン，B.V.・バゲール，S.R.（1992）：用水路灌漑と地方小都市の影響で変貌する旧地主村落・ディカトプラ．地誌研年報 2，31-67．

中條曉仁・ラワット，P.K.（2009）：インド・ヒマラヤ山麓部における新興ヒルリゾートの地域特性－ウッタラカンド州ノークチアタールを事例として．広島大学現代南アジア地域システム・プロジェクト研究センター成果報告書 6『現代南アジアの地域システム 5』，19-30．

中村修三（2006）：インドの初等教育の発展と今後の課題．立命館国際地域研究 24，11-33．

中山修一（1980）：南インドカルナータカ州マンディヤ県の小規模工業の発展．西村嘉助先生退官記念事業実行委員会編『西村嘉助先生退官記念地理学論文集』古今書院，373-378．

中山修一（1999）：インド農村の人口増加に伴う世帯と土地の分割－ウッタール・プラデシュ州カルダハ村を事例として．総合地誌研研究叢書 34，3-8．

二宮哲雄・中藤康俊・橋本和幸編著（1985）：『混住化社会とコミュニティー』御茶の水書房．

入管協会（2011）：『平成 23 年版在留外国人統計』．

バサント（2008）：インドのバンガロールにおけるクラスターの形成－進化，成長，課題．山下彰一・S. ユスフ編『躍進するアジアの産業クラスターと日本の課題』創文社，139-168．

長谷安朗（2000）：イギリスの「リトル・パンジャーブ」－サウソール．古賀正則・内藤雅雄・浜口恒夫編『移民から市民へ－世界のインド系コミュニティ』東京大学出版会，149-168．

浜口恒夫（2000a）：イギリスの南アジア系移民社会－多様性と変動．古賀正則・内藤雅雄・浜口恒夫編『移民から市民へ－世界のインド系コミュニティ』東京大学出版会，133-148．

浜口恒夫（2000b）：カナダにおける南アジア系移民社会の変容．古賀正則・内藤雅雄・浜口恒夫編『移民から市民へ－世界のインド系コミュニティ』東京大学出版会，208-220．

濱下武志（2003）：交差するインド系ネットワークと華人系ネットワーク－本国送金

システムの比較検討．秋田　茂・水島　司編『現代南アジア6　世界システムとネットワーク』東京大学出版会，239-274．
日野正輝（2004）：インドにおける大手消費財メーカーの販売網の空間形態．地誌研年報13，1-25．
日野正輝（2005）：インドにおける経済自由化に伴う外国直接投資の増大と国土構造への影響．地誌研年報14，1-20．
広瀬崇子（2007）：海外で活躍するインド人のネットワーク．広瀬崇子・近藤正規・井上恭子・南埜　猛編『現代インドを知るための60章』明石書店，325-330．
藤原健蔵編（1985）：『デカン高原南部の農村開発』広島大学総合地誌研究資料室．
藤原健蔵（1998）：広島大学のインド調査－何を，どのように行ってきたか－．地誌研年報7，55-71．
藤原健蔵・シャルマ，R.C.（1992）：インドにおける低開発農村地域・低所得階層発展計画と村落変化．地誌研年報2，1-30．
藤原健蔵・村上　誠・中山修一・米田　巌編（1987）：『海外地域研究の理論と技法－インド農村の地理学的研究』広島大学総合地誌研究資料センター．
古田充宏（1990）：都市近郊の「農村」の混住化に関する社会地理学的研究－旧広島市近郊の一集落を事例として－．人文地理42-6，21-39．
米田　巌・南埜　猛・藤原健蔵・河野憲治・ダルウィ，A.S.（1992）：大規模灌漑とサトウキビ栽培にゆれるマラータ村落・バブルガオン．地誌研年報2，97-131．
前田俊二（1999）：インド・ワーラーナシー市郊外の1地区における人口の諸特徴並びに農村との関係．総合地誌研究叢書34，9-15．
前杢英明（1999）：インド・ガンジス川中流域の農村中心集落における家屋と居住者の特性－ウッタール・プラデシュ州チライガオン村の例．総合地誌研究叢書34，31-37．
松川恭子（2014）：インド・ゴア州出身者のコミュニティ・ネットワーク．細田尚美編『湾岸アラブ諸国の移民労働者「多外国人国家」の出現と生活実態』明石書店，185-205．
水島　司（1998）：移民・コミュナリズム・国民統合－マレー半島のインド人．松本宣郎・山田勝芳編『地域の世界史5　移動の地域史』山川出版社，256-284．
水島　司（2003）：イギリス植民地支配の拡張とインド人ネットワーク－インド人金融コミュニティと東南アジア．秋田　茂・水島　司編『現代南アジア6　世界シ

ステムとネットワーク』東京大学出版会，215-238．

溝口常俊（2006）：『インド・いちば・フィールドワーク』ナカニシヤ出版．

南埜　猛（1997a）：新興工業団地に近接する農村・チラカーンの概要．岡橋秀典編『インドにおける工業化の新展開と地域構造の変容－マディヤ・プラデーシュ州ピータンプル工業団地の事例』広島大学総合地誌研究資料センター，83-104．

南埜　猛（1997b）：ピータンプル工業成長センターにおけるインフラストラクチャー整備－水供給を中心に．岡橋秀典編『インドにおける工業化の新展開と地域構造の変容－マディヤ・プラデーシュ州ピータンプル工業団地の事例』広島大学総合地誌研究資料センター，61-81．

南埜　猛（1999a）：インドにおける都市化・工業化と農民の対応－デリー大都市圏農村の事例．地誌研年報8，87-119．

南埜　猛（1999b）：ベンガルデルタにおける農村開発と水利施設－西ベンガル州テントルベリア村の事例．総合地誌研研究叢書34，69-79．

南埜　猛（2002）：インド系移民統計に関する一考察．兵庫教育大学研究紀要22，69-80．

南埜　猛（2003）：インフラストラクチャーの整備．岡橋秀典編著『インドの新しい工業化－工業開発の最前線から』古今書院，63-72．

南埜　猛（2004）：インド農村における初等教育の現状－デリー首都圏内近郊農村の事例．兵庫地理49，10-19．

南埜　猛（2005a）：インド・バンガロールにおける都市用水の現状と課題．地理学評論78，160-175．

南埜　猛（2005b）：水利の開発と調整－インド・バンガロールとカーヴェーリ川を事例として－．兵庫教育大学紀要26，75-84．

南埜　猛（2008a）：海外のインド人社会．山下清海編『エスニック・ワールド』明石書店，70-77．

南埜　猛（2008b）：インド系移民の現状と動向－インド政府発表資料（1980年報告と2001年報告）をもとに．移民研究4，31-50．

南埜　猛（2009）：地域データベースの構築と利用－地理学とGIS．水島　司・柴山　守編『地域研究のためのGIS』古今書院，29-39．

南埜　猛・工藤正子・澤　宗則編（1999）：『日本の南アジア系移民の歴史とその動向』文部省科学研究費・特定領域研究（A）「南アジア世界の構造変動とネットワーク」

Discussion Paper no.2.

南埜　猛・澤　宗則（2005）：在日インド人社会の変遷－定住地神戸を事例として．兵庫地理 50，4-15.

南埜　猛・澤　宗則（2017）：インド系移民の現状と動向－インド政府統計による考察．兵庫地理 62，1-18.

南埜　猛・澤　宗則・荒木一視（2003）：工業団地近接農村の変容－R 村の事例－．岡橋秀典編著『インドの新しい工業化－工業開発の最前線から』古今書院，188-210.

南埜　猛・関口真理・澤　宗則編（2001）：『越境する南アジア系移民－ホスト社会とのかかわり－』文部省科学研究費・特定領域研究（A）「南アジア世界の構造変動とネットワーク」Discussion Paper no.13.

南埜　猛・藤原健蔵（1992）：チャンバル流域開発における水利システムと受益地域の変化：インドにおける大規模水利事業の研究（1）．地誌研年報 2，69-95.

南埜　猛・米田　巖・藤原健蔵・ダルウィ，A.S.（1992）：ジャーティ集団の接触と自己革新によって低開発性の脱却を図る村・ダヒワディ．地誌研年報 2，133-161.

三宅博之（2000）：シンガポールの「南アジア系」移民．古賀正則・内藤雅雄・浜口恒夫編『移民から市民へ－世界のインド系コミュニティ』東京大学出版会，56-71.

宮永國子（2000）：『グローバル化とアイデンティティ』世界思想社．

村上　誠（1999a）：チライガオン村におけるサリー織布業の変容．総合地誌研研究叢書 34，25-29.

村上　誠（1999b）：ラダバラブプール村における織布業．総合地誌研研究叢書 34，81-85.

村田晶子（2002）：フィジーにおけるインド人社会－サトウキビ栽培地域の事例を中心に．民族学研究 67-2，183-204.

村田晶子（2010）：外国高度人材の国際移動と労働－インド人 IT エンジニアの国際移動と請負労働の分析から．移民政策研究 2，74-89.

村田晶子（2012）：インド人移民．立川武蔵・杉本良男・海津正倫編『朝倉世界地理講座 4　南アジア』朝倉書店，411-419.

メタ，ギータ（吉田有子訳）（2000）：バンガロールにおける都市開発とソフトウェ

ア産業.地域開発 2000-4, 35-42.
メンスキー, W.F.（2000）：イギリスにおけるイスラム法.古賀正則・内藤雅雄・浜口恒夫編『移民から市民へ―世界のインド系コミュニティ』東京大学出版会, 294-318.
森 日出樹（1999）：インド・カルナータカ州1農村における貧困緩和政策の実施状況―JRYとIRDPを中心に.総合地誌研研究叢書34, 151-158.
森川 洋（2004）:『人文地理学の発展―英語圏とドイツ語圏との比較研究』古今書院.
山崎恭平（1997）:『インド経済入門』日本評論社.
山本由美子（2000）：マイノリティの中のマイノリティ―パールシー.古賀正則・内藤雅雄・浜口恒夫編『移民から市民へ―世界のインド系コミュニティ』東京大学出版会, 266-282.
由井義通（1997）：インド・ピータンプル工業成長センターの開発と住宅供給問題.岡橋秀典編『インドにおける工業化の新展開と地域構造の変容―マディヤ・プラデーシュ州ピータンプル工業団地の事例』広島大学総合地誌研究資料センター, 171-202.
由井義通（1999）：デリー首都圏（N.C.R.）ノイダの都市開発と住宅供給―住宅供給と居住者の特徴.地誌研年報8, 33-57.
由井義通（2003a）：ハウジング・コロニーの居住者と生活.岡橋秀典編『インドの新しい工業化―工業開発の最前線から』古今書院, 97-109.
由井義通（2003b）：住宅開発と居住者の特性.岡橋秀典編『インドの新しい工業化―工業開発の最前線から』古今書院, 164-175.
由井義通（2005a）：バンガロール大都市圏における都市開発.地誌研年報14, 43-65.
由井義通（2005b）：デリー南郊・グルガオンにおける都市開発.季刊地理57, 79-95.
由井義通（2009）：新興工業開発地域におけるハウジング・コロニーの変容―インド・ピータンプルを事例として―.都市地理学4, 62-70.
由井義通（2010）：インドの多重的都市景観 -- 伝統と近代化.都市地理学5, 41-49.
由井義通（2011）：インドの辺境工業開発地域における都市開発―ウッタラカンド州ルドラプルを事例として.都市地理学6, 53-62.
吉原直樹（1994）:『都市空間の社会理論』東京大学出版会.

吉原直樹（1996）：都市型グローバル社会へのアプローチ－新都市社会学を越えて－．堀田　泉編『「近代」と社会の理論』有信堂，167-189．
吉原直樹（2002）：『都市とモダニティの理論』東京大学出版会．
吉原直樹（2004）：『時間と空間で読む近代の物語』有斐閣．
吉原直樹（2005）：アジア・メガシティの位相－地域コミュニティ像の再審に向けて．吉原直樹編著『アジア・メガシティと地域コミュニティの動態－ジャカルタのRT/RW を中心にして』御茶の水書房，15-36．
吉原直樹（2008）：『モビリティと場所－21 世紀都市空間の転回』東京大学出版会．
米倉二郎編（1973）：『インド集落の変貌』古今書院．
Ahmad, A. and Shamim, S.K. (2004): Evaluation of Health Facilities for Social Well-being in Meerut District: A Strategy for Micro-level Planning, *Indian Journal of Regional Science* XXXVI-2, 15-24.
Aneesh, A. (2006): *Virtual Migration: The Programming of Globalization*. Duke University Press.
Ansari, H.S. and Rajendra, P.P. (2006): Strategy for the Development of Educational Facilities in Rohtak District (Haryana). *Annals of the Rajasthan Geographical Association*, XIII, 25-28.
Aoyama, Y. (2003): Globalization of knowledge-intensive industries; the case of software production in Bangalore, India. *Annual Report of Research Center for Regional Geography* 12, 33-50.
Araki, H. (1993): Changes in Landuse of Chiraigaon Village. *Annual Report of Research Center for Regional Geography* 3, 95-105.
Araki, H. (1995): Introduction and Growth of Betel Vine Cultivation in Tentleberia. *Annual Report of Research Center for Regional Geography* 4, 87-100.
Araki, H. (2004): Food Supply Systems of Asian cities with Special Reference to Fresh Vegetables. *The Indian Geographical Journal* 79-2, 63-72.
Ballard, R. (2000): The Growth and Changing Character of the Sikh Presence in Britain. Coward, H., Hinnells, J.R. and Williams, R.B. (ed.): *The South Asian Religious Diaspora in Britain, Canada, and the United States*. State University of New York Press, 127-144.
Ballard, R. (2003): The South Asian presence in Britain and its transnational connections. Bhikhu, P., Singh, G. and Vertovec, S. (ed.): *Culture and Economy in the Indian*

Diaspora. Routledge, 197-222.
Banerjee, A. and Das, S. (2006): Regional Analysis of Utilisation of MCH Services and Its Impact on Infant Mortality in India: A Case Study of West Bengal. *Geographical Review of India* 68-1, 89-111.
Banerjee-Guha, S. (ed.) (2004): *Space, Society and Geography*, Rawat Publications.
Barn, R. (2008): Indian Diaspora in the United Kingdom: Second-Generation Parents' Views and Experiences on Heritage Language Transmission. Raghuram, P., Sahoo, A.K., Maharaj, B. and Sangha, D. (ed.) (2008): *Tracing an Indian Diaspora-Contexts, Memories, Representations.* Sage, 191-209.
Basdeo, S. and Samaroo, B. (2008): Indo-Caribbean Political Leaders during the Twentieth Century. Raghuram, P., Sahoo, A.K., Maharaj, B. and Sangha, D. (ed.): *Tracing an Indian Diaspora-Contexts, Memories, Representations.* Sage, 96-122.
Bates, C. (ed.) (2001): *Community, Empire and Migration-South Asians in Diaspora.* Orient Longman.
Beck, U., Giddens, A. and Lash, S. (1994): *Reflexive Modernization: Politics: Tradition and Aesthetics in the Modern Social Order.* Polity Press, ベック・ギデンズ・ラッシュ（松尾精文・小幡正敏・叶堂隆三訳）『再帰的近代化－近現代における政治，伝統，美的原理』而立書房，1997.
Belle, C.V. (2008): Forgotten Malaysians? Indians and Malaysian Society. Raghuram, P., Sahoo, A.K., Maharaj, B. and Sangha, D. (ed.): *Tracing an Indian Diaspora-Contexts, Memories, Representations.* Sage, 52-74.
Bhachu, P. (1999): Multiple-Migrants and Multiple Diasporas: Cultural Reproduction and Transformations among British Punjabi Women. Petievich, C. (ed.): *The Expanding Landscape-South Asians and the Diaspora.* Manohar, 71-84.
Bhagabati, A.K. (2008): Agricultural Geography. Nayak, D.K. (ed.): *Progress in Indian Geography 2004-2008.* Indian National Science Academy, 35-38.
Bhagat, V. and Saptarshi, P. (2004): Application of GIS for Micro level Regionalisation using water balance and Agronomy. *Maharashtra Bhugolshashtra Sanshodhan Patrica* 18-1, 1-9.
Bhattacharya, N. (2008): Romancing Religion: Neoliberal Bollywood's Gendered Visual Repertoire for a Pain-free Globalisation. Raghuram, P., Sahoo, A.K., Maharaj, B. and

Sangha, D. (ed.): *Tracing an Indian Diaspora-Contexts, Memories, Representations*. Sage, 346-391.

Bhikhu, P., Singh, G. and Vertovec, S. (ed.) (2003): *Culture and Economy in the Indian Diaspora*. Routledge.

Burkhart, G. (2008): Identity Dilemmas: Gay South Asian Men in North America. Raghuram, P., Sahoo, A.K., Maharaj, B. and Sangha, D. (ed.): *Tracing an Indian Diaspora-Contexts, Memories, Representations*. Sage, 299-319.

Chatterjee, S. (2001): Communitarian Identities and the Private Sphere: A Gender Dialogue amongst Indo-Trinidadians (1845-1917). Bates, C. (ed.): *Community, Empire and Migration-South Asians in Diaspora*. Orient Longman, 206-223.

Clarke, C., Peach, C. and Vertovec, S. (ed.) (1990): *South Asians Overseas: Migration and Ethnicity*. Cambridge University Press.

Cohen, R. (1997): *Global Diasporas*. UCL Press, コーエン（駒井　洋監訳・角谷多佳子訳）『グローバル・ディアスポラ』明石書店，2001.

Cornelius, W.A., Espenshade, T.J. and Salehyan, I. (ed.) (2001): *The International Migration of the Highly Skilled: Demand, Supply, and Development Consequences in Sending and Receiving Countries*. Center for Comparative Immigration.

Coward, H. (2000): Hinduism in Canada. Coward, H. Hinnells, J.R., and Williams, R.B. (ed.): *The South Asian Religious Diaspora in Britain, Canada, and the United States*. State University of New York Press, 151-172.

Coward, H. and Botting, H. (2001): The Hindu Diaspora in Western Canada. Rukmani, T.S. (ed.): *Hindu Diaspora-Global Perspective*. Munshiram Manoharlal Publishers, 35-58.

Coward, H. Hinnells, J.R. and Williams, R.B. (ed.) (2000): *The South Asian Religious Diaspora in Britain, Canada, and the United States*. State University of New York Press.

D'Costa, R. (1993): Socio-Demographic Characteristics of the Population of South Asian Origins in Canada. Israel, M. and Wagle, N.K. (ed.): *Ethnicity, Identity, Migration: The South Asian Context*. Centre of South Asian Studies, 181-195.

Desai, A. and Aparajita, D. (2004): Spatial Structure and Migratory Social Space: The case of Ahmedabad City. Banerjee-Guha, S. (ed.): *Space, Society and Geography*, Rawat Publications, 188-198.

Diesel, A. (2003): Hinduism in KwaZule-Natal, South Africa. Bhikhu, P., Singh, G. and

Ishihara, H. (ed.) (1991): *Markets and Marketing in North India*. Dept. of Geography Faculty of letters, Nagoya University.

Jain, P.C. (2003): Culture and economy in an 'eincipient' diaspora: Indians in the Persian Gulf region. Bhikhu, P., Singh, G. and Vertovec, S. (ed.): *Culture and Economy in the Indian Diaspora*. Routledge, 102-122.

Jain, R. (1993): *Indian Communities Abroad-Themes and Literature*. Manohar.

Jain, R.K. (2003): Culture and economy: Tamils on the plantation frontier in Malaysia revisited, 1998-1999. Bhikhu, P., Singh, G. and Vertovec, S. (ed.): *Culture and Economy in the Indian Diaspora*. Routledge, 51-80.

Jana, N.C. and Nangia, S. (2008): Population Geography. Nayak, D.K. (ed.): *Progress in Indian Geography 2004-2008*. Indian National Science Academy, 41-45.

Jayaram, N. (2003): The Politics of 'eculture renaissance' among Indo-Trinidadians. Bhikhu, P., Singh, G. and Vertovec, S. (ed.): *Culture and Economy in the Indian Diaspora*. Routledge, 123-141.

Jeffrey, C., Jeffrey, P. and Jeffrey, R. (2006): Urban Geographies: Schooling, Jobs and the Quest for Civility in Rural India. Raju, S., Kumar, M.S. and Cobridge, S. (ed.): *Colonial and Post Colonial Geographies of India*. Sage Publications India, 223-240.

JURONG (2002): *IT Corridor, Bangalore, India-Structure Plan Draft Report*.

Kamath, S.U. (ed.) (1990): *Karnataka State Gazetteer Bangalore District*. Government of Karnataka.

Kant, S. (2006): Challenges of Globalization and Internal Political Stability in India, *Annals of the National Associations of Geographers, India* 26-2, 18-44.

Kapur, D. (2010): *Diaspora, Development, and Democracy: The Domestic Impact of International Migration from India*. Princeton University Press.

Kar, B.K. (2008): Population Changes and Migration. Nayak, D.K. (ed.): *Progress in Indian Geography 2004-2008*. Indian National Science Academy, 46-49.

Kaur, A. (2001): Sojourners and Settlers: South Indians and Communal Identity in Malaysia. Bates, C. (ed.): *Community, Empire and Migration-South Asians in Diaspora*. Orient Longman, 185-205.

Kaushik, S.P. (2006): Impact of the Development of Farm Houses on the Land Aspects: A Case Study of Peri-Urban Space of National Capital Territory of Delhi. *Transactions* 28-

1, 67-75.
Kelly, J.D. (2001): 'They Cannot Represent Themselves': Threats to Difference and So-called Community Politics in Fiji from 1936 to 1947. Bates, C. (ed.): *Community, Empire and Migration-South Asians in Diaspora*. Orient Longman, 46-86.
Knott, K. (2000): Hinduism in Britain. Coward, H., Hinnells, J.R. and Williams, R.B. (ed.): *The South Asian Religious Diaspora in Britain, Canada, and the United States*. State University of New York Press, 89-108.
Kumar, N.P. (2007): Agricultural Development with Knowledge Breakthrough in Uttar Pradesh. *Indian Journal of Regional Science* XXXIX-2, 39-45.
Krishna K., Reddy, R. and Veni, N. (2006): A Study of Health Care Delivery Systems in Kurnool District Andhra Pradesh. *The Deccan Geographer* 44 -2, 1-12.
Kumari, A.K., Reddy, K.R. and Naik, H. (2004): Agricultural Modernisation among Farmers of Nellore District, Andhra Pradesh. *Indian Journal of Regional Science* 36-1, 113- 117.
Kuwatsuka, K. and Kitagawa, H. (2008): Growth of the Software Industry and Agglomeration in Large Cities. Okahashi, H. (ed.): *Emerging New Industrial Spaces and Regional Developments in India*. Manohar, 35-45.
Lal, B.V. (ed.) (2007): *The Encyclopedia of the Indian Diaspora*. Oxford University Press.
Landy, F. (1998): Indian agriculture between globalization and internal constrains. *The Indian Geographical Journal* 73, 75- 95.
Lash, S. and Urry, J. (1994): *Economies of Signs and Space*. Polity Press.
Leonard, K. (1999): Construction of Identity in Diaspora: Emigrants from Hyderabad, India. Petievich, C. (ed.): *The Expanding Landscape-South Asians and the Diaspora*. Manohar, 41-70.
Leonard, K. (2008): Hyderabadis Abroad: Memories of Home. Raghuram, P., Sahoo, A.K., Maharaj, B. and Sangha, D. (ed.): *Tracing an Indian Diaspora-Contexts, Memories, Representations*. Sage, 257-283.
Lessinger, J. (1999): Class, Race and Success: Indian-American Confront the American Dream. Petievich, C. (ed.): *The Expanding Landscape-South Asians and the Diaspora*. Manohar, 15-40.
Lessinger, J. (2003): Indian immigrants in the United States: the emergence of a transnational population. Bhikhu, P., Singh, G. and Vertovec, S. (ed.): *Culture and Economy in the*

Indian Diaspora. Routledge, 165-182.

Linda, M. (2001): Constructing Identity: Hindu Temple Production in the United States. Rukmani, T.S. (ed.): *Hindu Diaspora-Global Perspective.* Munshiram Manoharlal Publishers, 387- 396.

Maeda, S. (1993): On the Population of Khardaha Village. *Annual Report of Research Center for Regional Geography* 3, 33-48.

Maemoku, H. (1993): Distribution of Houses and Residents in the Central Settlement of Chiraigaon. *Annual Report of Research Center for Regional Geography* 3, 83-94.

Maira, S. (2008): Citizenship and Dissent in Diaspora: Indian Immigrant Youth in the United States after 9/11. Raghuram, P., Sahoo, A.K., Maharaj, B. and Sangha, D. (ed.): *Tracing an Indian Diaspora-Contexts, Memories, Representations.* Sage, 131-155.

Mann, G.S. (2000): Sikhism in the United States of America. Coward, H. Hinnells, J.R. and Williams, R.B. (ed.): *The South Asian Religious Diaspora in Britain, Canada, and the United States.* State University of New York Press, 259-276.

McDonough, S. (2000): The Muslims of Canada. Coward, H. Hinnells, J.R., and Williams, R.B. (ed.): *The South Asian Religious Diaspora in Britain, Canada, and the United States.* State University of New York Press, 173-190.

McGee, T.G. (1991): The Emergence of Desakota Regions in Asia: Expanding a Hypothesis. (Ginsgurg, N., Koppel, B. and McGee, T.G. eds.: *The Extended Metropolis: Settlement Transition in Asia.* University of Hawaii Press.

McGee, T.G. and Robinson, I.M. (ed.) (1995): *The Mega-Urban Regions of Southeast Asia.* UBC Press.

Miller, C.J. (2008): Immigrants, Images and Identity: Visualising Homelands Across Borders. Raghuram, P., Sahoo, A.K., Maharaj, B. and Sangha, D. (ed.): *Tracing an Indian Diaspora-Contexts, Memories, Representations.* Sage, 284-298.

Minamino, T. (1995): Water and Its Management for Better Living in the Bengal Delta: A Case Study of Radhaballavpur Village. *Annual Report of Research Center for Regional Geography* 4, 43-57.

Minamino, T. (2008): Infrastructure for New Industrial Estates. Okahashi, H. (ed.): *Emerging New Industrial Spaces and Regional Developments in India.* Manohar, 59-67.

Ministry of Overseas Indian Affairs (2006): *Pravasi Bharatiya* 1- 12.

Mishra, R.N. and Sharma, P.K. (2007): Functional Pattern of Towns in Rajasthan, *Transactions of the Institute of Indian Geographers* 29 -2, 141-152.

Misra, R.P. (ed.) (2008a): *Mega Cities of South Asia*. New Delhi, Cambridge University Press, New Delhi.

Misra, R.P. (ed.) (2008b): *Million Cities of India: Growth Dynamics, Internal Structure. Quality of Life and Planning Perspectives (Vol. I and II)*, Sustainable Development Foundation, New Delhi.

Moag, R.F. (2001): Negative Pressures in the American Education System on Hindu Identity Formation (Part II). Rukmani, T.S. (ed.): *Hindu Diaspora-Global Perspective*. Munshiram Manoharlal Publishers, 237-285.

Mohammad, A.T. (2001): Relationship between Muslims and Hindus in the United States: *Mlecchas versus Kafirs?* Bates, C. (ed.): *Community, Empire and Migration-South Asians in Diaspora*. Orient Longman, 286-308.

Mollenkopf, J. and Castells, M. (1991): *Dual City*. Russell Sage.

Mori, H. (1995): A Note on Some Fishing Activities in Rural Bengal: A Case Study in Two Villages of West Bengal. *Annual Report of Research Center for Regional Geography* 4, 73-85.

Mori, H. (1996): Impact of poverty alleviation programmes in a village of Karnataka, India -a micro-level study of JRY and IRDP-. *Geographical reappraisal of human resources and its impact on regional development in India*. Research center for regional geography Hiroshima University, 37-56.

Mukherjee, S. (2004): Poverty Induced Migrations and Urban Decay in India. Banerjee-Guha, S. (ed.): *Space, Society and Geography*, Rawat Publications, 156-165.

Murakami, M. (1993): Changes in the Saree Weaving Industry in Chiraigaon Village. *Annual Report of Research Center for Regional Geography* 3, 107-114.

Muzumdar, T. (2005): Capital Flows Into India: Implication for its Economic Growth. *Economic and Political Weekly* XL-21, 2183- 2189.

Naidu, S. (2008): Women Writers of the South Asian Diaspora: Towards a Transnational Feminist Aesthetic? Raghuram, P., Sahoo, A.K., Maharaj, B. and Sangha, D. (ed.): *Tracing an Indian Diaspora-Contexts, Memories, Representations*. Sage, 368-391.

Nakamura, H. (1998): From Overseas Indians to South Asian Community: A Historical

Analysis of its Complex Identity. *Senshu Shigaku* 29. Senshu University, 1-29.

Nakayama, S. (1993a): Indian Framework of Rural Development: an Overview. *Annual Report of Research Center for Regional Geography* 3, 25-31.

Nakayama, S. (1993b): Partition of Households and Land Holdings in Khardaha: in Relation with the Population Growth. *Annual Report of Research Center for Regional Geography* 3, 63-74.

Narayan, J. (2007): Caste and Political System in Bihar. Thakur, B., Pomeroy, G. Cusack, C. and Thakur, S.K. (ed.): *City, Society and Planning, vol.II.* Concept Publishing Company, 393- 408.

Narayanan, R. and Shrivastava, A. (2001): Diasporic Hindus of the Caribbean with Special Reference to Trinidad. Rukmani, T.S. (ed.): *Hindu Diaspora-Global Perspective.* Munshiram Manoharlal Publishers, 165-190.

Naseer, Y., Siddiqui, F.A. and Khan, K. (2005): Dimensions of Educational Development and its Correlates in Western Uttar Pradesh. *Indian Journal of Regional Science* 37-1, 101-110.

National Capital Region Planning Board (1996): *National capital region: growth and development.* Haranand publications.

Nayak, D.K. (2008): Social Geography. Nayak, D.K. (ed.): *Progress in Indian Geography 2004-2008.* Indian National Science Academy, 76-80.

Nayak, D.K. (ed.) (2008): *Progress in Indian Geography 2004-2008.* Indian National Science Academy.

Nayyar, D. (1994): *Migration, Remittances and Capital Flows: The Indian Experience.* Oxford University Press.

Nayyar, G. (2005): Growth and Poverty in Rural India: An Analysis of Inter-state Differences. *Economic and Political Weekly* XL-16, 1631-1639.

Neeraja, K. and Ramanaiah, Y.K. (2006): Agricultural Type, Farm Size and Social Status of Farming Communities in Nellore District. *Hill Geographer* 12 (1 & 2), 32-38.

Nesbitt, E. (2001): 'Being Religious Shows In Your Food': Young British Hindus and Vegetarianism. Rukmani, T.S. (ed.): *Hindu Diaspora-Global Perspective.* Munshiram Manoharlal Publishers, 397-426.

Nielsen, J.S. (2000): Muslims in Britain: Ethnic Minorities, Community, or Ummah? Coward,

H., Hinnells, J.R. and Williams, R.B. (ed.): *The South Asian Religious Diaspora in Britain, Canada, and the United States*. State University of New York Press, 109-126.

Niyogi De, E. (2008): Re-domesticating Hindu Femininity: Legible Pasts in the Bengali American Diaspora. Raghuram, P., Sahoo, A.K., Maharaj, B. and Sangha, D. (ed.): Tracing an Indian *Diaspora-Contexts, Memories, Representations*. Sage, 329-345.

Oberoi, H. (2003): Imaging Indian diasporas in Canada: an epic without a text? Bhikhu, P., Singh, G. and Vertovec, S. (ed.): *Culture and Economy in the Indian Diaspora*. Routledge, 183-196.

O'Connell, J.T. (2000): Sikh Religio-Ethnic Experience in Canada. Coward, H. Hinnells, J.R. and Williams, R.B. (ed.): *The South Asian Religious Diaspora in Britain, Canada, and the United States*. State University of New York Press, 191-210.

Okahashi, H. (1995): Rural Employment Change in a Village in West Bengal, India: A Study of Radhaballavpur Village, Medinipur District Between 1967-1992. *Annual Report of Research Center for Regional Geography* 4, 101-115.

Okahashi, H. (ed.) (2008): *Emerging New Industrial Spaces and Regional Developments in India*. Manohar.

Okahashi, H. (2008a): Development of Pithampur Industrial Growth Centre. Okahashi, H. (ed.): *Emerging New Industrial Spaces and Regional Developments in India*. Manohar, 49-58.

Okahashi, H. (2008b): Characteristics of the Industrial Labour Market. Okahashi, H. (ed.): *Emerging New Industrial Spaces and Regional Developments in India*. Manohar, 81-93.

Otake, Y. (1995): The Morphological Characters of Two Villages in West Bengal: Radhaballavpur and Tentleberia. *Annual Report of Research Center for Regional Geography* 4, 31-41.

Pearson, A.N. (2001): Mothers and Daughters: The Transmission of Religious Practice and the Formation of Hindu Identity Among Hindu Immigrant Women in Ontario. Rukmani, T.S. (ed.): *Hindu Diaspora-Global Perspective*. Munshiram Manoharlal Publishers, 427-442.

Petievich, C. (ed.) (1999): *The Expanding Landscape-South Asians and the Diaspora*. Manohar.

Porter, M.E. (1998): *On Competition (Harvard Business Review Book Series)*. Harvard Business School Press, ポーター（竹内弘高訳）『競争戦略論Ⅰ』・『競争戦略論Ⅱ』ダイヤモンド社, 1999.

Raghuram, P. (2008): Immigration Dynamics in the Receiving State-Emerging Issues for the Indian Diaspora in the United Kingdom. Raghuram, P., Sahoo, A.K., Maharaj, B. and Sangha, D. (ed.): *Tracing an Indian Diaspora-Contexts, Memories, Representations.* Sage, 171-190.

Raghuram, P., Sahoo, A.K., Maharaj, B. and Sangha, D. (ed.) (2008): *Tracing an Indian Diaspora-Contexts, Memories, Representations.* Sage.

Raju, S. (2004): Gender and Geography in India: Why the Two Shall Meet. Banerjee-Guha, S. (ed.): *Space, Society and Geography*, Rawat Publications, 83-101.

Raju, S. (2006): From Global to Local: Gendered Discourses, Skills and Embeded Urban Market in India. Raju, S. *et al* (eds): *Colonial and Post Colonial Geographies of India.* Sage Publications India, 99-119.

Ramachandran, R. (1989): *Urbanization and Urban Systems in India.* Oxford University Press.

Ramachandran, R. and Srivastava, B. (1974): The Rural-Urban Fringe: A Conceptual Frame for the Study of the Transformation of the Rural-Urban Fringe with Particular Reference to the Delhi Metropolitan Area. *The Indian Geographical Journal* 49-1, 1-9.

Ramanathan, K. (2001): The Hindu Diaspora in Malaysia. Rukmani, T.S. (ed.): *Hindu Diaspora-Global Perspective.* Munshiram Manoharlal Publishers, 81-122.

Ramsoedh, H. and Bloemberg, L. (2001): The Institutionalization of Hinduism in Suriname and Guyana. Rukmani, T.S. (ed.): *Hindu Diaspora-Global Perspective.* Munshiram Manoharlal Publishers, 123-164.

Rao, M.S.A. (1970): *Urbanization and Social Change: A Study of a Rural Community on a Metropolitan Fringe.* Orient Longman.

Robert, G. (1993): *South Asians in East Africa: An Economic and Social History, 1890-1980.* Westview Press.

Rosser, Y.C. (2001): Negative Pressures in the American Education System on Hindu Identity Formation (Part I). Rukmani, T.S. (ed.): *Hindu Diaspora-Global Perspective.* Munshiram Manoharlal Publishers, 213-236.

Rukmani, T.S. (ed.) (2001): *Hindu Diaspora-Global Perspective.* Munshiram Manoharlal Publishers.

Sahay, A. (2006): Quality of Life of Slum Dwellers: A Case Study of Bind Toli, Patna West.

Annals of NAGI 26 -2, 72-86.

Sakagawa, S. (1993): Improvement of Educational Level in Khardaha. *Annual Report of Research Center for Regional Geography* 3, 75-81.

Sakuno, H. (2008): Urbanisation and Agglomeration of Central Functions. Okahashi, H. (eds.): *Emerging New Industrial Spaces and Regional Developments in India*. Manohar, 107-114.

Sanyal, U. (1999): The [Re-]Construction of South Asian Muslim Identity in Queens, New York. Petievich, C. (ed.): *The Expanding Landscape-South Asians and the Diaspora*. Manohar, 141-152.

Saptarshi, P.G. (2008): Industrial Geography. Nayak, D.K. (ed.): *Progress in Indian Geography 2004-2008*. Indian National Science Academy, 39-40.

Sassen, S. (1988): *The Mobility of Labor and Capital: A Study in International Investment and Labor Flow*. Cambridge University Press, サッセン（森田桐郎訳）『労働と資本の国際移動－世界都市と移民労働者』岩波書店，1992.

Sassen, S. (1994): *Losing Control?: Sovereignty in an Age of Globalization*. Columbia University Press, サッセン（伊豫谷登士翁訳）『グローバリゼーションの時代』平凡社，1999.

Sassen, S. (1998): *Globalization and Its Discontents*. The New Press, サッセン（田淵太一・原田太津男・尹春志訳）『グローバル空間の政治経済学』岩波書店，2004.

Sassen, S. (2001): *The Global City: New York, London, Tokyo*. Princeton University Press, サッセン（伊豫谷登士翁監訳・大井由紀・高橋華生子訳）『グローバル・シティ－ニューヨーク・ロンドン・東京から世界を読む』筑摩書房，2008.

Satoh, T. (1993): Double Cropping of Rice and Wheat in India: a Case Study in Khardaha. *Annual Report of Research Center for Regional Geography* 3, 49-62.

Savage, M. and Warde, A. (1993): *Urban Sociology, Capitalism and Modernity*. Macmillan.

Sawa, M. (1995): Rural Population Changes and Migration in Radhaballavpur Village, West Bengal, India. *Annual Report of Research Center for Regional Geography* 4, 59-72.

Sawa, M. (2013): Spatial Reorganisation of the Indian Community Crossing Border: A Case Study of the Global City Tokyo, Japanese Journal of Human Geography（人文地理）65-6.

Sawa, M. and Araki, H. (2008): Transformation of Rural Community Neighbouring the

Industrial Estate-Case study of Village C. Okahashi, H. (ed.): *Emerging New Industrial Spaces and Regional Developments in India*, Manohar, 115-125.

Sawa, M. and Minamino, T. (2007): Emerging of An Indian Community in Tokyo: A Case Study of Nishikasai, *The Indian Geographical Journal* 82-1, 7-26.

Sawa, M. and Takahashi, M. (1996): Conceptualizing social changes of Japanese rurban villages-rural diversification and interaction of social groups. Sasaki, H., Saito, I., Tabayashi, A. and Morimoto, T. (ed.): *Geographical Perspectives on Sustainable Rural Systems*. Kaisei Publications, 44-53.

Saxenian, A. (2006): The New Argonauts: Regional Advantage in a Global Economy. Harvard University Press, サクセニアン(本山康之・星野岳穂監訳・酒井泰介訳)『最新・経済地理学―グローバル経済と地域の優位性』日経BP社, 2008.

Sharma, K.D. (2007): Relocating Space and Society in Rural Haryana. Thakur, B., Pomeroy, G. Cusack, C. and Thakur, S.K. (ed.): *City, Society and Planning, vol.II*. Concept Publishing Company, 60-73.

Sharma, S.L. (2004): Globalization and its Socio-Cultural Discontents. Kant, S. and Krishan, G. (ed.): *Reinventing Regional Development*. Rawat Publications, 55-67.

Singh, S. (2008): Settlement Geography. Nayak, D.K. (ed.): *Progress in Indian Geography 2004-2008*. Indian National Science Academy, 50-52.

Singh, S. and Singh, O.P. (2007): Spatial Analysis of Rural Service Centres in Mohammodabad Tehsil, *Uttar Bharat Bhoogol Patrika* 37-4, 131-136.

Sita, K., (2004): Trends in Urban Agglomeration in India: Implication for Social Change. Banerjee-Guha, S. (ed.): *Space, Society and Geography*. Rawat Publications, 143-155.

Sohal, K.S., Munir, A. and Singh, P. (2004): Agricultural Geography. Sharma, H.N. (ed.): *Progress in Indian Geography, 2000-04*, Indian National Science Academy, 62-76.

Srebrnik, H. (2008): Indo-Fijians: Marooned without Land and Power in a South Pacific Archipelago? Raghuram, P., Sahoo, A.K., Maharaj, B. and Sangha, D. (ed.): *Tracing an Indian Diaspora-Contexts, Memories, Representations*. Sage, 75-95.

Subash, S., Paul, B. and Ramanathan, A. (2004): Technical Efficiency in Rice Production: An Application of Stochastic Frontier Analysis. *Indian Journal of Regional Science* 36-1, 118-123.

Subbiah, S.P. (2008): Progress of Human Geography in India: A Status Report. *Japanese*

Journal of Human geography 60-6, 21-35.

Takahashi, M. and Sawa, M. (1996): Conceptualizing social changes of Japanese rurban villages-recomposition of local community organizations. Sasaki, H., Saito, I., Tabayashi, A. and Morimoto, T. (ed.): *Geographical Perspectives on Sustainable Rural Systems*. Kaisei Publications, 293-302.

Thiara, R.K. (2001): Imaging? Ethnic Identity and Indians in South Africa. Bates, C. (ed.): *Community, Empire and Migration-South Asians in Diaspora*. Orient Longman, 123-152.

Tinker, H. (1974): *A New System of Slavery: The Expert of Indian Labour Overseas 1830-1920*. Oxford University Press.

Tiwari, R.R. and Misra, P. (2006): Identifying an Optimum Spatial System for Development of Trans Yamuna Region of Allahabad District, Uttar Pradesh. *The Deccan Geographer* 44-2, 73-84.

Tomlinson, J. (1999): *Globalization and Culture*. Polity Press, トムリンソン（片岡　信訳）『グローバリゼーション－文化帝国主義を超えて』青土社，2000．

Tomozawa, K. (2008a): Growth of the Automobile Industry. Okahashi, H. (ed.): *Emerging New Industrial Spaces and Regional Developments in India*. Manohar, 23-34.

Tomozawa, K. (2008b): Structure of Industrial Agglomeration in Pithampur-Automobile and Related Industries. Okahashi, H. (ed.): *Emerging New Industrial Spaces and Regional Developments in India*. Manohar, 69-79.

Tomozawa, K. (2008c): Structure of Industrial Agglomeration in Noida-Automobile and Related Industries. Okahashi, H. (ed.): *Emerging New Industrial Spaces and Regional Developments in India*. Manohar, 141-154.

Twaddle, M. (2001): The Development of Communalism among East African Asians. Bates, C. (ed.): *Community, Empire and Migration-South Asians in Diaspora*. Orient Longman, 109- 122.

Vertovec, S. (2000): *The Hindu Diaspora-Comparative patterns*. Routledge.

Waghorne, J.P. (1999): Hindu Gods in American Landscape: The Sri Siva-Vishnu Temple in Suburban Washington, D.C. Petievich, C. (ed.) (1999): *The Expanding Landscape-South Asians and the Diaspora*. Manohar, 85-102.

Walbridge, L.S. and Haneef, F. (1999): Inter-Ethnic Relations within the Ahmadiyya Muslim

Community in the United States. Petievich, C. (ed.): *The Expanding Landscape-South Asians and the Diaspora*. Manohar, 123-140.

Xiang, B. (2006): *Global "Body Shopping": An Indian Labor System in the Information Technology Industry*. Princeton University Press.

Yui, Y. (2008): Housing Colony Residents and Lifestyle. Okahashi, H. (ed..): *Emerging New Industrial Spaces and Regional Developments in India*. Manohar, 95-105.

Zilla Parishat Mandya (1992): *Mandya District at a glance 1991-92*. 44p.

付　記

　本書は 2013 年に広島大学大学院文学研究科に提出した博士論文『グローバル経済下のインドにおけるローカルな空間の再編成に関する研究』にその後の調査分析結果を加えたものである。出版にあたっては、平成 29 年度科研費（研究成果公開促進費・学術図書）の助成を受けた。

　基礎となった論文は以下の通りである（いずれも大幅に加除修正を行った）。

第 1 章　序　論
第 1・3・5 節
澤　宗則（2010）：グローバル経済化下のインドにおける空間の再編成－脱領域化と再領域化に着目して．人文地理 62-2, 132-153.（査読付き）
第 2・4・6 節
書き下ろし

第 2 章　グローバル化とインドの空間の再編成
澤　宗則（2010）：グローバル経済化下のインドにおける空間の再編成－脱領域化と再領域化に着目して．人文地理 62-2, 132-153.（査読付き）

第 3 章　大都市圏外農村の社会構造－カルナータカ州 GH 村を事例に
澤　宗則（1999b）：グローバリゼーションと開発途上国の都市圏外農村－インドの 1 農村を事例に．地誌研叢書 34, 139-149.

第 4 章　ベンガルール大都市圏内の近郊農村における社会構造の変化
　　　　　－カルナータカ州 G 村を事例に
澤　宗則・南埜　猛（2006）：グローバル化に伴うインド農村の変容－バンガロー

ル近郊農村の脱領域化と再領域化－．人文地理 58-2, 1-20．（査読付き）
（2007 年度人文地理学会学会賞・受賞論文）

第 5 章　デリー首都圏内の近郊農村における社会構造の変化 － UP 州 R 村を事例に

澤　宗則（1999c）：インドの都市近郊農村における社会・経済システムの変化－ノイダ工業団地近接農村を事例に．岡橋秀典編『インドにおける工業化の新展開と地域構造の変容』平成 8・9・10 年度科学研究費補助金研究成果報告書, 107-140.

第 6 章　工業団地開発と近接農村における社会構造の変化 － MP 州 C 村の 10 年間の追跡調査

書き下ろし

第 7 章　グローバル化とインド系移民社会の空間の再編成 － グローバルシティ・東京を事例に

澤　宗則（2011）：グローバル化とインド系移民社会－脱領域化と再領域化の概念の提唱．山下清海編『現代のエスニック社会を探る－理論からフィールドへ』学文社, 168-188.

澤　宗則・南埜　猛（2008）：グローバル経済下の在日インド人社会における空間の再編成－脱領域化と再領域化に着目して．高原明生・田村慶子・佐藤幸人編『現代アジア研究 1　越境』慶應義塾大学出版会, 269-295.

澤　宗則・南埜　猛（2009）：グローバルシティ・東京におけるインド人集住地の形成－東京都江戸川区西葛西を事例に．国立民族学博物館調査報告 83, 41-58．（査読付き）

Sawa, M. (2013): Spatial Reorganisation of the Indian Community Crossing Border: A Case Study of the Global City Tokyo, *Japanese Journal of Human Geography*（人文地理）, 65-6．（査読付き）．

第8章 結　論

澤　宗則（2010）：グローバル経済化下のインドにおける空間の再編成－脱領域化と再領域化に着目して．人文地理62-2, 132-153．（査読付き）

澤　宗則（2011）：グローバル化とインド系移民社会－脱領域化と再領域化の概念の提唱．山下清海編『現代のエスニック社会を探る－理論からフィールドへ』学文社，168-188.

澤　宗則（2015）：グローバル化に伴う空間の再編成－脱領域化と再領域化の両義性，岡橋秀典・友澤和夫編『現代インド　4　台頭する新経済空間』　東京大学出版会，53-75．（査読付き）．

補　遺
書き下ろし

　本書を作成するに当たり，下記の科研費補助金を使用した．平成4～5年度（国際）「インドの社会経済開発における人的資質に関する地理学的研究」（研究代表者・村上　誠），平成8～9年度（国際）「インドにおける工業化の新展開と地域構造の変容」（研究代表者・岡橋秀典），平成13～15年度（基盤C）「グローバリゼーション下のディアスポラ－在日インド人のネットワークとコミュニティー」（研究代表者・澤　宗則），平成14～15年度（基盤A）「経済自由化後のインドにおける都市・産業開発の進展と地域的波及効果」（研究代表者：岡橋秀典），平成17～19年度（基盤C）「越境するインド人社会－エスニシティと場所との相互関係」（研究代表者・澤　宗則），平成17～19年度（基盤A）「グローバリゼーション下のインドにおける国土空間構造の変動と国内周辺部問題」（研究代表者：岡橋秀典），平成20～23年度（基盤C）「在日インド人社会における空間の再編成－脱領域化と再領域化に着目して」（研究代表者・澤　宗則），平成24～27年度（基盤C）「多様化するインド人ディアスポラのグローバルネットワークと場所の再構築」（研究代表者：澤　宗則），平成28～29年度（基盤C）「空間的実践とエスニシティからみた在日インド人と在日ネパール人－戦術から戦略へ」（研究代表者：澤　宗則）．

98, 102, 111, 124-127, 129-132, 134, 150, 166, 196, 197, 202-205, 209, 210, 212, 213, 215, 216, 219, 221, 234, 236-238, 240, 244-250, 252, 254-256, 258-260, 262, 263
都市間競争　31, 50, 51, 75, 134, 219, 221, 237, 238, 248-251, 260

［ハ　行］
ハーベイ　3, 4, 50, 75, 131, 134, 208, 220, 221, 245, 248

［マ　行］
モダニティ　3, 28

［ラ　行］
立地のパラドックス　33, 48

著　者

澤　宗則（SAWA　Munenori）
博士（文学）
神戸大学大学院・人間発達環境学研究科・教授
兼担：国際人間科学部・発達科学部
2007年度人文地理学会学会賞受賞

書　名	インドのグローバル化と空間的再編成
コード	ISBN978-4-7722-2023-1 C3025
発行日	2018年2月20日　初版第1刷発行
著　者	澤　宗則
	Copyright ©2018 SAWA Munenori
発行者	株式会社 古今書院　橋本寿資
印刷所	株式会社 太平印刷社
製本所	渡邉製本 株式会社
発行所	株式会社 古今書院
	〒101-0062　東京都千代田区神田駿河台2-10
電　話	03-3291-2757
ＦＡＸ	03-3233-0303
振　替	00100-8-35340
ホームページ	http://www.kokon.co.jp/
	検印省略・Printed in Japan

いろんな本をご覧ください
古今書院のホームページ

http://www.kokon.co.jp/

★ 800点以上の**新刊・既刊書**の内容・目次を写真入りでくわしく紹介
★ 地球科学やGIS，教育など**ジャンル別**のおすすめ本をリストアップ
★ 月刊『**地理**』最新号・バックナンバーの特集概要と目次を掲載
★ 書名・著者・目次・内容紹介などあらゆる語句に対応した**検索機能**

古 今 書 院
〒101-0062　東京都千代田区神田駿河台 2-10
TEL 03-3291-2757　FAX 03-3233-0303

☆メールでのご注文は order@kokon.co.jp へ